Sainte Godeleine

SAINTE GODELEINE

SON CULTE

ET SES RELIQUES

PAR

L'ABBÉ F.-A. LEFEBVRE

MEMBRE DE LA COMMISSION DES MONUMENTS HISTORIQUES DU PAS-DE-CALAIS,
DE L'ACADÉMIE D'ARRAS, DE LA SOCIÉTÉ ACADÉMIQUE DE BOULOGNE,
DES SOCIÉTÉS DES ANTIQUAIRES DE LA MORINIE, DE LA PICARDIE, ETC.

ARRAS

SUEUR-CHARRUEY, LIBRAIRE-ÉDITEUR
20-22, Petite Place, 20-22
M DCCC LXXX VIII

SAINTE GODELEINE

NÉE A WIERRE-EFFROY EN BOULONNAIS

ÉVÊCHÉ
D'ARRAS

Arras, 22 février 1888.

Mon cher Abbé

J'attendais la fin de votre travail pour vous remercier de l'attention que vous avez eue de m'offrir la dédicace de votre Vie de sainte Godeleine et pour vous adresser mes sincères félicitations au sujet de cette nouvelle publication.

Les travaux intellectuels auxquels vous vous adonnez, avec une si constante persévérance, malgré vos infirmités, ne sont pas seulement pour vous une noble occupation dans votre retraite forcée, un adoucissement à vos souffrances et une preuve de votre énergie morale, ils sont encore un honneur pour le sacerdoce et un sujet d'édification pour les fidèles.

Votre nouvel ouvrage contribuera à faire apprécier l'action bienfaisante de l'Église dans l'histoire du monde, il montrera aux hommes de notre temps, trop souvent imbus de doctrines naturalistes, l'influence salutaire de la sainteté sur les mœurs publiques, il offrira aux âmes simples et chrétiennes de touchants exemples de foi, de piété, de charité, de dévouement, il sera, pour les fidèles de notre contrée qui le liront, une touchante invitation à vénérer et à imiter une illustre compatriote qui a embaumé la Morinie tout entière du parfum de ses douces vertus.

Les patientes recherches auxquelles vous avez dû vous livrer pour écrire cette Vie, le talent avec lequel vous l'avez retracée, la piété qui anime ce touchant récit recommandent particulièrement votre livre à l'attention des lecteurs.

Agréez, mon cher abbé, avec mes remerciements, la nouvelle assurance de mon entier dévouement en N.-S.

† Désiré-Joseph, év. d'Arras.

Dédicace

A Sa Grandeur

Monseigneur

DÉSIRÉ - JOSEPH DENNEL

Illustrissime et Révérendissime

Évêque d'Arras, de Boulogne et de Saint-Omer.

Monseigneur,

Vers la fin du XIe siècle, un moine de Saint-André-lez-Bruges écrivait la vie de sainte Godeleine. Avant de retracer les merveilles de cette existence si pleine de poésie et de grandeur, il avait sagement procédé à une consciencieuse enquête : enquête facile puisque ce religieux était contemporain de la sainte et de plus curé de la paroisse où elle souffrit son long martyre.

En offrant la dédicace de son ouvrage à l'évêque diocésain de Tournay et de Noyon, le pieux et savant Radbode, il lui disait : « Excité par les instantes prières d'un grand nombre de mes paroissiens, je me suis décidé, quoique cette tâche soit au dessus de mes forces, à écrire la vie et le martyre de sainte Godeleine. J'ai consigné dans ce récit tout ce qui m'a paru digne de foi et m'a été certifié exact par des témoins oculaires. Je viens donc, vénérable prélat, en vous offrant mon travail, vous prier de le confirmer et de le corroborer par votre approbation. »

Permettez-moi, Monseigneur, de suivre l'exemple du vieux moine de Saint-André et de mettre sous votre haut patronage cette nouvelle Vie d'une sainte, l'honneur de votre diocèse, la gloire du Boulonnais.

Votre pieuse vénération pour les saints qui ont illustré l'antique Morinie, dont une partie se trouve actuellement placée sous votre juridiction pastorale, sous votre direction spirituelle, me faisait un devoir de vous dédier cette légende des anciens âges, un des plus précieux joyaux de l'hagiographie boulonnaise.

Eloigné forcément du ministère paroissial, j'ai

voulu, autant qu'il m'était possible, travailler encore au bien et à l'édification des âmes, faire germer, ou tout au moins faire revivre en quelques-unes, les vertus chrétiennes dont sainte Godeleine a été un parfait modèle.

Dans notre temps où le scepticisme fait de si terribles ravages, tarit la source des douces émotions et des nobles aspirations, il m'a semblé qu'il pouvait être utile de rappeler une de ces nobles et saintes existences si populaires autrefois dans notre contrée et de redire à notre génération les chants de son berceau.

J'ai retracé, avec amour, avec bonheur, la vie de cette jeune vierge, enfant de mon pays qui, au milieu d'un monde à demi barbare, parmi des hommes ne connaissant que la force physique et agissant à la façon de l'ouragan, apparaît comme une humble et suave fleur au milieu des ronces et des épines, trahissant seulement sa présence par le merveilleux parfum qu'elle exhale.

Une vie si pleine de douloureux sacrifices, de pénibles épreuves, de saintes pensées, de ferventes prières, de charité active, ardente, dévouée, n'est-ce pas un des plus beaux et des plus édifiants spectacles que le ciel puisse offrir à la terre ?

Daignez, Monseigneur, en considération du but que l'auteur se propose, accepter la dédicace de ce livre, le bénir et l'agréer comme un sincère hommage du respect filial de votre

très humble et très obéissant serviteur

F.-A. LEFEBVRE

Halinghem, 6 juillet 1887,

En la fête de sainte Godeleine.

Préface

DEPUIS longtemps nous avions l'intention de retracer la vie de sainte Godeleine, douce et pure vierge, enfant du Boulonnais. Nous pensions être agréable à nos compatriotes en leur rappelant l'histoire de cette sainte des anciens âges, suscitée par Dieu pour adoucir les mœurs et amener à la civilisation les peuples encore barbares qui s'étaient répandus dans la Morinie et la Flandre.

Distrait de cette pensée par d'autres travaux et les occupations du ministère paroissial, nous avons dû remettre à plus tard la réalisation de ce projet. Aujourd'hui, des infirmités précoces nous ayant donné des loisirs forcés, nous venons essayer de rappeler les lointains souvenirs d'une époque peu connue.

Désirant offrir au public un travail sérieux, nous sommes remonté aux sources et nous avons étudié ces races demi-barbares au milieu des quelles notre sainte a été appelée à faire sentir sa salutaire influence.

Quant à la légende proprement dite de sainte Godeleine, nous nous sommes servi de deux manuscrits publiés par le P. Du Sollier dans les *Acta Sanctorum* des Bollandistes [1].

De ces manuscrits, l'un a été écrit par un moine du nom de Drogon, vers la fin du XIe siècle [2] ; l'autre, sans nom d'auteur, porte la date de 1349. La vie écrite par Drogon est le seul monument littéraire que le XIe siècle nous ait laissé sur notre sainte. Grave raison de donner

---

[1] La Vie donnée par Laurent Surius reproduit le travail de Drogon ; seulement, d'après Du Sollier (Sollerius), l'auteur s'est contenté d'en changer le style, « *Dictionem fere totam mutavit.* »

[2] On ne connaît pas la date précise de l'écrit de Drogon. Cependant la dédicace en ayant été faite à Radbode, évêque de Tournay et Noyon, on doit placer cette date entre 1084, époque de l'élévation de terre du corps de sainte Godeleine par ce même évêque, et 1098, date de sa mort. — Sanderus, dans sa *Flandria illustrata*, dit, en parlant de la fondation du monastère de Saint-André, que le moine Drogon fleurissait vers l'année 1118. *Circa annum 1118 floruit Drogo.* Sollerius dans ses commentaires des *Acta S. Godelevæ virginis et martyris*, pense qu'au lieu de 1118 il faut lire 1098.

une importance particulière à ces pages si simples, écrites par un contemporain et venues jusqu'à nous, malgré les ravages du temps, les vicissitudes de la guerre, les dévastations de la Révolution.

Quel est ce Drogon, le premier auteur des Actes de sainte Godeleine ? Un grand nombre d'historiens, recommandables par leur science et leurs talents, avancent que ce religieux fut successivement moine à Saint-Winoc de Bergues, curé de Ghistelles et enfin évêque de Thérouanne. Autant d'assertions, autant d'erreurs !

Parmi ces auteurs, nous trouvons Arnoul Wion dans ses deux ouvrages *de Apparatu sacro* et *de Ligno vitæ*[1] ; Devos, dans son livre *de Historicis latinis*[2] ; Aubert Le Mire, *in Fastis Belgicis et Burgundicis ;* Malbrancq dans son ouvrage *De Morinis*[3]. Ces écrivains n'ont pas remarqué que le moine de l'abbaye de Bergues-Saint-Winoc, le curé de Ghistelles et l'évêque de Thérouanne sont trois personnages différents.

---

[1] Lib. II, cap. XLVII, p. 341.
[2] Lib. II, cap. XLV, p. 373.
[3] Lib. XIII, cap. XXIX et LIX.

Moland dans ses *Additiones* à Usuard[1] ne confond pas l'évêque de Thérouanne avec le religieux de Saint-Winoc, mais il commet encore une erreur en disant que ce dernier était curé de Ghistelles. Ellies Dupin dans sa *Novissima scriptorum ecclesiasticorum Collectio*[2], se contente d'affirmer que Drogon, moine de Bergues a laissé une Vie de sainte Godeleine, tandis qu'Hector de Rosny dans son *Histoire du Boulonnais*[3] avance que l'évêque Drogon avait été curé de Ghistelles et était, par conséquent, auteur de la Vie de sainte Godeleine[4].

Parmi ces erreurs diverses, recherchons lequel de ces trois personnages, portant le même nom et ayant habité la même contrée, à peu près dans le même temps, est le véritable auteur de la Vie de notre sainte.

Drogon de Thérouanne ne peut être l'auteur de la légende qui fait l'objet de cette étude.

---

[1] *Martyrologium*, 5 aug.

[2] Sec. XI. p. 109. — [3] T. I, p. 454 et 486.

[4] Cet auteur a pu être induit en erreur par l'Office de la sainte tiré du Propre du diocèse de Boulogne où il est dit : *Godolenæ vitam a Drogone monacho et pastore Ghistellensi, postmodum Morinensi episcopo conscriptam, Radbodus detulit,* etc. On constate que Drogon était moine sans spécifier le nom du monastère, non seulement on en fait un curé de Ghistelles mais un évêque de Thérouanne.

Evêque de la Morinie à la fin de 1024, ou au commencement de 1025, par conséquent long-temps avant la naissance de Godeleine, il n'a pu être curé de Ghistelles après le martyre de la sainte. Ce prélat mourait en 1077 [1], il ne pouvait donc, après 1084, offrir la dédicace de son livre à Radbode, évêque de Tournay. De plus, quoi qu'en dise Malbrancq [2], ce Drogon ne fut jamais religieux de Saint-Winoc. Nous savons au con-traire, par Mabillon, qu'il fut, avant son élé-vation à l'épiscopat, moine de Sithiu [3].

Dans un autre endroit, le même auteur nous avertit qu'il ne faut pas confondre le Drogon, moine de Saint-Winoc, avec un autre Drogon, évêque de Thérouanne [4]. En effet, ces deux per-sonnages se trouvèrent réunis dans le monastère de Bergues-Saint-Winoc, lors de la translation du corps de sainte Levinne : le prélat, comme assistant à cette imposante cérémonie, et le moine de Bergues, comme narrateur de cette translation [5].

---

[1] Mabillon, *Annal. benedict.* t. V, lib. LXV, p. 117.

[2] Lib. VIII, cap. xxix.

[3] Mabillon, *op. cit.* t. IV, lib. LVI, p. 361.

[4] Ibid. t. IV, lib. LXI, p. 583. « *Falluntur qui hunc Dro-gonem monacum cum Drogone episcopo Tornacensi confun-dunt.* »

[5] *Ibid.* t. VI, part. II, p. 112.

Drogon religieux de Saint-Winoc n'a pas
écrit les actes de sainte Godeleine, puisque,
mort la même année que notre sainte, il n'aurait pu relater les scènes miraculeuses qui se
passèrent quelques années plus tard, miracles
que nous retrouvons dans le récit du manuscrit
de Drogon de Ghistelles. Enfin le Moine de Saint-
Winoc ne pouvait être curé de Ghistelles, puisque cette église ne s'est jamais trouvée sous
la dépendance de son abbaye ; elle était placée sous le patronage de l'évêque de Tournay [1].

Le premier historien de notre sainte est
donc le Drogon, moine de Saint-André-lez-
Bruges, qui, plus tard, devint curé de Ghistelles, lorsque l'évêque de Tournay et de Noyon
abandonna les revenus de cette église à l'abbaye de Saint-André, comme nous le verrons
dans le cours de cet ouvrage. Sanderus nous
apprend que ce Drogon était né à Ghistelles, et
que plus tard, moine de Saint-André près de
Bruges, il fut envoyé par ses supérieurs pour
diriger cette paroisse. Dans sa *Flandria illustrata,* le même auteur dit d'une manière posi-
tive que l'auteur de la Vie de sainte Godeleine

---

[1] *Chron. cit.* ap. Surius pars II, n. 22.

était *Sancti Andreæ cœnobii monachus et pastor Ghistellanus* [1].

Cette opinion est corroborée par la chronique de l'abbaye de Saint-André, rédigée par Arnulphe Gœthalsius, moine de ce monastère. Le passage est à citer en entier : *Contigit eo tempore creberrima fieri miracula ad sepulcrum divæ virginis Godelevæ, quæ a paucis transactis annis per palmam martyrii cœlestia regna conscenderat. Unde idem Drogo a suis parochianis plurimum exoratus, vitam ipsius martyris Godelevæ convenienti scripsit sermone, sicut ex eorum ore acceperat, qui ipsius vitam sanctissimam et mortem innocentissimam oculis conspexerunt* [2].

Plusieurs écrivains ont retracé, avant nous, les actes de la vie de sainte Godeleine ; toutefois, nous devons le reconnaître, la Belgique, où notre sainte a souffert son martyre et où elle est restée en grande vénération parmi les populations, s'est distinguée par le nombre d'écrits publiés en son honneur. Malheureusement toutes ces Vies, à l'exception d'une seule, sont en langue flamande. Dans le Boulonnais, seul

---

[1] Sanderus, *op. cit.* p. 293.

[2] Cf. le P. Sollerius, Comment. sur les *Acta Sanctæ Godelevæ* ap. Boll. *Acta Sanctorum* t. XXIX, p. 359 et sq. *6 julii.*

M. l'abbé Blaquart, ancien curé de Wierre-Effroy, a rappelé le souvenir de cette enfant de sa paroisse, devenue la patronne secondaire de son église [1].

Cet excellent ecclésiastique, n'ayant eu en vue que l'édification de ses paroissiens, a profité de cette publication pour leur rappeler les principes et les obligations de la vie chrétienne. Dans la préface de son livre, il dit :

« Je n'écris point cet opuscule pour les savants ; je ne veux qu'édifier mes bons paroissiens par le récit simple et touchant des vertus d'une personne qui, s'étant sanctifiée dans la prospérité comme dans l'adversité, offre par là des encouragements et des exemples pour tous les états, pour toutes les situations. .... J'ai ajouté à chaque chapitre des réflexions morales et pratiques pour l'instruction chrétienne du lecteur. On dira peut-être à ce sujet que l'accessoire l'emporte sur le principal, et que, par l'étendue de mes réflexions, c'est un cours de morale que j'ai fait pour mes paroissiens. Je ne réfuterai point ce reproche, qui serait pour moi un éloge, puisqu'il atteindrait mon but d'édification. »

[1] *Vie de sainte Godeleine, née à Wierre-Effroy en Boulonnais*, in-18, Boulogne, 1844.

Nous n'avons pas cru devoir suivre la voie qui nous était tracée. En offrant aux âmes chrétiennes cette existence si belle, si pure, si chaste, nous nous sommes astreint à ne faire aucune réflexion morale et à laisser parler les faits. Toutefois il nous a paru utile de faire entrer dans notre récit l'élément historique, trop souvent dédaigné dans les Vies de saints. C'est, croyons-nous, le meilleur moyen de reproduire la physionomie des temps, des lieux, des personnages dont nous aurons à nous occuper et de retracer plus fidèlement ces scènes dont quelques-unes sont empreintes d'un grand caractère de vérité.

Les deux auteurs qui nous ont particulièrement servi de guides pour écrire la Vie de la bienheureuse Godeleine nous semblent posséder tous les caractères de la plus entière véracité.

Le moine Drogon était contemporain de notre sainte ; de plus, il devint curé de la paroisse où elle vécut pendant les années de son mariage, où elle subit son martyre. Dans sa dédicace à l'évêque de Tournay, il déclare n'avoir accueilli et admis que ce qu'il a appris de témoins oculaires : « *Sed nos quidem quæ scripsimus, hæc ita se habentia, ab illis, qui hodie et testes sunt, quique viderunt, audivimus.* »

De son côté, l'anonyme de Ghistelles nous apprend dans son prologue que, s'il a ajouté diverses particularités au récit du premier biographe de la sainte, il s'est laissé guider par des relations véridiques et autorisées, « *quæ edocuit relatio probatorum veridica.* » En quelques rares endroits seulement, « *paucissima,* » il a rédigé son récit d'après des conjectures probables, « *quibus probabilis adstipulatur conjectura.* » Notre récit a donc toutes les garanties désirables. Pour le reste, nous avons puisé aux meilleures sources et nous nous sommes fait un devoir de citer nos autorités. L'histoire ne s'invente pas.

On nous objectera peut-être que le moment est mal choisi pour offrir au public une Vie de saint, alors que notre malheureuse France est plus insolente, plus audacieuse contre le ciel que jamais ; alors que l'irréligion est érigée en principe, que les imprécations et les blasphèmes les plus abominables sont lancés impunément contre Dieu et son Christ.

Certainement l'indifférence, le mépris, l'impiété sont les grands maux qui travaillent les hommes de notre temps, mais faut-il se laisser entraîner par le courant ? n'est-il pas au con-

traire nécessaire de réagir contre ces tendances, de lutter contre le torrent, en travaillant
à faire revivre la foi dans les cœurs ? Un des
moyens pratiques pour arriver à ce résultat est
de rappeler à nos contemporains les actions,
les pensées, les vertus des saints, objet de la
vénération de leurs ancêtres et de redire les
merveilles que Dieu a opérées par l'entremise
de ces élus pour le bien et le bonheur des peuples et des nations.

« Quand, s'écriait naguère le plus valeureux
champion des légendes des saints, quand re-
verrons-nous les merveilles des siècles catholiques ? sera-ce quand nous aurons beaucoup
de cathédrales rebâties dans le style du XIIIe
siècle, beaucoup de pastiches des arts du Moyen-
Age ? non, ce sera quand nous aurons réappris
la vie des saints, quand nous comprendrons
leurs héroïques vertus, quand nos cœurs auront retrouvé cette foi naïve qui faisait qu'on
était en repos sur ses besoins spirituels et corpo-
rels lorsqu'on avait prié devant la châsse qui
renfermait les ossements de ces amis de Dieu[1]. »

En terminant cette préface, qu'il nous soit
permis d'offrir à Nosseigneurs les Illustrissimes

[1] Dom Guéranger. *Inst. liturg.* t. II, p. 332.

et Révérendissimes Évêques de Bruges et de Gand l'expression de notre vive reconnaissance, pour les documents que nous devons à leur gracieuse bienveillance. Ces documents inédits éclaireront d'un jour nouveau certaines particularités peu connues de l'histoire des reliques de sainte Godeleine.

Nous tenons aussi à ne pas oublier le vénérable et savant chanoine Ernest Rembry, de Bruges, et M. J. Hocke, curé-doyen de Ghistelles. Le premier, toujours disposé à venir en aide aux hommes d'étude, nous a été très utile pour les pièces justificatives de notre ouvrage ; le second s'est mis entièrement à notre disposition pour tous les renseignements dont nous pouvions avoir besoin, nous sommes heureux de leur offrir ici nos sincères remerciements.

Introduction.

« *La formation des saints est le suprême effort des siècles présents et futurs, l'historien qui n'en tient compte est sourd et aveugle : il n'a rien entendu dans les desseins de Dieu, il n'a rien vu dans le plan de l'univers.* »

(Cardinal Pitra.)

U Moyen-Age, la vie des saints est toute l'histoire des peuples. A cette époque l'influence salutaire et l'action bienfaisante de l Église se fait surtout sentir dans le monde.

Rome était tombée du faîte de sa puissance ; l'expiation solennelle que, depuis si longtemps, demandait le sang des peuples et des martyrs était consommée. Les barbares avaient franchi les dernières limites de l'empire ; ils avaient déchiré en lambeaux les dépouilles des orgueilleux vainqueurs de l'univers. Dès lors avait commencé une horrible mêlée qui devait durer plusieurs siècles.

2

Au milieu de ces guerres, de ces invasions violentes, devant ces farouches tribus du nord, ces bandes vieillies sous les armes, ces indomptables conquérants, fiers de leurs victoires, toutes les populations tremblaient.

L'Église qui, en vain, avait essayé d'empêcher la dissolution intérieure de l'empire romain, se montre, dès ce moment, sous un nouvel aspect et dévoile une puissance qu'on ne lui connaissait pas. Forte de ses institutions, de l'unité puissante de sa hiérarchie, de la mission qu'elle a reçue de Dieu, elle marche à la conquête de ces hordes barbares, elle se mêle à ces nouveaux maîtres du monde, et bientôt un immense travail se fait parmi ces peuples : travail lent, pénible, tendant à civiliser ces enfants du nord, à former de nouvelles générations chrétiennes.

L'évêque pense pour ces nations encore dans l'enfance, et, à ce titre, il étend sa juridiction sur les affaires publiques, prend toute puissance près des peuples et des rois, s'assied aux conseils des princes et, parfois, se pose comme arbitre et juge entre les serfs et leurs seigneurs, entre les souverains et leurs sujets.

« Ici, dit un illustre Bénédictin français, nous touchons du doigt l'un de ces grands miracles catholiques qui étonnent peu, parce que, trop universels, ils éclatent sur mille points à la fois et nous enveloppent d'un prestige éblouissant où la

vue se perd comme dans la clarté du soleil.
Spectacle véritablement grand ! Deux forces divines se disputent le monde : les barbares et l'Église ; les barbares pour perdre, l'Église pour sauver ; les barbares tuent et détruisent, l'Église relève et vivifie ; aux barbares la mission d'expiation et de vengeance, à l'Église la mission de salut et de civilisation et à Dieu l'honneur de ces grandes choses [1]. »

A cette époque, la papauté a sauvé le monde. Son influence a été hautement reconnue par tous les hommes de talent. « Singulier phénomène, s'écrie à ce sujet un écrivain que ses convictions religieuses mettent au-dessus de tout soupçon de partialité, l'unité politique périt, l'unité religieuse s'élève. Je ne sais combien de peuples divers d'origine, de mœurs, de langage, de destinées, se précipitent sur la scène ; tout devient local, partiel ; toute étendue, toute grande combinaison sociale s'évanouit, et c'est à ce moment que l'Église chrétienne proclame le plus haut l'unité de sa doctrine, l'universalité de son droit. Fait glorieux et puissant qui a rendu d'immenses services à l'humanité. L'unité de l'Église a seule maintenu quelques liens entre des pays et des peuples que tout d'ailleurs conduit à se séparer [2]. »

[1] Dom Pitra, *Hist. de saint Léger*, introd. p. XLIII.
[2] Guizot, *Cours d'histoire*, t. I, p. 423.

Par l'influence morale qu'il parvint à exercer sur ces terribles envahisseurs, le clergé était appelé, en les convertissant à la religion chrétienne, à les diriger vers la civilisation. Toutefois, pour régénérer ces peuples, la tâche était rude et difficile et bien des siècles s'écoulèrent avant de voir les idées du Christianisme pénétrer jusque dans le cœur, les mœurs et l'intelligence de ces nouvelles races européennes.

L'Église devait rencontrer deux immenses obstacles à cette civilisation : les mœurs de ces hordes du Nord et la continuation de l'invasion.

Avec les idées de notre siècle, il est difficile de se représenter les mœurs, les coutumes, les tendances, l'état social des barbares et, par là-même, de comprendre les difficultés qui surgissaient à chaque pas pour les courageux apôtres de ces siècles de ténèbres. Regarder les farouches enfants de la Germanie comme des hommes qui, de suite, ont subi l'influence des évêques, des prêtres et des moines, c'est s'abuser étrangement.

Il est impossible de croire que les lois, les préceptes, les usages, les vertus du Christianisme aient pu trouver facilement quelques sympathies parmi ces peuples ne connaissant pour toute loi que leur épée, leur volonté, leurs passions. Avec de tels sentiments, les besoins de droit, de justice ne se faisaient nullement sentir ; et si, malgré leur égoïsme grossier et brutal, sans s'en rendre compte, ils suivent quelquefois l'impulsion donnée par l'Église et essayent de cette civilisation qui leur est à charge, aussitôt, pour nous servir des expressions de Guizot, ils en sortent par un acte d'imprévoyance, par un éclat de passion, par un défaut d'intelligence. « On voit à chaque instant la société tenter de se former ; à chaque instant on la voit rompue par le fait de l'homme, par l'absence des conditions morales dont elle a besoin pour subsister[1]. »

Malgré ces nombreuses difficultés, l'Église serait arrivée à ses fins, si un obstacle puissant n'était venu l'arrêter dans sa marche. Un instant, sous Charlemagne, elle put croire que le succès allait couronner ses efforts, mais le mouvement permanant de l'invasion vint rendre son dévouement inutile et rejeter le monde dans la barbarie.

L'ancienne Gaule se trouvant sur le grand chemin de l'invasion, son territoire fut sans cesse sillonné par les bandes innombrables des barbares qui se pressaient au-delà du Rhin et du Danube. Ces farouches guerriers semblaient venir demander compte de leur conduite aux anciens Germains domptés par la civilisation chrétienne.

Après tant de troubles, de perturbations, de

---

[1] Guizot. *Hist. de la civilis. en Europe*, p. 74.

changements, la fusion de toutes ces hordes indis-
ciplinées, éparses sur le même sol, ne se fit pas facilement. Les siècles seuls pouvaient, en dénatu-
rant ces éléments divers, unir et fondre tous ces
peuples, en faire un corps et de là en tirer notre
France. Pour arriver à ce but, au milieu de ce
travail intérieur et mystérieux, que de dévouement
de la part de l'Église et de ses saints, que de
luttes sanglantes de la part des rois et des princes!
Après bien des combats, Charlemagne, pour domp-
ter les Saxons, avait entrepris de dépeupler leur
pays, et, au moment où il pensait au repos, il
rencontrait les flottes danoises.

On rapporte que le grand empereur apercevant,
sur les côtes de la Narbonnaise, les barques de
ces pirates, ne put retenir ses larmes. Prévoyant,
sans doute, les malheurs de l'avenir, il dit à ceux
qui l'entouraient : « Savez-vous, mes fidèles,
pourquoi je pleure si abondamment. Je ne crains
pas que ces barbares puissent me nuire par leurs
pirateries, mais je m'afflige profondément de ce
que, moi vivant, ils aient été sur le point de toucher cette côte ; et je suis tourmenté d'une violente
douleur, quand je prévois de quels maux ils ac-
cableront mes enfants et mon peuple. »

En effet, les Normands partis du Danemark,
avec deux cents voiles, voulurent attaquer les côtes
de la Frise, mais, au seul bruit de la marche de
Charlemagne, ils reprirent la route du Nord. Ces

barbares, sous la conduite de Godefry, se montrèrent aussi sur les côtes de la Flandre et de la Morinie; c'est pourquoi l'illustre empereur prit des mesures pour arrêter leurs dévastations. Il désigna le port de Boulogne comme lieu de concentration pour sa flotte et fit réparer les hautes murailles de la ville. En 810 et 811, il se rendit à Boulogne et visita les côtes jusqu'à Wissant pour juger par lui-même des dispositions prises contre ces pirates [1].

Les Normands n'osèrent recommencer leurs incursions, toutefois ils avaient reconnu le littoral, avaient marqué à l'avance les lieux où ils devaient un jour revenir; seulement ils attendirent la mort du vieil empereur. Alors le poëte put s'écrier : « Désormais, malheur à toi, ô France, privée de ton défenseur à quelles calamités n'es-tu pas exposée ! Toutes tes frontières sont ouvertes à la férocité des barbares qui se font un jeu de tes larmes et brûlent d'impatience de s'enrichir de tes dépouilles [2]. »

Avant de jeter un coup d'œil sur le siècle qui a vu naître et mourir sainte Godeleine, il est utile

---

[1] Eginhard, *Vit. Carol. Magn. — Chron. de S. Denis,* l. II. cap. *VI.*

[2] *Væ tibi, væ tali modo defensore carenti.*
   Francia quam. . etc.
Annal. de vita Caroli Mag. lib. V. ad an. 814.

de montrer ce qu'étaient ces hommes du Nord, connus dans l'histoire sous le nom de Normands (North - Man), quelles furent leurs dévastations surtout dans la Morinie et la Flandre où notre sainte a vécu et souffert son martyre. Mêlés aux populations, ces pirates prolongèrent longtemps encore l'état de barbarie dans ces contrées. L'Église les avait amenés au Christianisme, mais, deux siècles plus tard, elle n'avait pu encore assouplir entièrement la brutale férocité de leur caractère. Les antipathies de races se faisaient encore sentir avec toute leur sauvage énergie, dans certaines parties de la Flandre. Dans ce fait, nous trouverons l'explication de l'indigne conduite de l'époux et de la belle-mère de Godeleine, envers cette douce et pieuse enfant du Boulonnais. Bertolf et sa mère descendaient de ces barbares du Nord établis à Ghistelles.

Habitants des régions scandinaves, les Normands s'étaient tellement multipliés qu'ils se trouvèrent dans l'obligation de s'expatrier tous les cinq ans au printemps sacré, et d'aller au loin conquérir le droit à l'existence. Cette loi de l'émigration forcée est naïvement expliquée dans le roman de Brut :

> Bons roi, dit Hangist, gentil sire,
> Ne sai se onques oïs dire,
> Nostre tère est de gens naïve,

> Plus abondable et plentéive,
> Que nul altre que vous saçois,
> Ne dont vous jà parler oois ;
> Nos gent mervelle fructefient,
> Et li anfant trop monteplient ;
> Trop i a fames et trop homes,
> Ce nous puet peser qui ci somes.
> Quant nostre gent est tant créue.
> Que li tère en est trop vestue,
> Li prince qui les tères ont,
> Tos les jenes asamblé font
> Qui de quinze ans sunt et de plus,
> Si somme il est costume et us ;
> Tot li millor et li plus fort
> Sont mis fors del plaïs par sort.
> Si vont per altres régions
> Querrant tères et mansions,
> Por la multitude partir.
> Que li tère ne puent sofrir ;
> Car li enfant plus espès naissent,
> Que les bestes qui à camp paissent.
> Par le sort qui sor nous chaï,
> Avons nostre païs guerpi [1].

Seules les castes inférieures de la nation lançaient à la mer leur flotille et couraient à l'émigration pour pourvoir à leur subsistance [2].

La mort de Charlemagne étant devenue, dans

---

[1] *Li romans de Brut.*

[2] Cf. Lambert d'Ardres. *Chron.* — Depping, *Hist. des expéditions marit. des Normands.*

toutes les parties de son vaste empire, le signal de dissensions intestines, les pirates du Nord purent impunément effectuer leur descente sur les rivages de l'ancien empire des Francs. Après la fameuse bataille de Fontenay, les Normands trouvèrent les côtes sans défense et pénétrèrent bientôt jusqu'au cœur de la France, principal théâtre, pendant plus d'un siècle, de leurs ravages et de leurs déprédations. Guidés par le cours des fleuves, ils parcoururent les bords du Rhône et de la Saône, de même que ceux de la Loire et de la Seine. Paris, Rouen, Beauvais, Noyon, Nantes, Poitiers, Angers, Orléans, Blois et beaucoup d'autres villes furent tour à tour la proie de ces barbares.

Ces nouveaux envahisseurs trouvèrent une facilité d'autant plus grande dans leurs expéditions qu'on ne leur opposait aucune résistance. Les petits-fils dégénérés du grand empereur semblaient prendre à tâche de convaincre les peuples que les qualités de Charlemagne étaient éteintes en eux. Ce manque d'énergie faisait dire à un auteur contemporain : « Les temps sont tristes, car les ravages des païens ont répandu partout la désolation. Ils sont sans gloire, les royaumes jadis si glorieux ; ils sont sans puissance, les rois jadis si forts [1]. »

---

[1] Hildegaire, *Vita S. Faronis.*

Les incursions des Normands étaient bien différentes des grandes migrations germaniques. Ces pirates n'étaient pas des conquérants, ils n'attaquaient pas les peuples pour s'emparer de la région tout entière et imposer leur autorité aux vaincus, ils demandaient seulement du butin. Obligés de sortir de leur pays, ils se firent rois de la mer, parce que, comme dit Michelet, la terre leur manquait. Loups furieux, chassés par la famine du gîte paternel, ils abordaient sur les côtes, sans famille, ne respectaient rien, mettaient tout à feu et à sang et se retiraient seulement lorsqu'ils étaient « souls de pillage ».

Après leurs expéditions, ces pirates revenaient, en bien petit nombre, dans leur pays. Lambert d'Ardres dit même qu'ils quittaient tous la patrie pour ne jamais la revoir. Ils s'établissaient çà et là selon leur caprice et se groupaient sur des terres dont ils chassaient les légitimes possesseurs. Beaucoup se fixèrent ainsi le long des côtes de la Morinie et surtout dans la Flandre. A cause de leurs richesses, dues au pillage, ils devinrent puissants dans la contrée et furent d'un grand secours pour leurs compatriotes dans les nombreuses expéditions faites successivement en France.

Les historiens font une peinture effrayante des crimes dont se souillèrent ces barbares. Un auteur contemporain résume en quelques mots toutes ces horreurs : « Les rivières portent encore la teinte du sang des victimes et charrient une foule de cadavres en putréfaction ; les ossements des prisonniers des Normands gîsent sans sépulture dans les îles de la Seine ; sur ses rives, jadis belles comme le paradis, tout a été dévasté par le fer et la flamme [1]. »

Le peuple, dans son effroi, perdait tout courage et fuyait éperdu devant le torrent dévastateur. Les pirates ne rencontraient pas de résistance ; à peine quelques princes, quelques puissants seigneurs s'efforcèrent-ils de les arrêter, en leur livrant bataille. Dans une légende de cette étrange époque, un religieux consigne ses plaintes sur la couardise générale. « Tout le monde, dit-il, se met à fuir ; il est rare que quelqu'un ose s'écrier : arrêtez ! arrêtez donc ! résistez et combattez pour votre patrie, pour vos enfants et pour le peuple ! Au lieu de montrer quelque courage, on se laisse aller à l'inertie, on se disperse au lieu de se réunir. On rachète par des tributs ce qu'il aurait fallu défendre par les armes. Voilà comment la chrétienté se perd [2] ».

Ces invasions étaient regardées comme une punition de Dieu, à cause des prévarications conti-

[1] Hildegaire, op. cit. ap. *Acta sanct. ord. s. Bened.* t. II, cap. 123.

[2] Ermentaire, *Transl. S. Filiberti*, lib. II. Præfat.

nuelles des rois et des princes, des empiétements des seigneurs sur les biens ecclésiastiques et aussi des désordres qui souillaient le sanctuaire. Un moine de l'Abbaye de Corbie, Radbert, s'est fait l'écho des plaintes et des douleurs du peuple. Il disait :

« Comme le fait entendre le prophète, c'est à cause de nos péchés que ces malheurs nous arrivent ; ce sont les iniquités des prêtres et des princes qui font accumuler sur nous tous les maux, pervertissent la justice, causent l'effusion du sang et remplissent tout de fourberie et de fausseté. C'est pour nous faire pleurer sur les malheurs dont nous sommes la cause que Dieu a permis aux barbares de tirer du fourreau le glaive de la vengeance et de sévir contre nous. Aussi languissons-nous tristement au milieu des calamités affreuses répandues par ces étrangers, au milieu des querelles féroces des citoyens, au milieu des séditions, des pillages et des tromperies. Malgré tout, chaque jour, on s'efforce encore de commettre des crimes nouveaux [1] ».

La prolongation de telles calamités, en épouvantant les populations, les força à reconnaître leurs iniquités et à s'humilier sous la main de Dieu qui les frappait. Bien des cœurs revinrent

---

[1] Radbert, *In lamentat. Jeremiæ*, lib. IV, ap. Depping, *op. cit.* p. 91.

au Seigneur et des voix suppliantes s'élevèrent pour demander miséricorde. Longtemps il y eut dans les litanies un verset ainsi conçu : « *A furore Northmannorum libera nos Domine.* »

Dans la contrée où sainte Godeleine vit le jour, dans celle où son existence fut si inhumainement tranchée, les excursions des Normands furent plus nombreuses que dans les autres parties de la France et leurs ravages plus épouvantables. Aucune région ne se trouvait en effet plus exposée que la Morinie et la Flandre dont le littoral offrait tant de points abordables, depuis les embouchures de l'Escaut, jusqu'à la Canche et la Somme.

Vers le milieu du IXe siècle, ces barbares se jettent sur la Frise et les Flandres portant partout la terreur et la désolation. Les chroniques de ces contrées sont remplies des récits lamentables de leurs excès, de leurs profanations, de leur cruauté. Après avoir pillé tout ce qu'ils pouvaient emporter, ils livraient aux flammes églises, monastères, cités, villages, massacrant tous les habitants qui n'avaient pu échapper par la fuite.

Ces pirates se montrent à l'improviste, se rembarquent, reparaissent avec une rapidité et une audace toujours croissantes ; on ne sait où les attendre. Enhardis par leurs succès ils finissent par occuper définitivement divers points de la côte qui leur servent de point de réunion. De ces repaires, ils pénètrent dans l'intérieur des terres et mettent tout à feu et à sang.

Une bande débarque à Mardrick et à Nieuport[1], une autre se répand dans la châtellenie de Furnes ; elles surprennent Gand, Courtray, Tournay, pillent Cambrai et les environs de Cassel et mettent le siège devant Thérouanne. Godefry, fils d'Hériold les conduit et semble montrer une prédilection toute particulière pour les côtes de Flandre, où les pirates trouvent une retraite sûre et commode pour leurs flottiles[2]. Déjà quelques années auparavant, ils avaient brûlé Anvers, une des églises de Malines et la place de Witlam[3].

Chaque année amène une nouvelle invasion. En 880, aucun des châteaux forts, aucune des abbayes des régions baignées par l'Escaut, la Lys, et la Sambre ne sont à l'abri de la dévastation de ces barbares[4]. Ils s'emparent de plusieurs villes, détruisent les abbayes de Wormhoudt et de Bergues-Saint-Winoc et marquent par de cruels ravages leur passage à Ypres, Oudenarde, Anvers, Gravelines, Bailleul. L'année suivante ils placent leur quartier général à Gand. De là ils se trouvaient en commu-

---

[1] Aubert Le Mire, *Annal. belg.* — Marchant, *Descript. belg.*

[2] Folcuin, *de Gestis abbat. Labiens.* cap. XVI. — *Chron. Fontanell.* ad an. 850. — Depping. op. cit.

[3] *Annal. Fuldens.* — *Chron. Sigberti* ad an. 836.

[4] *Annal. Bert.* ad an. 880.

nication avec l'Océan par l'Escaut et la Lys et pouvaient pénétrer facilement dans l'intérieur de la France. Pendant ce temps, le marquis de Flandre, Baudouin Bras-de-fer, chargé de la défense des côtes, mais se sentant, sans doute, impuissant à chasser ces hôtes importuns, se contente, malgré quelques succès partiels, de se fortifier dans la ville de Bruges[1].

Les côtes de la Morinie ne furent pas épargnées. Dès 844, les Normands apparaissent, saccagent le pays, mais repoussés avec pertes, ils sont obligés de se rembarquer à Oye. Dispersés, ces barbares se rallient dans un autre endroit; battus, ils disparaissent, mais pour revenir plus nombreux.

En 850, soit que les pirates fussent mieux servis par les circonstances, ou mieux commandés par Hasting, leur chef, ils se rendent maîtres de Thérouanne et mettent cette ville à contribution. Ils reviennent, onze ans plus tard, incendient l'antique cité, après l'avoir livrée au pillage et ne laissent que des ruines. L'évêque du diocèse, obligé de fuir, errant, dénué de tout, ne sachant où se retirer, veut se démettre de sa charge. Le pape Nicolas lui écrit : « Mon fils, le pilote ne peut quitter le gouvernail dans le calme, encore moins le peut-il dans la tempête[2] ».

[1] *Chron. Sith.* ap. Dom Bouquet, t. VII. 268.
[2] *Epist. Nicolai Papæ* t. VII des Hist. de France.

La même année, les Normands s'emparent de bourg de Sithiu et de l'abbaye de Saint-Bertin. Les moines effrayés des atrocités commises dans la contrée avaient prudemment pris la fuite, emportant le trésor de leur monastère et les reliques des saints. Furieux de se voir ainsi privés de cette riche proie, les pirates renversent et brûlent tous les édifices. Quatre religieux n'avaient pas voulu quitter leur cloître, ils furent impitoyablement massacrés [1].

Une troupe de Normands débarque à Oye, une autre fait sa descente par les embouchures de la Slack, de la Lianne et de la Canche [2]. Ambleteuse est saccagé ; les habitants de Wissant passés au fil de l'épée ; et le monastère de Sombres, situé près de ce dernier endroit disparaît dans la tourmente. Toute la contrée est ravagée.

Quantovicq déjà surpris en 842, revoit ces barbares en 864. A la première invasion, une partie de la population avait été tuée. le reste emmenée prisonnière. Hommes, femmes, enfants entraînés à la suite des vainqueurs n'eurent la vie sauve que moyennant rançon [3] ; les églises et les habitations furent épargnées à prix d'ar-

---

[1] *Annal. Bertin.* ad an. 861.
[2] Iperius. — Malbranq, *De Morinis.* — Dubuisson, *Antiquités du Boulonnais.* Ms.
[3] *Annal. Bertin.* ad an. 842.

gent. L'invasion de 864 eut des suites plus terribles. Les Normands déçus, sans doute, dans leur espoir de butin, ne firent grâce à personne et, dans leur fureur, détruisirent cette malheureuse ville de fond en comble [1]. La ruine fut tellement complète que les historiens modernes se demandent sur quel rivage de l'embouchure de la Canche se trouvait cette ville et si Étaples est l'héritière de l'ancienne cité romaine.

Dès lors les barbares se répandent de nouveau dans le Ponthieu et livrent bataille à Helgaut, abbé de Saint-Riquier, qui, depuis 859, défend vaillamment le pays, contre ses envahisseurs. Les Normands sont défaits, mais Helgaut meurt au milieu de son triomphe, 864 [2].

Quelques années plus tard, ces pirates se jettent sur l'Artois et la Picardie, ils entrent dans Arras, ravagent le monastère de Saint-Vaast [3] et vont jusqu'à Amiens et Corbie qu'ils dévastent. Ils pillent et brûlent les abbayes de Saint-Riquier et de Saint-Valery ; repassent l'année suivante à Arras et poussent leurs dévastations jusqu'à Beauvais et Noyon, 882.

Les Normands, dans leur humeur vagabonde,

[1] *Chron. Fontanell.* ad an. 882.
[2] Cf. Deseille, *Année Boulonnaise.*
[3] *Acta sanct. ord. Bened.* Sæc. IV. — *Annal. Vedast.* ad an. 880.

sont insaisissables : tantôt sur les bords de la Seine ou de la Loire, tantôt sur les bords de la Somme, de la Canche et de la Lianne. Ils fondent à l'improviste sur la proie convoitée. Dans la Morinie, ils mettent tout à feu et à sang. En 882, ils détruisent Sangatte [1]. Plus heureux, le bourg de Sithiu, fortifié par Foulques, abbé de Saint-Bertin, est vaillamment défendu par ses habitants.

Au milieu de l'effroi général le courage des chrétiens est relevé par l'espérance en la protection de leurs saints patrons. Une vieille légende rapporte qu'avant la seconde attaque de Sithiu par les Normands, en 894, le vénérable évêque, saint Omer, avec son front chauve, ses cheveux blancs, la tête couverte de la mitre était apparu en songe à un religieux, avait étendu sur lui sa main resplendissante et lui avait ordonné d'exhorter les habitants à ne pas se relâcher dans leur zèle pour fortifier le bourg [2].

Dans le Boulonnais, les attaques des Normands sont continuelles. Une de leurs bandes débarque sur les côtes d'Ambleteuse ; elle est nombreuse et bien commandée par deux chefs célèbres, Germond et Isembart. La ville de Boulogne a tout à craindre, les pirates ayant besoin d'un refuge pour leurs flottiles. Hernequin, gouverneur du Boulon-

[1] Lambert d'Ardres, *op. cit.*
[2] *Miracul. s. Bertini.* lib. II. cap. VI.

nais, se porte au-devant d'eux pour leur barrer le passage et les attaquer. La rencontre eut lieu non loin de l'embouchure de la petite rivière de Wimereux[1], et les Boulonnais défaits dans un combat meurtrier sont obligés de prendre la fuite. Ceux qui tombèrent entre les mains des barbares furent massacrés, et, dit une vieille chronique : « Quant ils les avoient ochis, si les espetoient en leurs glaves et les rostissoient au feu en despit des crestiiens[2]. »

Maîtres du champ de bataille, les Normands s'avancent sur Boulogne et s'emparent du port, sans résistance. Mais, par prudence, sans doute, ils ne s'arrêtent pas à faire le siège de la ville munie de bonnes murailles et de nombreux défenseurs. D'ailleurs ils savent que Hernequin, avec le concours du comte Helgo, de Florent de Ponthieu et d'Henri d'Hesdin réunit de nouvelles troupes dans les plaines du Ponthieu et s'avance pour les combattre à nouveau.

Pendant que les pirates passent la Canche, une autre de leurs armées débarquée à l'embouchure de la Somme, franchit l'Authie. Hernequin attaqué de tous côtés à la fois, ne sachant à qui faire face, combat en désespéré, mais succombe sous

---

[1] Malbrancq, *De Morinis* lib. VI, cap. XXXVII.
[2] Bibliot. nat. Ms. 6987, publié par M. Deseille dans *Le Pays Boulonnais*.

le nombre. « Ferus par mi le cors d'une lance, »
nous dit notre chronique, il franchit la Canche
entre Montreuil et le bac d'Attin en s'écriant :
« Or me mir en deuil ». Cet endroit porte encore le nom de Mirandeuil en souvenir de ce
triste évènement.

Hernequin, si on en croit la chronique, vint jusqu'à l'abbaye de Saint-Vulmer-au-Bois où Berthe
son épouse attendait dans l'église l'issue de la
bataille. Épuisé, souillé de sang, il tomba dans
les bras de sa femme et alla expirer sur les degrés
de l'autel. « Et d'iloec vint li queus Hernequins a
Saumer - u - Bos a se feme et s'agenilla por orer
devant l'autel Sainct-Pierre ; et en ourant mou-
rut-il illocques, il et ses escuiers. Et quant ce vit
Berte sa feme, si se laissa caoir sor lui et mourut
illooc avoec lui [1] ».

Quoi qu'il en soit de cette légende, les Normands
fiers de leur double victoire, se répandent dans le
Boulonnais, pillant et dévastant tout ce qu'ils trouvent sur leur passage. Le pays, dit l'auteur des *An-
tiquitez de Boulogne,* est « destruict avec meur-
dres éxécrables et grande effusion de sang de tout
sexe et eage [2]. »

L'abbaye de Saint-Vulmer est livrée aux flammes ainsi que le couvent de Sainte-Eremberthe

---

[1] Ibid.
[2] G. Le Sueur, Ms. publié par M. Deseille *op. cit.*

à Wierre-au-Bois. Ce dernier monastère, détruit de fond en comble ne put se relever de ses ruines. D'autre part les pirates remontent la Canche et portent la dévastation dans le Ponthieu : Hesdin, Renty, Auchy sont saccagés et l'abbaye de Blangy ruinée. Heureusement les religieuses avec Hersende, leur abbesse, emportant les reliques de sainte Berthe, leur fondatrice, avaient fui devant les barbares et s'étaient réfugiées à Mayence [1].

La ville de Boulogne échappa à la fureur des Normands, grâce sans doute à la puissance de ses murailles, mais surtout à la protection de Notre-Dame, honorée d'un culte tout spécial dans cette antique cité. Boulogne parut un asile tellement certain que les religieux des abbayes environnantes vinrent y mettre en sûreté les saintes reliques de leurs monastères. « Lorsque dans la dernière moitié du IXe siècle, dit un historien du Boulonnais, les cités les plus renommées de l'ancienne Gaule se voyaient en proie aux ravages des Normands ; quand les évêques et les moines fuyaient de toutes parts, emportant à la hâte les reliques des saints patrons de leurs églises, Boulogne restait à l'abri du pillage et offrait l'asile inviolable de ses murs aux précieux trésors des monastères [2]. »

---

[1] Malbrancq. *op. cit.* — [2] L'abbé D. Haigneré, *Dict. hist. du Pas-de-Calais*, Art. *Boulogne*.

Boulogne servit alors de refuge aux restes vénérés de saint Bertulphe de Renty ; de saint Vulmer, fondateur de l'abbaye de Samer ; de saint Wandrille, premier abbé et fondateur du monastère de Fontenelle ; de saint Ansbert, archevêque de Rouen, ancien abbé de Fontenelle ; de saint Wulfranc, archevêque de Sens [1] et de plusieurs autres moins célèbres, et sut conserver intacts les trésors sacrés confiés à sa garde [2]. Bientôt l'évêque de la Morinie vint établir sa résidence dans cette ville, « comme en un lieu de refuge contre les Normands », et ses successeurs y séjournèrent pendant plus d'un siècle.

Quoique vaincus par le roi de France à Saucourt, en Ponthieu, les Normands restèrent dans la contrée et continuèrent leur brigandage. Un instant ils se détournèrent du Boulonnais pour secourir ceux de leur nation aux prises avec Eudes, comte de Paris. Mais après une suite de revers et de succès, ayant obtenu un traité avantageux, ils revinrent vers le Nord en 891 [3], et continuèrent

---

[1] Cf. Gazet, *Hist. ecclés. des Pays-Bas*, pp. 368, 369. — Molanus, *Natal. SS. Belgii*, 22 Julii. — Ant. Le Roy, *Hist. de Nostre-Dame de Boulogne* liv. I, ch. ii.

[2] En 940 et 944, le comte de Flandre Arnoul-le-Vieux fit transporter ces saintes reliques dans le monastère de Saint-Pierre à Blandinberg, à Gand. Elles y furent profanées et brûlées au XVIe siècle par les Réformés et les cendres jetées au vent.

[3] Ed. Martène, *Thesaurus novus anecdotarum*, t. III.

leurs dévastations dans la Morinie. On les retrouve encore, en 918, sur les côtes du Boulonnais, mais moins heureux, ils furent chassés, poursuivis et enfin défaits près de Fauquembergues [1].

Pendant le Xe siècle un calme relatif s'établit en France. Grâce aux concessions obtenues des souverains, grâce à la faiblesse, à la pusillanimité ou aux calculs des grands vassaux du royaume, les Normands recueillaient les fruits de leurs sanglantes mais victorieuses expéditions et se fixaient un peu au hasard, dans les différentes provinces qu'ils avaient parcourues en vainqueurs. Tous n'obtinrent pas, comme le célèbre Rollon, la cession d'une province, sous la seule réserve de l'hommage ; mais ils s'emparèrent de terres à leur convenance et s'érigèrent en seigneurs et maîtres du sol. Ainsi avaient fait, à Ghistelles, les ancêtres de l'époux de sainte Godeleine, ainsi fit Syfrid, dans le château de Guines [2]. Bien d'autres agirent de la même façon et plus d'une de ces puissantes familles, si fières de leurs aïeux, tirent leur origine de ces bandits.

Comme nous l'avons déjà fait remarquer, grâce

---

[1] Henry, *Essai hist. sur l'arrond. de Boulogne.* — Cf. Malbrancq, *op. cit.* t. II, lib. VII, cap. xix. — Sur les ravages des Normands, voir les manuscrits sur le Boulonnais de Lequien, Luto et Dubuisson, Bibliot. comm. de Boulogne.

[2] Lambert d'Ardres *Chron.* — Cf. l'abbé D. Haigneré. *op. cit.* article *Guines*.

aux richesses que les Normands possédaient comme leur part de butin, ils parvinrent à obtenir une certaine puissance. De plus, race éminemment guerrière, ces pirates s'entourèrent d'hommes d'armes à leur solde et saisirent avec empressement l'occasion d'offrir le poids de leur épée à tous ces comtes ou hauts barons, soucieux de se rendre indépendants. A cause des secours accordés dans ces circontances, ils se firent bientôt reconnaître comme les légitimes possesseurs des terres sur lesquelles ils s'étaient établis et furent l'objet des faveurs des grands feudataires de la couronne qui avaient à récompenser des services rendus.

De leur côté, les habitants des diverses régions, où les Normands s'établirent. supportaient impatiemment le farouche orgueil de leurs vainqueurs. Le mélange de races fut long, difficile, pénible. Le peuple restait en défiance, il n'avait pu oublier les maux endurés, lors des effroyables invasions de ces hommes du Nord devenus leurs seigneurs et maîtres. Il gémissait sous leur dure oppression, leur terrible tyrannie. Les auteurs du temps sont remplis des traitements cruels, des tortures épouvantables que ces barbares faisaient subir à leurs serfs [1].

[1] Cf. sur les horreurs de ce temps dans le nord de la France, Lambert d'Ardres, *Chron. cit.* — Balderic, *Chron. Cameracense et Atrebatense.*

A tous ces maux, vinrent bientôt se joindre les plus terribles fléaux. Comme suite à ces massacres, à ces dévastations, à ces ruines, la peste et la famine firent sentir leurs rudes aiguillons. La mort planait partout ; un profond découragement s'était emparé de l'humanité. La protection divine semblait s'être retirée des peuples, ils s'agitaient dans les crises de la douleur et de l'effroi pour retomber dans l'abattement du désespoir.

Cette terrible situation s'empirait encore par la dépravation des mœurs et l'état déplorable où se trouvait le pauvre peuple. Dans ses annales, le célèbre Baronius, avant de faire connaître tous ces désordres, a cru nécessaire de mettre en tête de l'histoire du Xe siècle des observations destinées à prémunir les faibles contre le scandale de cette époque. Les barbares et, à leur exemple, les grands croyaient que tout leur était permis. Leurs déplorables exemples propageaient le vice dans toutes les classes de la société.

Pierre Damien, effrayé de ces déportements ne pouvait s'empêcher de s'écrier [1] : « Le monde n'est plus qu'un gouffre d'envie et d'impudicité. Un mauvais esprit fait naître partout la haine, l'impiété, l'hypocrisie..... Qui a honte d'une vie déréglée ou d'un vol sacrilège ? qui craint de com-

[1] Pierre Damien. *Epist.* II, 1.

mettre des crimes dont le ciel demande vengeance?
la corruption déborde partout. » Il n'y avait plus
rien de sacré, les seigneurs poussés par l'ambition
et l'avarice méconnaissaient les droits de leurs
subordonnés et les moindres suzerains, au lieu
d'être les protecteurs, devenaient les tyrans de
leurs vassaux. Aussi dès le Xe siècle, voyons-nous
le peuple réunir, en vain, ses efforts pour lutter
contre les seigneurs et possesseurs de fiefs qui les
faisaient gémir sous le poids de la plus dure oppression.

Au commencement du XIe siècle, les mœurs ne
s'étaient guère adoucies, elles restaient toujours
rudes, sauvages et souvent cruelles. L'historien
qui donnerait aux hommes de ce temps une mansuétude inaltérable serait dans une étrange erreur.
L'auteur inconnu de la vie de saint Alexis nous fait
un bien triste tableau du XIe siècle. Jetant un regard
en arrière, sans doute sur le règne de Charlemagne,
il dit qu'autrefois le monde était bon ; on y faisait
œuvre de justice et d'amour, mais la foi de ces
temps heureux décroît partout. Le monde est
changé, il a perdu sa couleur, il est pâle, vieux,
devient chaque jour plus mauvais et tout bien
cesse.

> Bons fut li siecles a l'tens ancienor,
> Quer feit i ert e justice et amor.
> Siert credance dont or n i at nul prot.

> Tot est mudez, perdude et sans color,
> Vielz est e frailes,
> Si st empeiriez, tot bien vait remanant [1].

Pour saisir tout le travail intérieur qui eut lieu dans ces temps difficiles, il ne faut pas oublier le point de départ. Il est nécessaire d'embrasser, dans un coup d'œil, le mouvement des invasions, les perturbations qui en furent la suite, les nombreuses dissensions civiles qui ensanglantèrent si longtemps la France, enfin le triste état des institutions et des mœurs de cette malheureuse époque ; autrement on ne peut comprendre la mission de l'Église. C'est au milieu de ces ombres que l'œuvre de Dieu jette un éclat plus frappant.

L'Église recommence son œuvre de civilisation, en ramenant la paix au milieu des populations désespérées, en adoucissant par le christianisme les mœurs farouches des Normands. Sans l'Église, que serait devenu le peuple, quel moyen de le défendre contre l'orgueil et la rapacité des vainqueurs. Dans ces temps de troubles et de douleurs profondes, qui aurait osé aller reprendre le fier seigneur dans son repaire, si ce n'est le prêtre et le moine ? Où se trouvait la résistance, si ce n'est dans l'Église ? Quel autre agent pouvait modifier ces farouches guerriers qui ne se laissaient

[1] Ap. Léon Gautier, *La Chevalerie.*

guider que par un sauvage instinct, ne connais-
saient rien, si ce n'est la conscience de leur force
et de leur puissance, ne se réglaient que par la
justice du glaive et du feu ? « Les peuples, dit
Guizot, n'étaient point en état de se défendre, de
faire valoir leurs droits contre la violence civile :
la religion intervenait au nom du ciel[1]. »

En toutes circonstances, l'Église vint au-devant
des besoins sans nombre, des inexprimables douleurs qui l'appelaient et la sollicitaient. Elle sut
calmer la fureur de ces bandits et les forcer à
remettre le glaive dans le fourreau. Elle les amena
aux pieds des évêques, leur fit promettre de rester
désormais paisibles, de respecter les églises, de ne
pas molester le pauvre peuple, de ne plus infester
les routes et les campagnes. Mais parfois quels
tristes retours de barbarie, quelles violentes révoltes contre les mandataires de Dieu qui voulaient
les civiliser !

On le comprend facilement, pour amener ces
enfants du nord à suivre les préceptes de l'Évangile, à pratiquer les vertus chrétiennes, il faudra
du temps. L'initiation à laquelle ils devront se
soumettre sera longue et pénible. Au XIe siècle,
pour civiliser les barbares, élever leurs sentiments
et leur donner cette douceur de mœurs qui n'est
pas moins favorable à la société que glorieuse à

[1] *Cours d'histoire moderne* p. 134.

l'Église, Dieu eut comme instruments, les papes et les saints.

Étrange coïncidence ! au moment où sainte Godeleine venait de naître au vieux manoir de Londefort, un moine de Cluny , nommé Hildebrand, fils d'un charpentier et originaire d'une petite ville, perdue au fond de la Toscane, avait formé le projet d'affranchir l'Église et les peuples. Sous l'inspiration de Dieu, cet homme avait compris qu'il était impossible de réprimer la violence des seigneurs et d'apporter soulagement à la misère du peuple, tant que le clergé serait dépendant du pouvoir temporel, que l'évêque, lié par les lois féodales, serait subordonné à un suzerain, que le pape serait choisi par un empereur. Pour relever l'Église et, par elle, les nations, il voulait avant tout rendre le pape indépendant des princes et développer dans l'Église une réforme s'étendant à toutes les classes de la société. « Idée grandiose née du plus généreux sentiment qui puisse faire battre le cœur de l'homme, d'une tendre commisération pour l'état malheureux de ses frères, de ce peuple dont il était sorti. Idée grandiose qui ne pouvait venir que d'une intelligence capable de la mettre à exécution. »

Le XIe siècle, « période de vie et de création, dit un écrivain protestant, époque où commence tout ce qu'il y eut de noble, d'héroïque et de vigoureux dans le moyen-âge[1], » ne compte sa gloire que du moment où ce moine de néant, devenu prieur de Cluny et confident du pape Léon IX commença à réaliser son plan gigantesque de réforme.

Dès cette époque, malgré certaines apparences rudes, barbares, sauvages, on peut déjà pressentir toute la grandeur de ce siècle et on découvre partout la préparation laborieuse qui va produire le glorieux et magnifique pontificat d'Hildebrand, connu dans l'histoire sous le nom de Grégoire VII. Les peuples applaudissaient avec enthousiasme à la puissance croissante de la papauté ; ils comprenaient que là était la seule force capable de résister à la puissance temporelle et d'attaquer, jusque dans ses racines, les maux qui minaient l'Église et l'État.

En effet, Grégoire VII, comme pape, avait seul alors la supériorité nécessaire pour relever l'Église de son abaissement et l'arracher à la servitude des princes, de même qu'aux funestes conséquences de la simonie. Seul il pouvait protester contre les violences des rois et des nobles, combattre toute oppression, toute tyrannie, défendre les faibles et les indéfendus, enfin garantir les droits des particuliers et les libertés des peuples. Fait incontestable, dès le moment où le Siège apostolique se trouve à la tête des nations, une vie nouvelle

---

[1] De Sismondi, *Hist. des Français*, t. IV, p. 483.

descend du sommet de la hiérarchie pour se répandre dans toute l'Église ; le caractère du temps se modifie, l'intelligence se développe, la société s'organise, toutes les nobles pensées et les tendances généreuses du siècle commencent à grandir.

Aux efforts de la papauté vint se joindre l'influence salutaire des saints. Lorsque Dieu veut favoriser un siècle, il lui envoie des grands hommes dans l'ordre spirituel : brillantes phalanges dont les ramifications s'étendent dans toutes les classes de la société. Ce puissant secours ne manqua pas au XI⁰ siècle. Quelle multitude de saints de tout rang et de tout état. Du trône à la nouvelle Thébaïde du Dauphiné ; du fracas et du tumulte des cours, au calme et à la solitude du cloître ; dans les travaux de l'apostolat, le tumulte des armées, les discussions de l'école, dans le secret de la famille, partout Dieu suscite ses enfants de prédilection pour concourir au salut des peuples. Tandis que, dans les monastères, un grand nombre de religieux se livrent à des mortifications effrayantes, dans leur ardent désir d'effacer les péchés de leurs frères et satisfaire à la justice divine. Nobles héros, appelés à rendre témoignage de la séve intarissable qui coule dans les veines du catholicisme.

Dans la réalisation du grand œuvre de la régénération des peuples, Dieu se sert du plus petit comme du plus grand ; souvent même il se plaît à prendre les faibles pour montrer sa puissance. Que de fois, au milieu des barbares, ne s'est-il pas servi d'une simple femme, d'une jeune fille qui, avec son âme aimante et dévouée jusqu'au sacrifice, a servi d'organe de transmission à la grâce divine.

Sainte Godeleine est une des âmes d'élite se liant à ce vaste ensemble. Une vie si pleine de bonté, de douceur, d'inépuisable charité envers ses semblables, de patience, d'abnégation, de continuels sacrifices envers elle-même, ne pouvait être qu'un exemple donné au peuple, à moins qu'elle ait été une offrande présentée au ciel en expiation des iniquités du siècle. Le sang pur et généreux de Godeleine, répandu sur la terre fit germer une abondante moisson, en civilisant les farouches habitants de Ghistelles. Un sentiment inconnu pénétra dans leurs cœurs, les attendrit, les vivifia ; leurs pensées s'épurèrent et en admirant tant de vertus, ils proclamèrent la sainteté de la religion qui les avait inspirées.

Jamais une goutte de sang chrétien n'est tombée froide et stérile : chacune a sa vertu intime, sa force particulière. Qui oserait dire que les Agathe, les Prisca, les Agnès, les Cécile et tant d'autres jeunes vierges parées de toutes les grâces de l'innocence et de la beauté, n'ont rien fait pour la propagation du christianisme, et que le sang qu'elles ont répandu a été perdu, a été inutile ?

4

Le Christ a sauvé les peuples et les nations par le grand sacrifice consommé sur les hauteurs du Calvaire. Après lui, les saints et les martyrs ont continué son œuvre par leurs douleurs et leurs souffrances. « Ils administrent la rémission des péchés, dit Bossuet ; leur martyre à l'exemple de celui de Jésus-Christ est un baptême où les péchés de plusieurs sont expiés et nous pouvons en quelque sorte être rachetés par le sang précieux des martyrs, comme par le sang de Jésus-Christ[1]. »

Les jugements de Dieu sont insondables, il est bien difficile de les expliquer. C'est pourquoi le prophète a dit : « Où est le sage pour comprendre ces merveilles ? Qui a assez d'intelligence pour les pénétrer[2] ? » Toutefois la raison mystérieuse des évènements, quoique voilée, laisse parfois percer quelques lueurs à travers le nuage. Il en est ainsi pour notre sainte. Tout nous fait pressentir que sa mission était de travailler à la gloire de Dieu, en civilisant les barbares qui l'entouraient.

Godeleine dans son amour pour le prochain aurait voulu voir l'humanité heureuse, mettre toute sa confiance dans le Seigneur et marcher à grands pas dans le chemin de la civilisation chrétienne. Si les nobles élans de ce cœur dévoué

[1] Bossuet, *Méditat. pour le temps du jubilé.*
[2] Osée, xvi, 10.

ne furent pas entièrement exaucés, du moins elle
vit l'aurore de ces âges de foi dont l'entier épa-
nouissement ne devait avoir lieu que plus tard.

Le XIe siècle, malgré ses taches a cependant
quelque chose d'étonnant et d'extraordinaire ; c'est
l'enfance de tout un peuple qui se dégage des
entraves de la barbarie, pour entrer dans une
sphère nouvelle et parcourir une carrière plus
digne de sa noble origine ; c'est l'enfance de tout
un peuple de poètes, de ménestrels, d'artistes qui
bientôt va se jouer de la matière et spiritualiser
tout ce qui l'entoure ; c'est le prélude de ce monde
mystique, orné des plus charmantes images, où
plein d'enthousiasme le chrétien se plaît à répandre
les trésors d'inspirations qu'il a été recueillir sous
le ciel brûlant de la Palestine et jusque sur le
tombeau de son Dieu.

Cet étonnant développement intellectuel qui se
montre, s'accentue partout, dans la littérature,
dans les sciences, dans les arts. Cet admirable
changement n'a pu certainement s'opérer brus-
quement et arriver de suite à son apogée, mais
le XIe siècle l'a conçu, préparé, fomenté. En effet
si cette époque conserve encore quelque chose de
la barbarie, ce n'est déjà plus le désordre qui
découle de la destruction, de la dissolution, de la
décomposition de la société. Dans la seconde
moitié de ce siecle commence ce grand travail de
formation d'une société nouvelle. C'est peut-être

encore la barbarie, mais c'est aussi certainement l'enfance de cette civilisation, de cette littérature, de ces arts qui sont restés le sujet de l'étonnement et de l'admiration du monde. Une vie nouvelle se montre, se fait sentir, les peuples se réveillent de leur long sommeil de mort et la société laisse apparaître des tendances nouvelles, bien imparfaites sans doute, mais qui en se perfectionnant vont créer des merveilles.

Ces hommes du Nord, Saxons, Normands mêlés aux Gaulois et aux Francs, mais enfantés à la civilisation ressentent un vague besoin de changement, une soif ardente d'un avenir plus brillant, plus en rapport avec les aspirations élevées que le christianisme lui a apportées. A ces peuples, il n'était plus possible de donner la littérature, la poésie, l'architecture, les lois de l'ancien empire romain ; il leur faut quelque chose de plus grand, de plus noble, et c'est dans les abbayes et les monastères qu'ils vont chercher législateurs, poètes, littérateurs et architectes.

La lumière, depuis longtemps reléguée presqu'exclusivement dans les cloîtres, se répand dans le monde. Les évêques, dans leurs cathédrales, les abbés dans leurs couvents créent des écoles dont plusieurs devinrent des plus célèbres. Paris, avec son Université « la lumière du monde » ; Reims où brillait maître Bruno, le futur fondateur de l'Ordre des Chartreux ; Lille, sous l'écolâtre Raimbert ;

Tournay, avec Oudart, si renommé en Flandre ;
le célèbre Odon devenu plus tard évêque de
Cambrai et tant d'autres répandent partout
l'amour de l'étude [1].

Jongleurs, trouvères, ménestrels préludent à
leurs chants, à leurs poèmes, à leurs chansons de
gestes, et en attendant, répètent les merveilleuses
légendes des saints : naïfs récits, source pure et
vivifiante où l'on rencontre une foule d'aperçus
nouveaux, de tendances inattendues, de vérités
lumineuses, de sentiments tendres et délicats qui
étonnent le lecteur et lui montrent, sous un jour
nouveau, ce siècle demi-barbare.

La poésie a fait son apparition, quoique cette
époque tumultueuse n'ait guères pu donner le
doux loisir qu'elle réclame. Raimbert a déjà com-
posé son poème d'Ogier, une des plus anciennes
épopées françaises. Les hymnes sacrées, le *Veni
Creator*, le *Salve regina*, l'*Alma Redemptoris*, d'autres encore, sont répétées par le peuple. Ces monuments poétiques du XIe siècle manquent peut-
être d'élégance, mais à cause de l'onction qu'on y
trouve, de la piété qu'ils inspirent, de l'élévation
des pensées qu'ils font naître dans les cœurs, les
chrétiens les ont préférés, depuis près de huit
siècles, aux productions plus classiques, plus
élégantes, plus soignées de la poésie moderne.

---

[1] Cf. *Hist. littér. de la France*. XIe siècle.

La musique avec ses neumes simples ou composés semble vouloir aussi sortir de la barbarie, prendre quelque mesure et adopter un rhythme particulier. Le moine Guy d'Arezzo invente la gamme avec les notes ut, ré, mi, fa, sol, la, qu'il tire des premiers vers de l'ancienne hymne de saint Jean *Ut queant laxis*, et établit une notation nouvelle en traçant deux lignes qui devaient indiquer la relation de hauteur des neumes et simplifier l'étude du chant. « J'espère, disait-il dans le livre où il expose sa méthode, que ceux qui viendront après nous prieront Dieu pour la rémission de nos péchés, puisqu'au lieu de dix ans qu'il fallait pour acquérir une science imparfaite du chant, nous faisons un chantre en un an, ou tout au plus en deux[1]. »

Les instruments des Romains étaient tombés dans l'oubli; d'autres plus simples étaient venus les remplacer. Les sculptures et les bas-reliefs de l'époque nous montrent des musiciens avec des violes, des clavicordes, des vielles, des flûtes, des guiternes et des instruments à une ou plusieurs cordes. Un des auteurs de la Vie de sainte Godeleine cite parmi les instruments joués à Londefort pour fêter la venue du comte de Boulogne, les tambours, les flûtes, les theorbes et même les

---

[1] Guy d'Arezzo, *Micrologue*. — Cf. Sæcul. VI, Benet.

orgues, qui cependant ne devaient pas être fort communes alors.

La peinture ne se montre pas encore dans les églises, on n'en trouve du moins que peu d'exemples ; elle déploie toutes ses richesses dans les manuscrits. La forme byzantine domine encore dans la représentation des personnages, mais les ornements, les entrelacs, les arabesques sont entièrement originaux. Au milieu des fleurs, des feuillages, des enroulements apparaissent animaux fantastiques, figures capricieuses, monstres d'un puissant effet qui prouvent l'habileté de main et la richesse d'imagination des miniaturistes de cette époque. Ces peintures aux couleurs vives, sur fond d'or, venues jusqu'à nous, font encore aujourd'hui l'admiration des archéologues et des artistes.

L'architecture lourde et massive a cependant un cachet particulier de grandeur, surtout dans les églises. On a laissé de côté tout ce qui touche au paganisme ; il y a comme une insurrection contre le classique. Les artistes semblent chercher leur voie : une idée pieuse et mystique les dirige dans leurs travaux. Ils ont une tendance invincible à s'affranchir de tous les principes conventionnels de l'art antique, ils cherchent d'une main tatonnante, ils s'épuisent en efforts gigantesques, ils veulent donner un corps à leurs idées épurées par le christianisme et créer des monuments dignes du génie chrétien.

Dans les statues des églises, dans les tympans des portails, les bas-reliefs des chapiteaux, les agencements des modillons, le sculpteur n'arrive qu'à une exécution grossière. La pureté des lignes n'existe pas, le ciseau manque d'habileté, on est loin de la perfection antique ; mais quelle richesse de pensées dans ces sujets symboliques, dans ces œuvres grossières de ces artistes des anciens âges !

Un siècle plus tard, le grand abbé de Clairvaux, saint Bernard, tout en condamnant la reproduction de ces scènes étranges qu'il aurait voulu voir disparaître de tout monastère, reconnaît cependant que sous ces formes bizarres et capricieuses, il y a un sens caché et puissant. « A quoi servent dans les cloîtres, écrivait-il à Guillaume, abbé de Saint-Thierry, sous les yeux des frères et pendant leurs pieuses lectures, ces ridicules monstruosités, ces prodiges de beautés difformes ou de belles difformités.....? Il se montre partout une variété de formes étranges, si féconde et si bizarre que les frères s'occupent plutôt à déchiffrer les marbres que les livres, et passent des jours entiers à contempler toutes ces figures, bien mieux qu'à méditer sur la loi divine [1]. »

Les artistes du XIe siècle s'ingéniaient à trouver les mystérieux emblèmes des idées que le christianisme leur avait inculquées. Porphyre exprime,

---

[1] S. Bernard. *Epist. ad Guillel.*

avec la plus grande justesse, ce besoin qu'a l'homme de signes sensibles pour s'élever à des choses invisibles. « C'est par des images tombant sous les sens, dit-il, que les anciens représentaient Dieu et ses puissances : ils figuraient les réalités invisibles sous des formes visibles qui permettent de lire les choses divines comme dans un livre [1]. »

Regarder les sculptures du XIe siècle comme de simples caprices de l'imagination, c'est, croyons-nous, tomber dans l'erreur la plus grande. Il est impossible de comprendre l'œuvre des artistes du moyen-âge si on part de ce principe, que ces pierres sont muettes, privées de vie et de sentiments ; si on ignore le sens des formes hiératiques et mystiques en usage à cette époque.

Lorsqu'on voit un peuple encore demi-barbare vouloir ainsi spiritualiser la matière, faire parler la pierre, placer partout les allégories, les symboles de sa foi, il est facile de comprendre que, par un travail mystérieux, il marche à grands pas vers la civilisation. Bientôt son cœur, rempli d'une foi vive, se répandra en invincibles épanchements.

Par l'architecture, la peinture, la musique, par tous les arts, ce peuple montrera les aspirations de son âme. Il traduira son amour pour Dieu, en élevant ses splendides cathédrales, le plus gigantesque effort de l'imagination humaine ; en

---

[1] Porphyre, ap. Mgr Freppel, *Cours de la Sorbonne.*

retraçant avec l'azur, la pourpre et l'or, sur les murs de ses églises, dans les vitraux de ses sanctuaires, les dogmes de ses croyances et la vie de ses saints patrons ; en remplissant les vastes nefs de ses basiliques des divins accents du chant sacré, des suaves et puissants accords de l'orgue, mystérieux interprète de la poésie de l'âme qui s'épanche devant le Seigneur en supplications ou en actions de grâces.

Sous l'égide de la croix, tout va se mouvoir dans la vaste et haute unité catholique. Quelle succession variée de grandioses pensées, de nobles actions ; quel vaste champ ouvert aux cœurs généreux, aux dévouements sublimes !

Cet heureux, ce merveilleux avenir, la France le devra certainement à la papauté, aux évêques, aux moines, aux prêtres qui par de généreux efforts, par de durs et continuels travaux se sont dépensés pour amener ces peuples à la civilisation; mais elle le devra, avant tout, aux saints, si nombreux pendant le XIe siècle. Ces âmes d'élite, chacune dans la sphère où Dieu l'avait placée, se sont toutes dévouées à ce grand œuvre.

Les saints, par des élans sublimes de foi et d'amour, ont dirigé les nations dans une voie nouvelle et les ont sauvées. Les uns en combattant pour le droit contre le despotisme de la force, en relevant l'énergie morale du peuple et en lui montrant les nécessités du sacrifice ; les autres en répandant, dans les mœurs de ces populations rudes et trop souvent cruelles, cet esprit de douceur, de mansuétude et de charité que le divin maître leur avait enseigné. Puissant travail, généreuse pensée devant lesquels le chrétien, le penseur, l'impie lui-même s'incline avec un religieux respect.

Combattre pour établir au milieu des peuples le règne de la vérité, de la justice et de la vertu, qu'est-ce autre chose que de combattre pour civiliser le monde.

Sainte Godeleine

« La moindre petite légende catholique a
gagné plus de cœurs aux immortelles vérités
de la religion que toutes les dissertations
des philosophes. »
C. de Montalembert.

CHAPITRE I

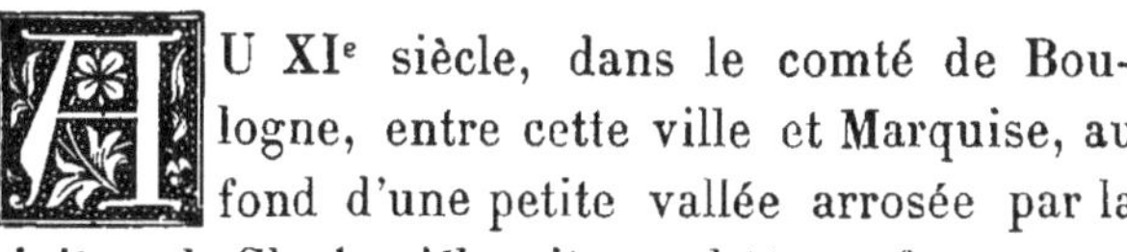

Des parents de Sainte Godeleine
et de sa naissance au manoir de Condefort.

AU XIe siècle, dans le comté de Boulogne, entre cette ville et Marquise, au
fond d'une petite vallée arrosée par la
rivière de Slack, s'élevait un château fort, cons-
truit après les terribles et audacieuses invasions
de ces hommes du Nord, connus dans l'histoire
sous le nom de Normands.

RELIQUAIRE

DU MONASTÈRE DE SAINTE-GODELEINE.

(1520)

Ce château, nommé Londefort, près du village de Wilere, faisait partie d'une ligne de défense élevée par les comtes de Boulogne, dans la crainte de nouvelles courses, de la part de ces pirates, ou tout au moins, pour assurer la tranquillité du pays, en cas d'agression [1].

Ce vieux manoir devait servir de berceau à un enfant prédestiné dont la sympathique légende est un des plus précieux joyaux de l'hagiographie Boulonnaise. Avec son architecture lourde et massive, son pont-levis, ses fossés profonds, ses hautes murailles baignées par la Slack [2] et percées à peine de quelques rares ouvertures, ses deux cours et son haut donjon, cette sombre demeure contrastait avec le gracieux paysage qui l'entourait.

Une petite vallée des plus pittoresques s'étendait devant le château de Londefort. Encaissée,

[1] Ces châteaux étaient nombreux ; ceux d'Étaples, d'Ambleteuse et de Wissant défendaient la côte, celui de Desvres couvrait la chaussée Brunehaut allant de Thérouanne à Boulogne et celui de Tingry, la voie romaine de Montreuil à Boulogne ; Fiennes, Longvillers, Belle commandaient le pays, ainsi que les châteaux d'Ordre, de Colembert, de Bellebrune, de Lianne, de Tiembronne, de Doudeauville, d'Engoudesent, d'Hardelot et d'autres de moindre importance.

[2] La Slack prend sa source à Hermelinghen et va se jeter dans le port d'Ambleteuse, l'ancienne Amfleat, après avoir traversé les communes d'Hardinghen, Réty, Marquise, Wierre-Effroy et Beuvrequen.

pour ainsi dire, entre plusieurs éminences aux inflexions et aux saillies irrégulières, elle était garantie des vents du Nord par les grands bois qui couvraient les crêtes des montagnes dominant la région. D'humbles cours d'eau, aux capricieux méandres, avant de se jeter dans la Slack, répandaient partout une douce fraîcheur, la brise de mer y faisait sentir ses émanations salines ; des pâturages verdoyants s'étendaient sur les bords de la rivière, tandis que les pentes des collines, couvertes de buissons, d'arbustes et de bruyères, formaient, dans l'enfoncement du vallon un riche rideau de feuillage. Cette gracieuse solitude, loin d'inspirer des sentiments guerriers, semblait seulement appeler dans les cœurs le calme et la paix et porter à la méditation et à la prière.

Le seigneur de Londefort [1] était Wifride [2], vaillant chevalier qui, plus d'une fois, avait montré son courage sur les champs de bataille de la Flandre et de l'Angleterre, où il avait suivi son suzerain Eustache II, comte de Boulogne. Celui-ci, en récompense de sa vaillance, l'avait nommé à

[1] Le hameau de Londefort ou Longfort que le P. Malbrancq, dans son ouvrage *De Morinis*, t. II, lib. VIII, c. LIX, nomme Hondefort, porte actuellement le nom de Longuefort.

[2] On trouve ce nom écrit de diverses manières, Wifride, Huifrid, Heinfrid, Hemfride, ou encore Wifroy, Hemfroy et Hainfroy.

une des pairies [1] du Boulonnais. Wifride portait
la bannière du comte, lorsque, à l'appel de leur
suzerain, les pairs et barons d'Eustache II par-
taient, avec leurs vassaux, pour une expédition
guerrière.

Quelques historiens donnent pour ancêtre au
chevalier Wifride, Effroy, comte d'Hesdin, et, de
cette assertion, déduisent qu'il a donné son nom
au village de Wierre-Effroy, près du quel son château était bâti. Nous nous abstenons de nous pro-
noncer sur cette assertion peu fondée. Toutefois
on peut constater que tous les documents, jusqu'au XIVe siècle, mentionnent simplement le
village de Wilere ou Wilre, en latin, Wileria,
Wilra. Pour la première fois nous voyons citer
le parosche de Wierre de Hainfroy, dans un
compte des aides payé au comte de Boulogne
pour le mariage de sa fille avec le duc de Berry,
à la date du 4 janvier 1393 [2]. De plus, Wifride ne
paraît pas avoir possédé la seigneurie générale du
village de Wierre [3], mais seulement celle du hameau de Londefort.

---

[1] Les pairies du comté de Boulogne étaient au nombre
de quatre : la *Gonfalonnerie* à Londefort, la *Connétablie* à
Austruy, la *Maréchalerie* à Neufchâtel et la *Bouteilerie* à
Selles.

[2] Archiv. nat. J. 792. — L'abbé D. Haigneré, ap. *Dict.
hist. du Pas-de-Calais*, art. *Wierre-Effroy.*

[3] Le village deWilere, dont le nom fut contracté en-

A la suite des invasions successives des Normands, alors que les habitants des campagnes affolés par la crainte, affaiblis par la misère, sans domicile et sans pain, osèrent quitter les forêts où ils s'étaient réfugiés, ils vinrent chercher protection auprès des seigneurs de la contrée. Quelques-uns se présentèrent à la villa de Londefort, disant : « Nous vous servirons, nous serons vos hommes, nous vous suivrons sur le champ de bataille, nous combattrons sous votre enseigne, nous vous serons fidèles jusqu'à la mort, seulement protégeznous, nous, nos femmes et nos enfants. » Ainsi s'étaient groupés les vassaux du seigneur de Londeford.

Dès le moment où Wifride devint possesseur du château, il prit sous sa protection tous les habitants du hameau. Le pieux chevalier montra à

suite en celui de Wilre, est cité dans le privilège d'Adalard, abbé de Saint-Bertin, en date du 27 mars 857. Dans un échange du 28 novembre 867, entre l'abbé de Saint-Bertin et un nommé Héribert, on met aussi Wileria. *(Cart. Sith.)* Tandis qu'en 1084, dans une donation d'Eustache de Balinghem, en faveur de l'abbaye d'Andres, on dit Wilra *(Chron. Andr.)* Il en est de même dans une bulle d'Innocent II. 1142, confirmant les possessions de l'église cathédrale de Cambrai (Mireus. II n° 63) et dans celle d'Adrien IV, 1157, en faveur du Chapitre de Thérouanne, *(Cart. Morinense.)* Innocent II reconnaissant, en 1329, les possessions de l'abbaye de Notre-Dame de Boulogne, cite les dîmes et appartenances de l'autel de Wirla. — Cf. l'abbé Haigneré, *ut supra.*

ces malheureux une affectueuse sollicitude et plus d'une fois batailla pour leur défense contre l'injustice et la félonie de ses voisins. Descendant, par ses ancêtres, de cette race gallo-romaine si généreuse, si intelligente, Wifride exerçait la justice avec impartialité et se laissait toujours guider par les nobles sentiments de la charité chrétienne. De lui, on pouvait dire qu'il était « as povres gens large et visiteus ». Il remplissait les devoirs que plus tard on devait imposer à tout chevalier, comme règle de conduite.

> Il doit la povre gent garder
> Ke li riches ne l' puist fouler,
> Et le féble doit soutenir
> Ke li fors ne le puist honnir[1].

Tant de piété et de vertus, dans une époque où on ne rencontrait trop souvent que rudesse et brigandage, ne pouvait rester sans récompense. Le Seigneur répandit ses faveurs sur Wifride, en lui donnant une digne et pieuse épouse. Ogine ou Odgive était de noble race, mais ses vertus l'emportaient sur la noblesse de sa naissance. Ainsi le remarque l'auteur anonyme de Ghistelles : « *Ambo genere nobiles, virtutibus autem nobiliores*[2]. » Un

---

[1] *Ordenne de Chevalerie*, ap. Léon Gautier, *La chevalerie* p. 53.

[2] Cf. Drogo. monac. n. 1. — Surius *Vitæ sanctorum*.

vieil auteur dit qu' « ils étoient tous deux d'ancienne noblesse et d'une piété, qui les rendoit encore plus illustres, devant Dieu, qu'ils ne l'étoient devant les hommes, par la grandeur de leur origine[1]. »

Cette union avait été bénie de Dieu : déjà deux filles, Ogine et Adèle, étaient venues apporter le bonheur et la joie dans le manoir de Londefort. Cependant à ce chevalier, à cet homme de guerre, il fallait un fils qui puisse porter son nom avec honneur, qui sache forcer le cerf, chasser le sanglier, lancer le faucon, tenir un fief, s'armer du heaume et de la cotte de maille, ceindre son épée et la lance au poing aller vaillamment combattre aux côtés de son suzerain.

Dans les secrets desseins de Dieu l'espoir de Wifride devait être déçu ; mais le maître de toutes choses, en refusant à son serviteur l'objet de ses désirs, lui accorda plus qu'il n'aurait osé demander. Il lui donna une troisième fille qui devait apparaître, dans ce siècle de ténèbres, comme un astre resplendissant[2]. Cette heureuse naissance eut lieu en l'année 1045[3]. Au baptême on donna,

---

[1] S. de Blemur, *Vie des Saints tirée des auteurs ecclésiastiques*, t. III. p. 32.

[2] Ex anony. Ghistell.

[3] Les auteurs ne sont pas d'accord sur l'année de la naissance de sainte Godeleine. Le P. Malbrancq la fait naître quelques années plus tôt. D'après le Bollandiste Du Sollier,

à cette enfant prédestinée, un nom qui devait lui rappeler, à chaque instant de sa vie, l'amour du Seigneur pour sa créature et la nécessité de correspondre aux faveurs célestes dont elle était comblée. On l'appela Godeleine, ou mieux Godelive, c'est-à-dire, chère à Dieu, amie de Dieu [1].

Nous ignorons si le Seigneur combla, dans la suite, les vœux de Wifride, en lui donnant un fils. L'histoire se tait sur la descendance du seigneur de Londefort. Elle ne fait plus mention d'Ogine et d'Adèle : tout s'éclipse devant la gloire de Godeleine. Toutefois on croit que cette pieuse famille existait encore au XIIe siècle. Un « Henfridus de Londesfort » paraît comme témoin dans une charte de Didier, évêque de Thérouanne en faveur de l'abbaye d'Andres. Ce prélat confirme la vente faite, en 1190, à ce monastère, de la dîme de Landrethun-le-Nord par Ingelram de Fiennes, sur le point de partir pour la croisade [2].

on ne peut avoir grande confiance dans les dates données par l'auteur anonyme de la Vie de notre sainte. On y constate en effet diverses erreurs. Nous avons adopté l'opinion la plus probable.

[1] Godelive vient de *God* Dieu et *lief* amie. *Godeleva quippe teutonice, Deo cara sonat latine* (off. de la sainte, ant. du 1er nocturne). C'est le même sens que Théophile. — On trouve dans les auteurs Godoleva, Godeleva, Godolena et Godelena. En Belgique on a adopté la forme Godelième et Godelief au masculin. En France on dit plus communément Godeleine ; c'est la forme Boulonnaise, ou encore Godelive.

[2] Guillaume, *Chron. Andrensis monasterii.*

Le château de Londefort a disparu sous le poids du temps, les ravages de la guerre et la méchanceté des hommes ; il n'a même pas laissé derrière lui quelques ruines. Au siècle dernier on remarquait encore des vestiges de cette demeure seigneuriale, restes de souterrains, pans de murailles, débris de tourelles ; maintenant le pèlerin, l'archéologue ne retrouve plus rien : une habitation bourgeoise remplace le manoir où sainte Godeleine a passé sa jeunesse.

L'antique château féodal pouvait disparaître, mais le souvenir de cette âme chérie de Dieu restera vivace au milieu des populations. L'humble vierge continuera de resplendir d'un éclat qui fait pâlir la renommée des savants, des sages, des maîtres du monde. Toujours les chrétiens proclameront sa grandeur et rediront avec amour les chants composés en son honneur.

CHAPITRE II.

Des premières années de sainte Godeleine et de son tendre amour pour les pauvres.

ORIGINE, en mère tendre et chrétienne, ne borna pas sa sollicitude à donner à son enfant, les soins matériels exigés par le corps ; elle voulut, elle-même, former son cœur et surveiller les premières impressions de cette âme où le Seigneur semblait avoir jeté les germes de toutes les vertus.

Dans son amour maternel, elle était heureuse de constater l'intelligence précoce et les qualités naissantes de cette nature privilégiée ; elle remerciait la divine Providence de l'avoir choisie pour diriger cette jeune plante. La mère avait compris que dans ce cœur innocent et pur, Dieu devait tenir la première place ; elle pressentait que son enfant était, suivant l'expression du vieux moine de Saint-André, une perle précieuse, polie avec amour par le Seigneur pour l'ornement et la gloire de son Église[1].

En effet, dès son berceau, Godeleine semblait donner des gages de la sublime destinée qui lui était réservée. Les noms de Dieu et de Notre-Dame furent les premiers mots qui frappèrent son attention, les premiers qu'elle essaya de bégayer. Plus tard elle mettait son bonheur à répéter les prières apprises sur les genoux de sa mère, et élevait avec ravissement son cœur innocent vers ce père de bonté d'où descend tout don parfait.

Lorsque Ogine lui apprenait les premiers enseignements de la foi, les réflexions de l'enfant étonnaient tous ceux qui les entendaient, et montraient en toute évidence qu'une lumière intérieure éclairait déjà, pour elle, ces saintes vérités. Comblée de la douceur des bénédictions divines, nous dit un de ses biographes, elle possède, dans un âge encore tendre, le principe des plus nobles qualités. Son enfance si pure est comme le prélude manifeste de sa future sanctification[2].

L'épouse de Wifride sut profiter de ces heureuses dispositions pour accroître, dans l'âme de Godeleine, ses tendres sentiments de piété. Elevée sous l'aile maternelle, ayant toujours sous les yeux

[1] Drogon, *Vita S. Godelevæ*, ap. Bolland. *Acta sanctorum.* 6 julii.
[2] Anonymus Ghistell.

des exemples de bonté, de charité et d'amour, la jeune enfant suivit l'attrait naturel de son cœur et se livra entièrement aux douceurs de la prière. Déjà toutes ses pensées, toutes ses émotions se concentraient dans le désir de servir Dieu.

La charité qui, plus tard, devait s'identifier avec sa vie même enflammait son jeune cœur. Dès ses tendres années, elle était heureuse de soulager la misère des pauvres et, avec un doux sourire, se plaisait à distribuer les aumônes que sa mère réservait aux malheureux, si nombreux à cette époque. Toute la vie de notre sainte paraît se résumer dans les impressions d e cette heureuse enfance, où la première parole a été une prière, le premier acte une aumône[1].

Il y avait, dans cette âme candide, tant de grandeur et de beauté que la sainteté semblait pour ainsi dire y avoir posé son sceau. Ses actions étaient tellement empreintes de bonté et de douceur, son esprit si avancé dans les choses de Dieu, qu'on aurait cru voir un ange descendu des célestes régions pour apprendre à la terre les vertus qui pouvaient orner l'humanité. La précoce piété de Godeleine se montrait surtout dans le saint lieu, en cette antique église de Wilre, où elle accompagnait ses parents. Là, sous l'œil de Dieu, elle se

[1] Drogon. n. 2. — Surius. — Anonymus, n. 1.

recueillait et oubliait tout pour ne penser qu'à lui. Son âme s'élançait vers la source éternelle de l'amour. Déjà peut-être ressentait-elle le désir de vouer sa vie toute entière au service du divin Maître. Aux yeux des chrétiens, peut-il apparaître une clarté plus douce que l'aube de ces grandes lumières appelées à illuminer le monde ?

Lorsque Godeleine eut acquis les connaissances propres à former son intelligence, Ogine, selon l'usage de l'époque, lui mit entre les mains le fuseau et l'aiguille. Elle lui apprit à filer la laine et le lin, à faire de ses propres mains les vêtements dont elle avait besoin, à broder ces magnifiques tapisseries qui étaient le grand luxe du moyen-âge. La jeune fille devint habile, sans rivale, dans ces sortes de travaux, nous dit un de ses historiens [1] ; mais tout son bonheur était de travailler pour les pauvres, ces membres souffrants du Christ. S'oubliant elle-même, elle employait ses loisirs à leur confectionner de chauds vêtements qui leur permissent de supporter les rigueurs de l'hiver.

La vie, toute en Dieu, de Godeleine avait déve-

[1] Vie flamande ap. l'abbé Blaquart, op. cit. p. 26. — *Les Petits Bollandistes* disent : «Mieux qu'aucune jeune fille elle maniait l'aiguille et le fuseau, et sous ses doigts habiles la laine et la soie prenaient les formes les plus diversifiées et les plus gracieuses, et personne ne la surpassait dans tous les travaux propres à son sexe. »

loppé en elle une charité sans limites, une sollicitude infatigable pour toutes les misères humaines. Elle aimait les pauvres, les malades, les infirmes, les humbles, les enfants, tout ce qui est faible, délaissé, abandonné, et, sans avoir jamais souffert, elle comprenait instinctivement toutes les douleurs.

La pieuse jeune fille ne se contentait pas de distribuer aux souffreteux ce que ses parents lui donnaient, souvent même elle se refusait le nécessaire afin de pouvoir apporter quelques secours à leur pénurie. Tout ce qui était en sa possession appartenait aux pauvres et pour satisfaire le noble penchant de son cœur rien ne pouvait l'arrêter. Elle se rendait sans cesse dans les offices du château pour y ramasser les restes et assister quelques malheureux qui, souffrant de la faim, venaient frapper à la porte du manoir. Souvent, ajoute la légende, par un pieux larcin, elle dérobait même une partie des mets qui devaient servir à la table de son père [1].

L'intendant, chargé par Wifride de la direction matérielle de sa maison, ne sachant comment expliquer ses nombreuses soustractions, en accusait les serviteurs du château. Ne trouvant pas le coupable, il résolut d'établir une surveillance plus

---

[1] *Non nunquam pio furto paternis epulis partem substrahens, ut pauperum recrearet egestatem.* — Anonymus, **ut supra.**

rigoureuse. Un jour il surprit Godeleine, chargée de provisions de bouche dissimulées dans un pan de sa robe et faisant une distribution à ses bien-aimés pauvres. L'intendant mécontent et craignant sans doute que sa probité ne fût soupçonnée se laissa entraîner par la rudesse et la grossièreté de sa nature et accabla la jeune fille d'amers reproches et de dures paroles. Ensuite il porta plainte à son maître, dénonçant avec aigreur les prodigalités ruineuses de Godeleine.

« Veuillez, seigneur, lui dit-il, me décharger du soin de votre maison, rien ne peut m'être plus agréable. Ma vigilance m'a fait découvrir que votre fille Godeleine, par une dissipation incessante de votre patrimoine, jettera sur ma gestion un soupçon qui met mon honneur en jeu. Il est nécessaire, si vous ne voulez pas voir votre ruine, de réprimer son audace [1] ».

Wifride s'efforça de rassurer son intendant, et, pour calmer son irritation, lui promit que dorénavant les provisions du château seraient respectées. Puis appelant sa fille, il lui demanda compte de sa conduite et la réprimanda sérieusement. Godeleine, désireuse d'apaiser la colère de son père, se jeta à ses pieds, s'excusa humblement et s'ef-

---

[1] *Si, domine, a cura domus tuæ absolutum me tuo obsequio destitueris, rem mihi gratam utique facies*, etc...—Anonymus Ghistell. n. 2.

força par de douces paroles de toucher son cœur. Le bon chevalier lui pardonna, mais, en même temps, il lui enjoignit de renoncer, à l'avenir, à de telles prodigalités.

Cette injonction blessa profondément le cœur compatissant de la jeune fille, c'est pourquoi elle fit de nouveaux efforts pour changer la détermination de son père. Elle le supplia de lui permettre de continuer ses aumônes, lui montrant, dans sa douce et persuasive éloquence, tout ce que la bienfaisance apportait de célestes bénédictions au sein de la famille.

Dans le plaidoyer que le naïf légendaire met dans la bouche de notre sainte, on voit surtout dominer la grande idée du Moyen-Age : le soulagement du pauvre peuple. Après avoir démontré le bienfait de l'aumône et les récompenses que Dieu accordera à ceux qui ont secouru leurs frères malheureux, il dévoile l'idée qui avait pris naissance au milieu de l'égalité du cloître et met sur les lèvres de son héroïne des paroles que les philanthropes de notre siècle ont trop souvent données comme le fruit de leur amour pour le peuple.

Il faut, disait cette jeune et éloquente avocate des pauvres, il faut que toutes choses soient communes entre frères. L'amour immodéré de la propriété ne convient nullement au chrétien [1]. Puis

---

[1] *Nimirum cum jure poli communia constet esse universa,*

elle ajoutait : la bienfaisance est le soutien et la consolation des hommes ; abrité sous son étendard on n'a plus rien à craindre des attaques de l'ennemi, les remparts deviennent inutiles. Au contraire celui qui en ce monde possède des richesses et ne soulage pas ses frères qui souffrent la faim et la soif, celui-là sera jugé sans miséricorde parce qu'il n'aura pas été miséricordieux.

L'affection et la tendresse de Godeleine pour les malheureux inspiraient ses paroles. L'historien de notre sainte ajoute naïvement : « s'il vous avait été donné d'entendre cette éloquente plaidoirie, vous vous seriez cru devant un sage et prudent jurisconsulte[1]. »

Wifride, touché de l'amour de sa fille pour les faibles et les souffreteux, sentit son cœur s'épanouir aux puissants rayons de la charité. Il accéda au désir de son enfant, mais, tout en lui permettant de continuer ses aumônes, il voulut la mettre en garde contre sa générosité naturelle et lui assigna la somme dont elle pourrait disposer pour le soulagement de ses pauvres[2].

Libre alors de suivre l'impulsion généreuse de

a forensi autem foro improbus emerserit amor proprietatis. — Ibid. n. 3.

[1] *Legalis illius prudentis Thecuitis Godelevam accepisse eloquentiam opinari potuisses.*

[2] Ibid. n. 4.

son cœur, Godeleine se considéra comme la mère de tous ceux qui souffraient. La tendre piété qui l'animait, prenait chaque jour un nouveau développement. Elle ne pouvait supporter la vue d'un malheureux sans que son cœur en fût percé de douleur. Maintenant qu'elle avait l'autorisation paternelle, elle s'abandonnait sans réserve au penchant naturel qui l'attirait vers tout délaissé. Toutefois ce n'était pas seulement en distribuant aux pauvres des secours matériels qu'elle pouvait satisfaire son immense amour pour l'humanité souffrante. Il lui fallait se donner elle-même, avec son cœur aimant, son dévouement sans bornes. Ces soins tendres et patients, ces paroles douces et réconfortantes n'étaient-ils pas aux yeux des pauvres comme à ceux de Dieu, la plus sainte et la plus précieuse aumône ?

Ce puissant amour du prochain, ce merveilleux dévouement envers les pauvres ne pouvait avoir sa source que dans un cœur inondé et maîtrisé par l'amour de Dieu. Aussi plus Godeleine avançait en âge, plus elle croissait en vertu et en piété. Bientôt le Seigneur, non content de la parer en secret, de ses grâces, va se plaire à montrer au grand jour les faveurs dont il comblait son enfant de prédilection.

Un jour de fête au château, l'affluence des pauvres étant beaucoup plus considérable que de coutume, Godeleine n'eut pas assez d'argent pour leur faire à tous son aumône habituelle. Comment se décider à renvoyer ces malheureux sans leur donner quelques secours ? Après un moment d'hésitation, la jeune châtelaine se décida à soustraire et à cacher dans un pan de son manteau quelques mets pour les leur distribuer. L'intendant l'ayant aperçue courut après elle et la reprit, avec rudesse, pour avoir méconnu les ordres de son père. « Puisque le noble chevalier vous permet, lui dit-il, de donner un libre cours à votre bienfaisance, vous ne devriez pas en abuser à ce point. Mon seigneur et maître, malgré toute sa bonté, ne pourra jamais permettre une prodigalité aussi grande et aussi déraisonnable. »

Effrayée de la colère et des reproches de l'intendant, craignant surtout le mécontentement de son père, la pieuse jeune fille, toute en pleurs, les yeux élevés au ciel, implorait le secours du consolateur des âmes affligées. Sa prière fut entendue ; accédant aux vœux de son *enfant chérie*, le Seigneur la soutint dans cette pénible circonstance et lui fit sentir les effets de sa puissance. « Calmez votre courroux, dit-elle avec sa douceur habituelle, ce ne sont pas des mêts que j'enlève ainsi, mais quelques débris de bois. » Et dépliant son manteau, elle lui montra les morceaux de bois qui venaient de prendre la place des aliments soustraits un instant auparavant.

Plein d'étonnement, de confusion et de frayeur,

le malheureux intendant se jeta aux pieds de cet ange de charité et lui demanda humblement pardon. Dans ce prodige, il avait reconnu le doigt de Dieu. « De telle sorte, dit un des historiens de la sainte, que celui qui semblable à un lion furieux venait de s'élancer vers la noble jeune fille, maintenant doux et soumis comme un agneau se traînait à ses pieds et mouillait le sol de larmes amères. »

La timide Godeleine le releva avec bonté. « Ce n'est pas à cause de mon mérite, lui dit-elle, que le Seigneur a fait ce miracle ; mais dans sa bonté il a voulu retirer votre esprit de l'aveuglement où il était plongé. » Par ces douces paroles la pieuse jeune fille faisait rentrer l'espérance dans ce cœur endurci ; puis allant vers les pauvres qui l'attendaient aux portes du château, elle leur distribua les aliments qui, par un nouveau miracle, avaient été rendus à leur première forme [1].

Godeleine, dans son humilité, voulut cacher à tous cette faveur signalée de son divin maître et commanda à l'intendant de ne révéler ce miracle

---

[1] Anony. Ghistell. ms. de 1349 ap. Bollandistes. — le P. Du Sollier considère ce miracle comme apocryphe, toutefois il est populaire dans le pays où notre sainte est le plus honorée, c'est pourquoi nous n'avons pas cru devoir l'omettre. L'opinion de Sollerius s'appuie surtout sur le silence du premier auteur de la vie de notre sainte ; mais il est nécessaire de remarquer que le moine Drogon, dans son récit, ne rapporte aucun des faits concernant la jeunesse de Godeleine.

à personne. Celui-ci, malgré cette défense crut devoir rapporter le prodige aux parents de la jeune fille. Wifride et Ogine, touchés jusqu'aux larmes des faveurs accordées par le ciel à leur enfant, pleins de gratitude envers le Seigneur, se confondirent en humbles et respectueuses actions de grâces.

Pure et éclatante devait être la destinée de celle dont la jeunesse offrait de si heureuses, de si splendides prémices.

Éloigné du Boulonnais, écrivant quelques années après la mort de la sainte, il ignore ce qui a eu lieu à Londefort et se contente de rappeler les faits passés à Ghistelles. Plus tard, lorsque la fille de Wifride fut placée au nombre des saints, toutes les circonstances de son enfance et de sa jeunesse furent mises en lumière et se répandirent dans le peuple. L'auteur anonyme a pu en avoir connaissance.

CHAPITRE III.

De la beauté et de l'humilité de sainte Godeleine et des entraves apportées à sa vocation religieuse.

VIERGE pieuse et chaste, la noblesse et la pureté de son âme se manifestaient dans tout son extérieur. Ses manières douces et gracieuses, la sérénité de son visage, empreint de bonté et de bienveillance, lui attiraient irrésistiblement les cœurs de tous ceux qui l'approchaient. Ignorante des pauvretés morales du monde, elle avait grandi dans son innocence et dans sa foi, comme un beau lis solitaire et caché.

Les biographes de notre sainte se complaisent à nous retracer sa beauté, sa haute taille [1], son port

---

[1] *Procera statura.* — Sanderus n'est pas d'accord, à ce sujet, avec le vieux biographe de notre sainte. D'après lui, Godeleine était de petite taille et appuie son sentiment

noble et gracieux, sa figure angélique, son doux et pur regard[1]. Seulement ils sont obligés de remarquer que, par suite de son origine Gallo-romaine, elle était brune et possédait des cheveux et des sourcils noirs. D'après le goût de l'époque, c'était une imperfection et, malgré la beauté et l'abondance de cette chevelure qui couronnait noblement son front si pur, notre sainte n'était pas considérée par tous comme le type de la véritable beauté. Pour les hommes venus des contrées septentrionales, les cheveux blonds et même roux étaient regardés comme le plus magnifique ornemen de la femme, comme le caractère distinctif de la beauté.

Dans toutes les poésies, les romans, les chansons de geste du Moyen-Age, peut-être ne ren-

---

sur la grandeur de l'épine dorsale qu'il dit avoir vue à Gand. Nous ne savons quelle valeur il faut donner à l'assertion émise par Sanderus. Une seule articulation de l'épine dorsale de la sainte existait à Gand, elle avait été donnée, vers 1623, à Antoine Triest, évêque de cette ville par l'évêque de Bruges, Denis Christophori. Nous en parlerons au chapitre xv de cet ouvrage.

[1] *Præter egregias animi dotes, fuit etiam insigni formæ elegantia et corporis pulchritudine.* — Drogon ap. Boll.

Præter aliquas vero spiritualis gratiæ dotes erat etiam egregiæ formæ et miræ pulchritudinis et omnium oculis gratiosa. — Surius.

Nimirum militaris ipsa virgo, gemmis jam ornata virtutum, charismatum multorum decore præfulgebat instar Esther illius typicæ specie pulcherrima; divino gratiosa conspectui. — Anonymus. ms. ap. Boll.

contra-t-on pas une seule brune. Toujours il est parlé des blondes ; on compare leurs longs cheveux à l'or pur et fin, « *à l'or mier ou esmeré, à l'or des coupes et mançons* [1] ».

Le vieux moine de Saint-André qui écrivait la Vie de sainte Godeleine, vers la fin du XIe siècle, tout en s'indignant de la malignité humaine, semble subir l'opinion générale[2]. Nous ne nous serions pas arrêté à faire remarquer la bizarrerie de goût des enfants de race germanique, si cette circonstance frivole, en apparence, n'avait été, comme nous le verrons plus loin, le principe ou tout au moins le prétexte de l'indigne conduite de l'époux et de la belle-mère de Godeleine.

Les jeunes seigneurs du Boulonnais, issus pour la plupart de cette même race Gallo-romaine d'où sortait Wifride, ne partageaient pas les idées et les goûts des descendants des hommes du Nord. La renommée avait redit dans toute la contrée[3] les vertus et les charmes de la jeune châtelaine de Londefort. Plus d'un brillant chevalier avait fait résonner de son cor de chasse les forêts qui avoisinaient la demeure de Wifride, et était venu frapper à la porte du manoir, dans l'espérance,

---

[1] Cf. Léon Gautier *op. cit*, p. 374.

[2] *Nisi quod fortassis maligni homines in ea vituperare potuerint nigros capillos et ejusdem coloris supercilia.*

[3] *Hac circum et late fama per urbes.*

peut-être, de voir un instant la noble et gracieuse jeune fille.

Les plus riches et les plus vaillants, parmi les grands vassaux du comte de Boulogne, avaient brigué la main de Godeleine dont ils admiraient l'exquise beauté [1]. Mais le respect, les égards, les hommages dont on l'entourait n'avaient pu faire germer dans le cœur de la pieuse jeune fille une seule pensée d'orgueil. Heureuse dans la prière et la méditation, elle dédaignait les vanités du monde et nourrissait dans son cœur le brûlant désir de passer sa vie dans la virginité et de se vouer entièrement à Dieu dans le calme et la solitude du cloître. A tous ceux qui s'étaient présentés pour demander sa main, elle n'avait pas craint de faire connaître sa pensée intime : elle opposait à toutes ces demandes son antipathie pour le mariage et sa volonté de ceindre le bandeau virginal des épouses de Jésus-Christ.

Les parents de Godeleine, sans vouloir mettre d'entraves à cette détermination et contrarier directement les goûts et les inclinations de leur enfant de prédilection , l'obligèrent cependant à réfléchir mûrement avant de prendre une détermi-

---

[1] *Plures nobilium inducti, cum Heinfroot amicitias jungere, filiam in matrimonium requirere laborabant ; nempe quia otatura procera, vultuque speciosa, singulorum aspectibus adeo grata videbatur.*

nation et de s'enfermer pour toujours dans un monastère. Ils espéraient tout du temps et des circonstances et ne pouvaient se décider à renoncer pour elle à un brillant mariage. La pieuse jeune fille s'était soumise avec respect au désir de son père. Elle attendait la manifestation de la volonté de Dieu, quand un évènement imprévu vint changer sa destinée.

Eustache II, comte de Boulogne[1] ayant convoqué les pairs, les barons[2] et les principaux vassaux de son comté pour délibérer avec eux sur les affaires et les intérêts de l'État, Wifride, confident et conseiller de son suzerain, se rendit en la ville de Boulogne et, après la clôture de l'assemblée, pria le comte de vouloir bien honorer ses domaines de sa présence et d'accepter l'hospitalité dans son château. Le prince, plein de condescendance

[1] Eustache II était fils d'Eustache Ier, comte de Boulogne et de Mahaut, fille d'Henri-le-Vieux, comte de Bruxelles et petite-fille de Gerberge, issue des rois de France.

[2] Outre les pairies dont nous avons parlé, le comté de Boulogne comptait à cette époque douze baronnies dont le siège se trouvait à Ordre, Disacre, Colembert, Bellebrune, Lianne, Thiembronne, Course, Bernieulles, Doudeauville, Engoudesent, Hesdigneul et Baincthun. La cour du comte de Boulogne était nombreuse et brillante. A cette époque, dit un savant écrivain « tout seigneur avait sa cour, alors même que son donjon n'était encore qu'une tour de bois le gentilhomme y logeait et y entretenait une nombreuse, compagnie de vassaux, d'employés, de domestiques. » — Quicherat, *Hist. du costume en France.* p. 136.

pour ce vaillant chevalier qui l'avait suivi sur maint champ de bataille et s'était toujours montré sage et prudent dans les conseils, accéda au désir de Wifride. Eustache II était heureux de pouvoir donner publiquement à son vassal cette marque d'estime, d'amitié et d'affection[1].

De retour à Londefort, Wifride fit connaître à son épouse quel hôte puissant ils allaient recevoir. Sans retard il donna des ordres pour que le noble comte fût reçu avec tout l'éclat et la splendeur dus à son rang. On déploya dans le château la plus grande magnificence; les vastes salles furent ornées de précieuses tapisseries et le vieux donjon prit, sous la direction de Godeleine et de ses sœurs, un aspect inaccoutumé, un nouvel éclat.

Au milieu des préparatifs de la fête que Wifride voulait offrir au comte de Boulogne, la pensée de Godeleine ne s'arrêtait pas aux parures dont elle devra orner sa personne, aux hommages dont elle sera certainement entourée, à cause de sa beauté. Détachée des choses de la terre, dédaigneuse des frivolités du monde, elle oubliait tout pour ne penser qu'à Dieu et lui faire connaître les sentiments intimes de son âme.

Affligée de la secrète détermination de ses parents qui désiraient la voir entrer dans l'état du

___

[1] Anonymus Ghistell. n. 7 et 8.

mariage, elle épanchait son cœur plein de tristesse dans le sein du divin Maître, lui demandait avec larmes son secours, et exprimait, en des élans de parfait amour, son désir immense de lui consacrer la fleur de sa virginité et de le servir toute sa vie dans un cloître, ce doux et sûr asile des âmes avides de calme et de prières.

Celui qui a promis à ses élus d'essuyer chacune de leurs larmes[1], ne pouvait abandonner son enfant de prédilection dans sa douleur et ses tribulations. Après avoir prié longuement, Godeleine se relevait toujours plus calme ; elle acceptait, à l'avance, avec humilité, tous les sacrifices que Dieu lui imposerait. Qui peut prévoir les secrets desseins de la Providence ! Qui peut dire par quels moyens le Seigneur doit conduire les âmes privilégiées dans les régions de la lumière éternelle!

[1] Apoc. VIII, 7.

CHCAPITRE IV.

De la venue du comte de Boulogne au château de Londefort et de ce qui advint.

EUSTACHE-AUX-GRENONS, comte de Boulogne, était un haut et puissant seigneur. Par la noblesse de son extraction, par sa proche parenté avec le légitime héritier du trône de Charlemagne, par son courage et sa valeur personnelle il avait acquis «au loin et au large un très grand renom [1]. »

L'histoire nous le représente comme prenant une part active aux évènements importants qui se passèrent dans le voisinage de ses domaines. On

[1] *Longe lateque fama nominatissimus.* — Cf. l'abbé D. Haigneré. op. cit. art. *Boulogne.* — Le père d'Eustache II avait épousé Mahaut ou autrement Mathilde de Bruxelles, sœur de Lambert, comte de Louvain et de Bruxelles et arrière petite fille de Charles de Lorraine, le Carlovingien privé du trône. Par suite de cette alliance, Eustache II descendait de Charlemagne par les femmes.

le trouve à la tête de ses vassaux dans les guerres que Baudouin, comte de Flandre, soutint contre l'empereur Henri III, en faveur de Godefroi, duc de Brabant, menacé de perdre ses États de Moselle, et plus tard aux côtés du duc de Normandie traversant l'océan pour faire la conquête de l'Angleterre. Orderic Vital le nomme le premier parmi les alliés de Guillaume-le-Conquérant[1].

Tous les historiens de cette époque le représentent comme un personnage considérable et font l'éloge de ses grandes qualités. Guillaume, moine de Jumiège, l'appelle « un homme illustre, un comte fameux[2]; » Orderic Vital, « un habile et heureux[3];» Guibert de Nogent, « un homme puissant et sage dans les affaires du monde[4]; » Guillaume de Tyr, « un comte illustre et magnifique[5]. » Ce dernier auteur fait le plus grand éloge de la piété d'Eustache II et nous apprend que « sa mémoire est en bénédiction pour ses sentiments religieux et sa vertu[6]. »

Le comte Eustache avait pris surtout une grande

[1] Orderic Vital, *Hist. Norman.* l. III.

[2] Guillaume, *Hist. Norman.*, ap. Duchesne.

[3] Orderic Vital, *op, cit.* lib. IV. — *Hist. Eccles.* lib. XIII.

[4] Guibert de Nogent, *Dei gesta per Francos*, lib. II.

[5] Guillaume de Tyr, *Hist. rerum in partibus transmarinis gestarum.* lib. IX.

[6] L'abbé E. Barbe, *Du lieu de naissance de Godefroi de Bouillon.* p. 11.

importance par ses alliances. En premières noces, il avait épousé la princesse Goda, sœur de saint Édouard-le-Confesseur, roi d'Angleterre , et en secondes noces, Ide, fille de Godefroi le Barbu , duc de la Basse-Lorraine et nièce du pape Étienne IX. Cette noble princesse, la providence du comté, ornée, plus tard, par l'Église de l'auréole de la sainteté [1], devait porter à son apogée la gloire de la maison de Boulogne, en donnant le jour à des fils qui furent l'honneur du comté de Boulogne et de la France [2].

Au jour fixé par le comte Eustache, Wifride avec ses hommes d'armes, montés sur des chevaux magnifiquement caparaçonnés de pourpre et d'or, attendait l'arrivée de son suzerain. Aussitôt que la vedette placée sur les hauteurs d'Hedenesberg [3] vint annoncer l'arrivée du comte, le châtelain de Londefort se rendit au-devant de lui. Bientôt, au milieu des vassaux en liesse, le noble

---

[1] *Cf. Vita B. Idæ comitissæ Boloniæ, viduæ, auctore monacho Wastensi coævo, — Vita S. Idæ viduæ et Boloniensis comitissæ, de stirpe Carolidarum.* Ap Bolland. au 13 avril.

[2] Les trois fils d'Eutache II et d'Ide de Lorraine furent Eustache III, comte de Boulogne et de Lens ; Godefroi de Bouillon, duc de Basse-Lorraine et premier roi de Jérusalem et Baudouin, comte d'Edesse, puis roi de Jérusalem, après son frère Godefroi.

[3] Hedenesberg, aujourd'hui Hêdres, annexe de Wierre-Effroy. L'ancien chemin de Boulogne à Guines passait ɐ Hèdres.

suzerain du Boulonnais et les gentilshommes de
sa suite firent leur entrée dans le vieux manoir,
aux cris mille fois répétés de Noël, Noël[1].

Le château était paré brillamment et les appartements resplendissaient de tout le luxe en usage à
cette époque. Les invités de Wifride s'extasiaient,
et plus d'un en considérant ces magnificences se
demandait s'il n'assistait pas aux préludes des
fiançailles de Godeleine[2].

Le bonheur rayonnait sur tous les visages, et,
ajoute l'auteur anonyme de la vie de notre sainte,
dire tous les jeux et les danses auxquels les nobles
dames se livrèrent, dans cette joyeuse circonstance, n'est pas chose facile. Partout résonnaient les
tambours, et l'orgue mêlait ses flots d'harmonie
aux chants des ménestrels, à la douce et suave
mélodie des joueurs de théorbe et de flûte[3].

Pendant ce temps les serviteurs apportaient à
l'envi les mets les plus délicieux et les plus
exquis ; les plats se couvraient d'une multitude de

---

[1] *Accurrit qui nuntiat adesse in januis comitem, dextrantur illico dextrarii, et superbis caballis frenis spumantibus auro ostroque exornatis, honestorum caterva stipatus, fit Heinfroot obvius venienti et urbane susceptum, cum grandi triumpho, suæ introduxit habitationis palatium.*

[2] Ex anonymo, ut supra.

[3] *Nec effari facile potest, quæ illic nobilium dominarum tripudia, quæ omnium gaudia ; resonabant tympana, concrepabant organa et inter veloces articulos, fractis vocibus auditum demulcere lutana et fistulæ.*

volailles dorées par le feu, partout on rencontrait le poivre ennemi de toute poitrine sèche [1].

En attendant le moment d'entrer dans la salle du festin, Eustache II conversait avec les membres de la noblesse Boulonnaise invités à cette fête : pieuse et vaillante noblesse qui, moins d'un demi-siècle plus tard, devait s'illustrer en combattant en Orient, pour la défense du saint sépulcre, et eut la gloire de voir élever sur le pavois et proclamer roi de Jérusalem, deux fils du comte de Boulogne.

Cependant la foule des mendiants se tenait à la herse du château et attendait, avec impatience, le moment de la distribution habituelle. Godeleine n'avait pas oublié ses amis, comme elle les appelait. Elle se déroba un instant aux hommages dont on l'entourait et vint aux portes du manoir distribuer ses aumônes. Elle voulait qu'en ce jour tous ces malheureux pussent se réjouir.

Touchant exemple de charité ! cette jeune châtelaine abandonne les plaisirs d'une fête pour s'empresser auprès des pauvres, soulager leur misère et leur prodiguer des soins tendres et affectueux. Cette abnégation ne pouvait manquer d'inspirer l'amour et la reconnaissance. En effet les pauvres, les pèlerins, les malheureux soutenus

---

[1] *Interim accurata coquitur diligentia, numerosa, placitura gulæ, parantur cibaria; volvuntur verubus aves et sicci pectoris inimico pipere conduntur fercula.*

par ses dons généreux, fortifiés par ses bonnes et douces paroles, se plaisaient à redire au loin ses louanges ; et le comte Eustache en venant à Londefort se réjouissait de pouvoir connaître cette jeune fille dont la renommée avait déjà redit la charité et la douceur.

Les pauvres attirés par le bruit de la fête, se trouvant plus nombreux qu'à l'ordinaire, Godeleine ne put les satisfaire tous. Alors, touchée de compassion aux cris de ces malheureux, elle se décida à s'emparer d'un certain nombre de mets préparés pour la table du comte et, s'éloignant précipitamment, vint les distribuer à ces affamés. Après les avoir rassasiés, elle leur ordonna de se retirer.

L'intendant s'aperçut bientôt de cette disparition et, tout consterné, crut devoir en faire part à son maître. Celui-ci découvrit facilement le coupable et courroucé fit appeler sa fille pour la réprimander. Le naïf légendaire prête à Wifride les paroles suivantes :

« Hélas, malheureuse fille, combien en ce jour vous devenez pour moi une occasion de honte ! Incroyable audace ! folie inconcevable ! ces mets que je m'étais procurés à grands frais pour fêter noblement mes invités, vous venez de les donner à de vils mendiants. Vous n'avez donc pas compris tout l'honneur que mon seigneur suzerain et les nobles personnages de sa suite me font, en acceptant l'hospitalité dans ma demeure? Vous n'avez donc pas considéré que je ne pouvais pas me montrer insensible à une si grande faveur? Voilà que par votre présomption, votre témérité vous allez me faire encourir la disgrâce du comte de Boulogne. Vous me couvrez de honte ! Peut-être devrais-je vous livrer à sa justice[1]. »

Godeleine s'excusa avec humilité disant : « O mon bien respectable père, vous, pour qui j'ai une craintive vénération, soyez-en persuadé, je ne comprends pas l'offense dont vous me parlez. Je pensais que ces seigneurs éminents par leur noblesse n'étaient pas venus dans votre demeure pour faire un grand festin, mais seulement dans l'intention de vous donner une marque de leur affection. Dès lors il me semblait qu'un repas modeste leur suffirait. Au contraire ces pauvres tourmentés par la faim et la soif auraient pu mourir, s'ils n'avaient été secourus. Il ne convient pas, o père bien-aimé, que nous nous nourrissions d'aliments exquis et que nous soyons dans l'abondance quand le Christ souffre dans ses membres.

« Croyez-moi, je n'ai pas voulu vous offenser en secourant de vos aumônes celui qui a ordonné de venir à son secours dans la personne des pauvres. C'est là, si je ne m'abuse, l'acte de miséri-

---

[1] *Heu me ! insipiens filia mea, quanti mihi hodie dedecoris occasionem suscitasti !* etc.

corde qui, selon la parole du prophète, nous érigera un monument de gloire dans le ciel. Mettons toute notre confiance dans celui qui a dit : cherchez d'abord le royaume de Dieu, et le reste vous sera donné par surcroît. Ne craignez rien, faites asseoir vos hôtes à la table du festin. J'ai enlevé peu de choses et je suis fermement persuadée que tous ces gentilshommes auront bien au-delà du nécessaire pour se rassasier. Ne prenez aucune inquiétude, rien ne manquera au banquet[1]. »

Voyant que ses paroles au lieu de calmer son père, augmentaient encore son irritation, Godeleine se retira dans sa chambre. Là, prosternée devant l'image du divin crucifié, elle laissa couler ses larmes en abondance et pria en élevant ses mains suppliantes vers le ciel.

« O Seigneur Jésus, disait-elle, père de miséricorde, Dieu de toute consolation, venez à mon secours, vous qui, dans le désert, avez étanché la soif des Israélites avec l'eau du rocher ; vous qui avez nourri d'un pain céleste les prophètes retirés dans des solitudes profondes, qui avez changé l'eau en vin aux noces de Cana et avez apaisé la faim de milliers d'hommes avec un peu de pain, écoutez ma prière. Faites que la honte soit épar-

---

[1] *Metuende pater, quantum capio, salva tua gratia, tantæ tibi offensæ suppetit ratio nulla, consideravi nobiles hos, non avidæ epulationis causa... etc.*

gnée à mon père. Accordez cette grâce à votre indigne servante, ô Christ, mon seul espoir, mon amour, mon refuge, mon unique consolation. Toutefois si les décrets de votre ineffable providence le veulent autrement, qu'il soit fait selon votre volonté [1].

L'humble prière de Godeleine monta jusqu'au Très-Haut et son espérance ne fut pas déçue. Les tables se couvrirent tout à coup des mets les plus fins, les plus délicats, les plus exquis [2]. « Je ne croirais pas facilement, ajoute naïvement un des biographes de notre sainte, qu'au magnifique banquet du puissant roi Assuérus les mets fussent plus nombreux et plus précieux [3]. »

Les convives joyeux et bruyants se disposent à faire leur entrée dans la salle du festin en demandant l'*aive* [4]. Vases de toutes sortes, plateaux, bassins chargés de mets rares et délicats sont placés sur la table ; le vin coule en abondance. Le choc des coupes remplies jusqu'aux bords et le

[1] Anonym. Ghistell. ut supra. V. n. 12 et 13.

[2] Le Père Du Sollier, qui nous paraît être un critique fort sévère, n'ose cependant pas attaquer la véracité de ce miracle. Il dit, à ce sujet, dans ses commentaires, *Anonymum fictionis arguere non ausim*. Cf. *Acta SS*. ap. Bolland.

[3] Ibid.

[4] *Dant famuli lymphas manibus*. A cette époque toute personne bien apprise demandait l'eau pour les mains avant de se mettre à table.

bruit joyeux des conversations retentissent au ·
loin.

Wifride animait tous les convives et son gracieux accueil doublait le prix de sa noble hospitalité. Chacun s'écriait que jamais on n'avait vu
tant de magnificence et de somptuosité. Mais les
personnes, au courant de ce qui s'était passé avant
le repas, restaient dans l'étonnement le plus profond et, dans cet évènement inespéré, reconnais-
saient les symtômes infaillibles de la brillante
sainteté de la jeune fille.

Le repas terminé, tous les convives se prépa-
rèrent au retour. Un coursier orné de pourpre et
d'or, frémissant et mordant son frein couvert
d'écume, attendait le comte Eustache [1]. Mais
celui-ci, avant de s'éloigner voulait revoir Godeleine qui n'avait pas assisté au banquet. Wifride
fit venir sa fille. Aussitôt qu'elle parut, le comte,
admirant la modestie de son maintien et la grâce
de ses manières, s'avança vers la jeune fille et
déposa respectueusement un baiser sur son front
chaste et pur ; puis il l'invita à s'asseoir près de
lui, mais l'humble enfant préféra rester debout.

Eustache II conversa quelque temps avec elle
et lui dit : « Godeleine, fille de prédilection de notre
ami, vous que je regarde comme ma fille, je vous

---

[1] *Stat sonipes ostro insignis et auro, frenaque ferox spu-
mantia mandit*. Anonymus.

souhaite, dans la sincérité de mon cœur, tout ce qui peut être favorable à votre salut éternel, mais aussi tout ce qui vous apportera quelque prospérité sur la terre. Comme la rose brille entre toutes les fleurs, de même vous brillez entre toutes vos compagnes par vos qualités et les charmes de votre personne. Malgré votre jeunesse, vous avez su joindre, à la grâce et à la beauté, la maturité de l'âge mûr. Vous êtes arrivée au moment où l'on peut songer à choisir un époux. Nous vous engageons à entrer dans l'état du mariage. Croyez à ce conseil d'ami. Si vous avez quelque déférence pour le désir que je vous exprime, ma munificence et ma faveur ne vous manqueront jamais[1]. »

La jeune fille, les yeux modestement baissés remercia gracieusement le comte des paroles aimables et bienveillantes qu'il avait daigné lui adresser, et lui avoua qu'ayant déjà réfléchi sur les avantages du mariage et du célibat, elle préférait garder la virginité à cause de l'abondance des mérites que le Seigneur accorde à cet état. Elle espérait donc, avec la grâce du souverain maître et l'assentiment de ses parents, se donner à Dieu et pouvoir bientôt célébrer ses fiançailles avec son céleste époux. Ceux qui entendirent cette réponse, ajoute son biographe, s'étonnèrent de la

---

[1] *Godeleva, filia perdilecta, tanti cum viri cordialis amici nostri sis filia..* etc. — Cf. Anony. cit. n. 15.

sagesse de Godeleine et n'osant la dissuader de ses pieuses et saintes intentions, s'éloignèrent de Londefort, après avoir fait leurs adieux à Wifride et lui avoir adressé leurs félicitations sur son bonheur de posséder une fille si remarquable par ses qualités et ses vertus.

CHAPITRE V.

ENDANT son court séjour au manoir de Londefort, le comte de Boulogne sut apprécier tout le mérite de Godeleine. En s'éloignant des lieux où il venait d'être reçu si royalement, il emportait un sentiment profond d'intérêt et d'admiration pour la belle et noble jeune fille ; partout il faisait l'éloge de ses admirables qualités. La réputation de notre sainte se répandit au loin et s'étendit au delà du Ponthieu, de l'Artois et de la Flandre [1].

Parmi les gentilshommes qui se présentèrent pour obtenir la main de la fille de Wifride, on remarquait le châtelain de Ghistelles, riche et puis-

[1] Cf. *Anonym. cit.* n. 16 et 17.

sant seigneur, du nom de Bertolf, descendant de ces farouches pirates du nord établis, après l'invasion, sur les côtes de Flandre. Le jeune homme venu à Londefort, avec la pensée de connaître Godeleine, dont il avait entendu parler, fut vivement épris de sa beauté et de ses grâces naturelles. Il ne s'occupa guère des brillantes qualités de son intelligence et de son cœur ; une seule chose semblait lui suffire : la jeune fille était remarquablement belle. Bertolf la demanda en mariage. Le refus qu'il essuya, au lieu de le décourager, ne fit qu'aiguillonner ses désirs. Habitué à voir tout céder à ses caprices, il s'en retourna dans son château, furieux de sa déception, mais bien décidé à employer les moyens nécessaires pour l'emporter sur ses rivaux. Il ne croyait pas à la vocation religieuse de Godeleine et voulait briser les obstacles qui l'empêchaient d'obtenir la main de la fille de Wifride [1].

A cette époque, régnait en Flandre Baudouin V, dit de Lille ou le Débonnaire, prince courageux, entreprenant, mais sage et habile [2]. Il avait long-

---

[1] Ex Drogone n. 3 et Anonymo n. 18.

[2] *Chron. Gisleberti Mont.* ap. Dom Bouquet. — Baudouin V succéda au comté et marquisat de Flandre, après la mort de son père, Baudouin Belle-Barbe, 1036. Il avait épousé Adèle, fille de Robert, roi de France et devint régent du royaume et tuteur du jeune roi Philippe. Il maria sa fille Mathilde à Guillaume-le-Conquérant, duc de Nor-

temps lutté contre l'empereur Henri III, et dans
ces guerres, le vieux châtelain de Ghistelles lui a-
vait rendu de signalés services. Bertolf avait hérité
de la faveur du marquis de Flandre ; c'est pourquoi profitant de la bienveillance de ce prince, il
chercha à le mettre dans ses intérêts, lui fit part
de ses projets, des difficultés qu'il avait ren-
contrées et lui demanda protection et appui.

Baudouin, joyeux d'une alliance qui pouvait
avoir d'heureux résultats, en modifiant la rudesse
du caractère de son vassal, applaudit au choix
fait par Bertolf et lui promit de mettre tout en
œuvre pour assurer cette union. Quelque temps
après, ayant convoqué ses barons, seigneurs et
vassaux de Flandre, pour délibérer sur les intérêts
généraux du comté, Baudouin, fidèle à sa promesse, profita de cette circonstance pour s'occuper de
son protégé.

Eustache-aux-Grenons, accompagné de Wifride
assistait à cette assemblée [1]. Grand feudataire de
la couronne, relevant directement du roi, auquel

mandie, futur roi d'Angleterre et mourut à Lille le 1er septembre 1067. — Cf. Gazet, *Hist. ecclés. des Pays-Bas.* —
Moréri, *Dict. hist.*

[1] Les auteurs de la vie de sainte Godeleine ne font pas
connaître en quel endroit eut lieu l'assemblée réunie par le
comte de Flandre. Nous croyons qu'elle eut lieu à Bergues.
En effet nous trouvons qu'une cour solennelle se réunit
dans cette ville, pendant les fêtes de la Pentecôte de l'année
1067. Le comte Eustache s'y trouva et y souscrivit avec le

il prêtait foi et hommage, le comte de Boulogne ne faisait pas partie des vassaux du comte de Flandre, mais cependant lui devait quelques services féodaux à cause de son comté de Lens et de la terre de Merck. La considération dont il jouissait auprès de Baudouin ne dépendait pas seulement de sa haute position dans le monde féodal, elle venait surtout du puissant secours donné à son allié, le comte de Flandre, dans ses démêlés avec l'empereur Henri III.

Quand le conseil fut terminé, le marquis des Flamands trouvant le moment opportun dit, en présence de toute la noblesse réunie, qu'une jeune fille du Boulonnais nommée Godeleine était vivement aimée par un riche et noble gentilhomme de ses États qui la recherchait en mariage, et que si les parents voulaient consentir à cette union, ce lui serait chose agréable, tout en étant avantageuse à la jeune fille [1].

comte de Flandre, Drogon, évêque de Thérouanne, Roger, comte de Saint-Pol et autres, un acte de pacification entre l'abbé et les religieux du monastère de Bergues-Saint-Winoc. — Malbrancq, *op. cit.* t. II, p. 788. — Arch. de Saint-Winoc, ap. Luto, *Mém. sur l'hist. de Boulogne*, ms. de la bibl. comm. de Boulogne.

[1] *Virginem Godelevam, a quodam viro nobili prædivite adamari, vehementer instanterque in legitimum matrimonium requiri asserebat, cui si parentis assensum promptum præbendum duxerint, suæ majestati rem gratam, filiæque successibus rem præstarent saluberrimam.*

A ces paroles tous les regards se portèrent sur Bertolf et Wifride, mais le châtelain de Londefort, tout en se montrant reconnaissant de l'honneur qui lui était fait, objectait toujours la ferme résolution de Godeleine de s'enfermer dans un cloître. Il ne mettait pas d'opposition à cette union, disait-il, mais il était décidé à ne contrarier en rien les sentiments de sa fille bien-aimée et la laissait libre d'accepter ou de refuser le brillant parti qui lui était offert.

Indécis, plein de dépit, sentant ses désirs augmenter en proportion des difficultés qu'il rencontrait, Bertolf ne savait quel moyen prendre pour arriver à satisfaire sa passion. Il réunit quelques amis, et, d'après leurs avis, se décida à prier le comte de Boulogne de se joindre à eux, afin d'aviser aux moyens à prendre pour décider la jeune châtelaine de Londefort à ce mariage. Eustache II, dans l'intention d'être agréable au comte de Flandre, consentit à essayer une dernière tentative près de Godeleine. Il se rendit au manoir de Wifride et plaida lui-même la cause du seigneur flamand [1].

Après bien des instances, n'osant résister aux paroles du comte de Boulogne et au secret désir de ses parents, Godeleine, toute tremblante et en

[1] Ex Anonymo.

larmes, donna enfin son consentement. Elle se demandait dans le secret de son cœur, si telle n'était pas la volonté de Dieu. Le Seigneur, par cette union, allait dévoiler les trésors de douceur, de patience, d'abnégation renfermés dans le cœur si noble et si pur de son enfant. Cette perle précieuse, dit le moine Drogon, avait encore besoin de passer par le feu des tribulations pour apparaître dans toute sa splendeur [1].

Godeleine venait d'atteindre sa vingt-deuxième année.

Bertolf, fier de son succès, rendit de nombreuses actions de grâces au comte de Boulogne et aux seigneurs flamands qui l'avaient accompagné, mais craignant un changement de décision, il exprima la volonté de fixer de suite l'époque du mariage. Tout étant décidé, Godeleine se retira dans sa chambre : une grande tristesse s'était emparée de son cœur. Elle eut recours au consolateur suprême et, agenouillée aux pieds du crucifix, elle supplia, avec larmes, le Seigneur de veiller à la conservation du trésor qu'elle lui avait consacré. Après être restée longtemps en prières, elle se releva plus calme : son cœur était rempli d'une confiance sans borne dans la protection céleste.

Au jour fixé le château se remplit de brillants

[1] Ex Drogone.

seigneurs et de nobles dames qui avaient déployé
à l'envi le luxe le plus magnifique. On ne voyait
que riches étoffes de soie, mêlées au brocart d'or
ou d'argent, que robes bordées de vair, d'hermine,
de marte zibeline. La jeune fiancée était resplendissante sous son voile. Ces longs cheveux
qui, selon la mode du temps, étaient tressés en
deux grandes nattes mêlées de bandelettes de soie
et de jalons d'or habilement entrelacés, relevaient
encore sa beauté. On aurait pu lui appliquer les
vers d'un ménestrel du Moyen-Age :

> Elle est plus blanche que la noef qui resplent,
>   Et plus vermeille que la rose flerant [1].

mais la jeune fille ne s'occupait guère de sa beauté ;
son cœur est loin des parures et riches présents
dont on l'a comblé ; dédaigneux des vanités du
monde il se recueille et s'élève jusqu'à son Dieu.

Le mariage eut lieu au village de Wirle. Cette
cérémonie revêtait à cette époque un caractère
tout particulier de charme et de poésie [2]. Les
fiancés s'arrêtèrent à l'entrée de l'église, sous le
porche, et là, devant le ministre de Dieu, ils don-
nèrent à leur union leur libre et solennel consentement; puis Wifride et Ogine firent la *dation*

---

[1] Prise d'Orange. V. 666.
[2] Cf. Martène, *De antiquis Ecclesiæ ritibus*.

de leur fille à son mari. Bertolf reçut , dans sa main nue, la main nue de Godeleine, disant : « A tout jamais, dans la foi de Dieu et dans la mienne, saine ou malade [1], je promets de la garder; » et mit l'anneau bénit au doigt de son épouse. Alors le prêtre voulant donner aux nouveaux époux une marque de respect, dont le sacrement qu'ils viennent de recevoir les rendait dignes, les encensa.

Au milieu des doux et suaves parfums de l'encens, Bertolf et Godeleine entrèrent dans le lieu saint. Vers le milieu de la nef, ils se prosternèrent, et le prêtre récita cette prière : « Dieu d'Abraham, Dieu d'Isaac, Dieu de Jacob, jetez dans l'intelligence de ces deux jeunes gens les semences de la vie éternelle. Que le Seigneur vous bénisse et vous apprenne à lui être agréables dans votre corps et dans votre âme.» Après cette bénédiction les époux furent conduits dans le chœur, et l'officiant chanta la messe de la fête de la Trinité. Auparavant Godeleine avait reçu de son époux, selon l'usage du diocèse de Thérouanne les deniers de mariage : douze deniers

---

[1] « Ces mots *saine ou malade*, dit Léon Gautier, semblent détonner au milieu de toute cette poésie, ils sont cependant plus profonds que tous les autres et attestent une meilleure connaissance du genre humain. Ils expriment clairement le caractère éphémère de la beauté, de la jeunesse et de la force : ils valent un sermon. » — *La Chevalerie.*

d'or en signe d'honneur et un treizième en signe de dot [1].

Après le *Sanctus*, les nouveaux époux se prosternèrent de nouveau pour recevoir la grande bénédiction, pendant que quatre gentilshommes étendaient sur eux un *paile* de couleur pourpre pour rappeler aux époux l'extrême délicatesse avec laquelle ils devaient cacher leur amour aux yeux du monde.

Vers la fin de la messe, alors que l'*Agnus Dei* était chanté et que le prêtre se préparait à la communion, eut lieu la scène la plus touchante de la cérémonie. Bertolf s'avança vers l'autel, monta les degrés et recevant du célébrant le baiser de paix vint le porter à sa jeune femme qu'il embrassa chastement devant la croix du divin crucifié [2]. Quelles furent les pensées qui surgirent dans ces deux cœurs animés de sentiments si différents? Dieu seul le sait : la fille de Wifride était émue, tremblante, le seigneur de Ghistelles était resté froid et sombre.

La cérémonie terminée, un splendide festin attendait les invités ; des tables étaient dressées dans les différentes salles du château. Wifride avait vou-

[1] *Duodecim denariis te honoro, et hoc tredecimo te doto, in nomine Patris* etc. — *Rituale Morin.* ap. l'abbé Haigneré. art. cit.

[2] *Sponsus pacem de presbytero accipiat suæque sponsæ ipse ferat.* — Rituale cit. ut supra.

lu que tous ses vassaux pussent se réjouir. Les pauvres ne furent pas oubliés, on leur fit distribuer d'abondantes aumônes.

Godeleine avait recommandé, pour l'avenir, ces amis bien-aimés à la tendre charité de sa mère et de ses sœurs. Sur le point de quitter tous ceux qu'elle avait aimés et de commencer une existence où son cœur lui laissait pressentir bien des peines, des tribulations, des douleurs, elle comprenait plus que jamais le besoin d'attirer sur elle la protection divine en venant au secours des malheureux. Elle se rappelait cette parole du roi prophète : « Heureux celui qui a les yeux ouverts sur les besoins du pauvre et de l'indigent, le Seigneur le délivrera lui-même aux jours mauvais [1]. »

[1] Psalm. LX, 1.

CHAPITRE VI.

'ATTITUDE froide et hautaine du seigneur de Ghistelles, pendant la cérémonie nuptiale, ne s'était pas modifiée au banquet somptueux servi dans la grande salle d'armes du château. Au milieu de la joie générale, Bertolf était resté morne, comme anéanti ; dans ses paroles, dans ses actions, un certain malaise semblait le dominer. Les honneurs et les félicitations dont il avait été l'objet paraissaient lui être insupportables. La joie et la gaieté expansive de ces amis lui avaient fait, plus d'une fois, froncer le sourcil. Il était facile de voir à de nombreux signes d'impatience qu'il avait hâte de voir terminer ces fêtes et ces réjouissances et de

s'affranchir d'une contrainte qui lui devenait à charge.

Obligé de feindre devant Wifride et les nobles gentilshommes invités à cette cérémonie, Bertolf faisait des efforts infructueux pour cacher les impressions intimes de son âme : à peine montrait-il quelques égards à sa jeune épouse. Il aspirait au moment du départ. Enfin Wifride ayant donné le signal, ceux qui devaient accompagner les nouveaux époux montèrent à cheval et l'on se dirigea vers la Flandre.

Les adieux de Godeleine à sa mère si bonne, si affectueuse, à ses sœurs si tendrement aimées, furent touchants et douloureux. Elle ne pouvait se détacher de ceux près desquels sa vie s'était écoulée douce et heureuse. Un triste pressentiment s'emparait de tout son être. Loin de sa mère, qui donc l'aidera à supporter le poids de ses peines et de ses chagrins? qui donc viendra calmer les douleurs et les déchirements de son cœur? Elle restait entièrement soumise à la volonté de Dieu, mais, malgré sa confiance dans la protection divine, en certains moments, elle tremblait devant la destinée inconnue qui lui était réservée.

Cependant tous les habitants de Londefort, les pauvres, les indigents, les malheureux, que Godeleine secourait avec tant de bonheur, s'étaient groupés sur la route ; ils voulaient dire un dernier adieu à la fille de leur seigneur. Dans leur naïve reconnaissance, ils l'entouraient, baisaient pieusement le bord de sa robe et, les yeux élevés vers le ciel, appelaient sur elle les bénédictions de Dieu. Les démonstrations de respect, d'affection et d'amour de toute cette population, affligée de voir partir sa bienfaitrice, touchèrent vivement plus d'un de ces nobles chevaliers, et Bertolf dut sentir en lui quelqu'émotion. Malheureusement ce fugitif sentiment ne pouvait changer ce cœur orgueilleux, fermé à toutes nobles inspirations.

Une tradition populaire, conservée dans le Boulonnais, rapporte que notre sainte, avant de quitter Londefort, planta, dans un petit bois voisin de la demeure paternelle, la quenouille dont elle se servait pour filer, et qu'à l'instant une source, à l'eau pure et limpide, jaillit de cet endroit[1]. C'était le dernier don de Godeleine aux malheureux de son

---

[1] L'abbé Blaquart nous apprend dans sa *Vie de sainte Godeleine* que cette fontaine est située à l'extrémité du bois, dit de sainte Godeleine, près du pont jeté sur la Slack, presqu'au bord d'un ancien chemin abandonné qui fait la séparation des villages de Wierre-Effroy et de Réty. — Dans un terrier du Quint d'Ordre, de la fin du XVIᵉ siècle il est parlé de « une pièche de terre avestue de bois, séant à Londefort, contenant trois quartrons ou environ, aulquel bois et terre gist la *fontaine Sainte-Godeliefve.* » Dans un aveu de fief et seigneurie du Mesnil, servi au baron d'Ordre au XVIIIᵉ siècle, on cite une mesure ou cinq quarterons de terre à usage de bois située à la *fontaine sainte Godelaine,* tenant à la rue qui va de Canteraine à la Rebertangues. — E. Deseille, *Année Boulonnaise*, Eph. du 24 juillet.

pays. Depuis cette époque lointaine, combien de pieux pèlerins sont venus boire de cette eau miraculeuse et implorer l'intercession de cette jeune vierge du Boulonnais pour obtenir la guérison de leurs maux !

Avant de continuer notre réçit, il est nécessaire d'expliquer la conduite étrange du seigneur de Ghistelles. Au moment où, demandant la main de notre sainte, il essuyait un refus pénible pour son orgueil, il résolut de briser tous les obstacles afin d'arriver à la réalisation de ses vœux. Sa passion pour Godeleine était excessive et nous n'avons pas osé transcrire les expressions dont le biographe anonyme se sert dans la peinture de cet amour trop sensuel [1]. Au jour du mariage il ne restait plus rien de cette grande passion. Bertolf ne ressentait plus que froideur et dédain pour sa fiancée. Que s'était-il passé ?

Lorsque par l'intervention du comte de Boulogne, Wifride accorda sa fille en mariage au seigneur de Ghistelles, celui-ci n'avait fait connaître que vaguement ses intentions à sa mère. Il avait cru prudent, peut-être, de l'avertir seulement lorsque sa parole aurait été donnée. Cette femme impérieuse et acariâtre, du nom d'Islinde, mécon-

---

[1] *Et dum os oculosque puellæ ac totum lustrarat luce corpus molle, venenum lascivis hauriens oculis, vulnus alit venis et cæco carpitur igne.*

tente de ne pas avoir été consultée, jalouse de son autorité qui allait être diminuée, ou devait peut-être même disparaître entièrement devant la jeune épouse, se prit à la haïr sans la connaître.

Au récit de la beauté et des grâces de la jeune fille, Islinde sentait la colère remplir son cœur mais lorsque Bertolf lui parla des magnifiques cheveux noirs de Godeleine, un sourire mauvais vint contracter ses lèvres : elle croyait avoir trouvé le moyen d'éloigner son fils de cette étrangère. Se récriant sur l'infamie de la conduite de son fils, elle s'efforça de lui démontrer, avec les paroles les plus dures, les expressions les plus acerbes, que le déshonneur serait la suite d'un tel mariage. La honte et l'opprobre, disait-elle, vont rejaillir sur votre famille. La couleur des cheveux de votre fiancée montre évidemment son origine romaine ; en acceptant une pareille alliance, vous deviendrez l'objet de la risée et de la moquerie de vos compatriotes.

Bertolf, caractère faible mais ombrageux et fier, fut frappé des paroles pleines de fiel de sa mère. Il était issu de ces farouches pirates du Nord [1], connus dans l'histoire sous le nom de Normands, et il avait conservé quelques restes de la barbarie de sa race : la haine de ses ancêtres envers

---

[1] *Oriundus erat a Nortmannis*, Malbrancq, op. cit.

les fiers conquérants de la Gaule était restée puissante en son cœur. Islinde en femme astucieuse avait su habilement exploiter cette haine, en réveillant dans l'âme de son fils cette antipathie de race encore si vivace à cette époque. Dès lors la beauté et les grâces de la fille de Wifride devinrent pour lui un objet d'horreur. Son amour n'ayant pas pour base l'estime et l'affection devait disparaître sans retour.

Un instant, sous l'influence des instigations de sa mère, Bertolf fut sur le point de reprendre sa parole et de refuser cette alliance sollicitée avec tant d'instances. Mais comment rompre ses engagements après avoir employé l'influence des comtes si puissants de Flandre et de Boulogne ? Craignant d'encourir la disgrâce et peut-être même la colère de son suzerain, il recula devant les suites d'un refus et crut se sacrifier en épousant Godeleine.

L'auteur belge de l'*Histoire de sainte Godelive de Ghistelles* cherchant à expliquer la cause de la haine d'Islinde, s'exprime ainsi :

« On se rappelle que Godelive a vu le jour sur les côtes du Boulonnais où campèrent les armées romaines. La domination des Romains fut et resta longtemps odieuse aux peuples indigènes. Comme les cheveux de ces conquérants étaient noirs, brûlés par le soleil d'Italie, la couleur de la chevelure de Godelive pouvait faire supposer qu'elle avait du sang romain dans les veines et réveiller ainsi dans l'âme toute germanique de la châtelaine de Ghistelles, un sentiment d'aversion qui aurait eu sa source dans d'anciennes antipathies de races, antipathies qui subsistaient encore au XIᵉ siècle [1]. »

Le savant auteur de l'*Histoire des comtes de Flandre* nous montre que ces antipathies de races existaient encore, en effet, dans toute leur sauvage énergie lors du soulèvement de la Flandre contre le pouvoir de la comtesse Richilde en 1071.

« Chaque fois, dit-il, que sous un même sceptre se trouvent réunis des peuples différents d'origine et de langage, il se révèle tôt ou tard entre eux des antipathies plus ou moins vives, plus ou moins caractéristiques suivant les causes qui les viennent susciter. Parmi les portions de territoire primitivement confiées à la garde des forestiers, puis laissées en toute souveraineté aux marquis flamands, il en était chez qui les mœurs germaniques avaient irrévocablement pris racine : d'autres au contraire conservaient leur caractère primitif, gaulois ou celtique, modifié cependant par l'influence des conquérants romains, dont elles avaient adopté le langage. Ces derniers pays se distinguaient sous les noms de Galls ou Wallons, des autres qu'on

[1] Louis Debaecker, *op. cit.*

appelait Thiois ou Tudesques. Pour la première fois dans l'histoire de Flandre, nous allons voir éclater entre eux d'une manière bien distincte cette rivalité de race dont on eut si souvent à déplorer les tristes effets[1]. »

Michelet constate aussi que cette antipathie de races est restée longtemps vivace dans les Flandres. « Cette frontière des races et des langues européennes, dit-il, est un grand théâtre des victoires de la vie et de la mort. Les hommes poussent vite, multiplient à étouffer, puis les batailles y pourvoient. Là se combat à jamais la grande bataille des peuples et des races. Cette bataille du monde qui eut lieu, dit-on, aux funérailles d'Attila, elle se renouvelle incessamment en Belgique entre la France, l'Angleterre et l'Allemagne, entre les Celtes et les Germains[2]. »

Dieu s'était servi, sans doute, de ces antipathies de race, source de la répulsion de Bertolf pour son épouse, afin de conserver à son enfant de prédilection cette virginité qu'elle désirait lui consacrer. « O profondeur des trésors de la sagesse du Tout-Puissant! que vos jugements, ô mon Dieu, sont incompréhensibles et vos voies impénétrables! »

[1] Edward Le Glay, *op. cit.* t. I, p. 190.
[2] Michelet, *op. cit.*, t. II, p. 109.

CHAPITRE VII.

ntre Ostende et Bruges, se trouvait au
XIe siècle, un petit territoire plat, sau-
vage, aride, entrecoupé de nombreux
marais d'un accès difficile, où croupissaient des
eaux stagnantes et fétides. Sur cette terre aux
tons roussâtres mêlée de veines noires[1], à peine
trouvait-on quelques champs cultivés et de maigres
bruyères. Un vent âpre soufflait parmi les roseaux
et son sifflement monotone n'était troublé que par
le croassement des corbeaux.

---

[1] *Intra terminos parochiæ Gistelensis, est quædam vena
terræ nigra et quasi subrufa, quæ crebris paludibus intersita,
non facile potest transiri.* — *Acta S. Arnulfi* ap. Mabillon,
sæcul. VI Benedicti, par. II, p. 537.

Là habitait une race d'hommes barbares et cruels, descendants de ces bandes Danoises qui, après avoir porté dans la Flandre leurs terribles et audacieuses dévastations, s'étaient retirées au milieu de ces marais comme dans un asile impénétrable. Ce territoire portait le nom de Ghistelles, du mot *stale*, c'est-à-dire *tannière*[1]. La férocité de ces pirates du nord était passée dans leurs descendants et les historiens comparent les habitants de ce coin de terre à des Scythes. Il en était encore ainsi au XIe siècle[2]. Ces barbares groupés autour de la forteresse bâtie par les ancêtres de Bertolf, formèrent le bourg de Ghistelles[3], et, quoique convertis au christianisme conservèrent tous les mauvais instincts de leur race.

[1] Ch. Sanderus, *Flandria illustrata*, t. I, p. 329.

[2] Cf. Mabillon, *op. cit.* ut supra. — Meyer, *Annal. Flandriæ* ad ann. 1083.

[3] Sanderus (op. cit. ut supra) après avoir constaté que Ghistelles avait pour origine le château-fort qui y avait été bâti « *qui origo ab arce* » nous apprend qu'on entoura ce bourg de murs en 1228. Après le siège de 1323, (Meyer, op. cit. l. XII, p. 126) Louis de Nevers compléta ces fortifications. On y ajouta de nouveaux bastions en 1434 et en 1540 (Sanderus), ce qui n'empêcha pas son importance de décroître à la suite des guerres civiles et religieuses qui désolèrent la Flandre au XVIe siècle. Prise et ravagée en 1577 (Aub. le Mire. t. I, p. 285) par les Calvinistes, cette ville vit, avec ces murailles démolies, disparaître sa puissance. Actuellement Ghistelles n'est plus qu'une petite ville d'une population de quatre mille âmes. Son château lui-même est tombé sous le marteau des révolutionnaires.

C'est au sein de cette population, dans ce donjon élevé au milieu des marais que Godeleine fut conduite par son époux.

Quelle triste impression dut ressentir la fille de Wifride, en considérant cette plaine nue et sauvage ! Où étaient ces grands bois du Boulonnais, ces vertes collines, si gracieuses dans leurs ondulations, ces vastes horizons où le regard plongeait dans l'immensité de l'océan ! Élevée en face d'une nature riche et pittoresque, elle avait lu avec bonheur dans ce livre sublime où le doigt de Dieu a écrit de si grandes choses. Elle aimait la verdure, les oiseaux, les fleurs et sous le souffle de la brise de mer, elle se plaisait à élever son âme vers le créateur de tant de merveilles, objets de ses pieuses et solitaires méditations. Maintenant, devant le triste et monotone paysage se déroulant devant elle, rien ne lui semblait pouvoir encore parler à son cœur.

Les nouveaux époux furent reçus au château de Ghistelles avec un luxe et un appareil vraiment royal. La journée se passa en fêtes, mais au plaisir devait bientôt succéder le deuil. Devant la réception froide et hautaine d'Islinde, notre sainte comprit que l'antipathie de son époux était partagée par sa mère. Cette femme méchante et orgueilleuse, à la vue de Godeleine, n'avait pu maîtriser ses sentiments de répulsion, de haine et de jalousie. Dès lors Godeleine pressentit l'existence qui lui était réservée ; mettant toute sa confiance en Dieu, elle accepta avec résignation cette épreuve douloureuse et commença dans l'humilité de son âme pure et candide à amasser ces trésors de patience et d'abnégation qui lui furent d'un si grand secours dans l'adversité.

En présence de Wifride et des seigneurs boulonnais venus pour accompagner Godeleine, la mère de Bertolf sut cacher sous les dehors les plus artificieux tout le venin renfermé dans son cœur. Cette contrainte lui pesait cependant et aussitôt qu'elle en trouvait l'occasion, elle laissait déborder devant son fils ou ses serviteurs tout le fiel qui remplissait son âme.

Le soir, quand tous les conviés se séparèrent, pour prendre un peu de repos, Godeleine se retira dans ses appartements et pendant que ses suivantes s'empressaient autour d'elle, la pauvre enfant élevait son âme vers celui en qui elle plaçait toutes ses espérances et lui adressait avec ferveur cette prière : « Conservez sans tache mon cœur et mon corps, ô mon Dieu, afin que je ne tombe pas dans la confusion [1]. » A cette âme suppliante, le divin Maître ne pouvait refuser son secours et Bertolf ne franchira pas le seuil de la chambre nuptiale.

---

[1] *Dicens : fiat cor meum et corpus meum, Domine, immaculatum ut non confundar.* Ex Anonymo.

En effet, lorsque les suivantes enlevaient à Godeleine son manteau et sa robe et laissaient flotter sur ses épaules ses longs et magnifiques cheveux, alors que la jeune vierge, dans sa simple beauté, était semblable, dit un de ses biographes, à l'ivoire des Indes colorié par quelques reflets de pourpre, ou encore à une rose rougissante parmi des lys éclatants de blancheur[1], Islinde la vit et, devant tant de grâces et de candeur, fut transportée de colère et de haine. Cette étrangère avec son étonnante beauté pouvait lui enlever son autorité et sa puissance sur son fils.

Après avoir excité les suivantes à insulter leur nouvelle maîtresse, elle courut vers son fils. L'abordant, selon l'expression d'un des historiens de la vie de notre sainte, avec la furie d'une bête fauve, elle l'apostropha en ces termes :

« Si tu voulais prendre amusement avec des corneilles[2], ne pouvais-tu en trouver dans tes terres et nous débarrasser de celle-ci ? Par cette mésalliance tu deviendras l'opprobre de ta race. Ton union avec cette étrangère disgraciée de la

---

[1] *Indum enim veluti ebur sanguineo si quis violaverit ostro, aut rosa rubens alba inter lilia mixta, tales virgo dabat ore colores.*

[2] Islinde, en parlant des corneilles, faisait allusion aux cheveux et aux sourcils noirs de Godeleine, elle aimait à se servir de cette expression méprisante ; elle avait remarqué qu'elle mettait son fils en fureur. — Cf. Anonym. Ghistell. n. 22.

nature apportera une tache ineffaçable à ton noble
sang germain. Malheureux ! L'entrée de cette
femme dans ta maison m'accable de tristesse. J'ai
honte de t'avoir donné le jour[1]. »

Par ces paroles empreintes de colère et de méchanceté, Islinde versait dans l'âme de son fils
tout le fiel qui débordait de son cœur corrompu
et l'amenait à déplorer sa faiblesse et sa lâcheté.
Pourquoi n'avait-il pas eu le courage de rompre
avant qu'il ne soit trop tard ? Sous l'impression
de la malédiction de sa mère, il cherchait le
moyen de se débarrasser de sa jeune femme.

Ce moyen, dans sa haine diabolique, Islinde le
lui suggéra. « Absente-toi, lui dit-elle, pendant le
séjour du père et des amis de cette étrangère.
Pour moi je saurai me montrer insupportable et
les fatiguer par ma mauvaise humeur. Ne te
voyant pas revenir, ils hâteront leur départ et,
indignés de ta conduite, peut-être emmèneront-ils
avec eux cette jeune fille. Si par malheur, ils la
laissent ici et s'en retournent seuls, nous l'acca-
blerons de tant de travaux et de fatigues que
bientôt elle y trouvera la mort. Libre alors, tu
pourras contracter une nouvelle union digne de ta
race et de ta noblesse[2]. »

---

[1] *Numquid his in terris cornices ad tuam consolationem
invenire potuisses, hanc nisi aliunde adduceres ?* etc.

[2] *Cuncto tempore substrahe præsentiam tuam,* etc.

Tant de perversité dans l'âme d'une femme excite l'indignation du moine Drogon et, dans son courroux, il applique à Islinde ces paroles du sage : « La langue d'une femme jalouse est la douleur et le tourment continuel du cœur; une telle femme est pour son époux comme un scorpion dans la main. Toute méchanceté est courte auprès de la sienne. »

Bertolf trop faible pour résister aux perfides conseils de sa mère monta aussitôt à cheval et gagna la ville voisine, laissant Islinde à ses criminels desseins. Le lendemain Wifride et les hôtes du château s'informant du seigneur de Ghistelles, la vieille femme leur dit d'un ton hypocrite : « Mon fils est allé faire un pèlerinage à Notre-Dame de Bruges et prier la benoîte mère de Dieu de lui accorder la fécondité de sa femme et une heureuse progéniture. Aussitôt ses dévotions terminées, il reviendra près de vous, à moins qu'il ne soit retenu par quelqu'un de ses amis [1]. »

Les seigneurs boulonnais ne savaient que penser de ce départ précipité. Ils étaient portés à mettre en doute la sincérité de la mère de Bertolf, mais le moment du départ étant arrivé,

[1] *Dicens, illum peregrinari ad reverentiam matris Dei, ut sponsæ suæ se propitiam exhibens, felicem successoribus prolem indulgere dignaretur. etc.*

ils se décidèrent, malgré l'absence du châtelain de Ghistelles, à dire adieu à Godeleine et à chevaucher vers leurs demeures féodales.

Après ce triste départ, la fille de Wifride laissa couler bien des larmes ; elle comprenait l'amertume de sa position. Pour ne pas affliger son père, elle n'avait point cédé à son émotion, mais la nature avait bientôt repris ses droits : l'effroi remplissait son cœur. Au milieu d'un pays étranger, sans parents, sans amis, sans secours, elle se voyait exposée aux insultes et aux persécutions de ses ennemis. Elle pria longtemps et se releva consolée. Ce n'était plus la jeune fille heureuse et brillante, c'était la femme forte et calme, décidée au sacrifice. Que lui importait quelques jours de souffrance, quand un torrent de félicité devait en être la récompense ? Que lui importait sa faiblesse, du moment où elle trouvait toujours l'appui de Dieu ?

CHAPITRE VIII.

**Des mauvais traitements subis par sainte Gode-
leine et de la manière dont le Seigneur la con-
sola dans sa misère et son abandon.**

A peine Wifride et les seigneurs amis de Godeleine eurent-ils quitté le château de Ghistelles qu'Islinde ordonna à sa belle-fille de se retirer dans sa chambre et, l'accablant d'injures, lui reprocha d'avoir déshonoré son fils. Elle lui commanda ensuite de lui remettre à l'instant tous les bijoux, joyaux et autres objets précieux, présents offerts par Bertolf au moment des fiançailles. Godeleine se soumit, sans peine, à toutes les exigences de l'irascible marâtre. Rien ne pouvait attacher cette âme si pure aux vanités du monde. Lui arracher ces somptueux ornements, ne touchait en rien son cœur; elle dédaignait les richesses de la terre et n'aspirait qu'aux biens célestes.

Islinde, en agissant ainsi, croyait sans doute froisser la vanité de Godeleine, mais elle comprit bien vite que l'âme de sa belle-fille était trop élevée pour donner le moindre regret à tous ces objets d'un luxe inutile et frivole. Elle en ressentit un profond dépit et, ne pouvant se résigner à voir toujours sous ses yeux, cet ange de douceur, elle lui fit quitter la chambre nuptiale, et lui assigna une petite cellule située dans une des tours du château. Là Godeleine devait travailler et prendre ses repas ; une jeune servante, attachée à sa personne, était chargée de lui porter les aliments désignés par Islinde. Notre sainte, humblement soumise aux volontés de sa belle-mère, essaya en vain, pour apaiser la fureur de cette méchante femme, de dissimuler les angoisses et les tristesses de son âme, rien ne put amollir ce cœur endurci [1].

« Godeleine, traitée comme prisonnière, dit un de ses biographes, tourna les yeux vers le ciel, s'écriant : Mon Dieu vous ne m'abandonnerez pas, et je vous remercie de m'associer à vos souffrances. » Considérant ses persécuteurs comme les instruments dont se servait le Seigneur pour sa sanctification, elle ne cessait de prier pour eux, leur parlait avec bonté et n'opposait aux injures, dont par l'ordre de sa belle-mère l'accablaient les

[1] Ex Anonymo Ghistell., n. 25, 26.

derniers valets, qu'une patience digne des regards des anges et des récompenses célestes. Ayant toujours devant les yeux l'image de son Dieu crucifié, elle se plaisait à méditer sur les différentes circonstances de sa passion pour s'exciter à souffrir avec courage [1]. »

A son retour, Bertolf s'informa de ce qui s'était passé pendant son absence. Islinde, après lui avoir fait connaître le départ des seigneurs boulonnais, lui dépeignit le caractère de Godeleine sous les couleurs les plus mensongères. Non seulement, disait-elle, la jeune femme montrait la plus grande incapacité pour diriger une maison, mais déjà elle avait apporté le trouble dans tout le château. Les serviteurs refusaient de la servir à cause de ses exigences et de ses manières fières et hautaines. Dans sa folie, ajoutait l'indigne marâtre, elle avait quitté les appartements de son époux, pour aller se cacher dans une tour du castel. Le malheureux Bertolf ajouta foi aux propos insidieux de sa mère et entra dans une violente colère. Cette femme orgueilleuse, certaine de son ascendant sur l'esprit de son fils, se servait impitoyablement de cette influence pour l'exciter contre son épouse [2].

Cependant la nouvelle du retour de Bertolf s'é-

---

[1] P. Guérin, *op. cit.* t. VIII, p. 88, 6 juillet.
[2] Ibid.

tant répandue, la suivante de Godeleine, touchée de compassion, l'engagea à se rendre près de son époux, avec un visage heureux et riant, afin d'essayer à calmer sa colère par de douces paroles et ranimer son amour en lui démontrant son innocence. « C'est un devoir pour vous, disait-elle, d'effacer dans l'esprit de votre mari les mensonges et les calomnies dont on s'est plu à vous noircir ; si votre démarche est mal accueillie, rappelez-vous qu'à celui qui souffre l'opprobre et l'adversité avec patience, Jésus-Christ lui-même sera un puissant consolateur [1]. »

Encouragée par ces paroles, Godeleine s'étant couverte de la mante grossière qu'on lui avait donnée, vint vers son époux, le visage empreint d'une douceur tout angélique et lui tendit une main amie. A sa vue, Bertolf sentit le feu de la colère s'emparer de lui et rejeta avec dédain les affectueuses avances de son épouse. Islinde, dans le paroxysme de la fureur, vociféra les plus horribles invectives, avec la rage d'une bête féroce [2], reprochant de nouveau à son fils son honteux mariage et l'accablant sous ses anathèmes. Le château, dit le biographe, frémit jusque dans ses fondements, aux vociférations de cette furie.

Godeleine attristée de l'iniquité de ces âmes or-

---

[1] Ibid.
[2] *Vel certe cruentam bestiam rabido ore vociferans.*

gueilleuses, supporta avec calme, humilité et résignation les insultes dont on la couvrait. Espérant cependant pouvoir adoucir et convaincre ces cœurs endurcis et obstinés, elle s'adressa à sa belle-mère et lui dit :

« Je ne suis coupable d'aucune action, d'aucune faute capable d'attirer sur moi une si grande affliction. Je ne comprends pas pourquoi je suis devenue pour vous un objet d'aversion et de haine. Si je vous ai offensée, je veux volontairement me soumettre à toutes les rigueurs de votre vengeance, mais si je ne suis pas coupable, n'est-ce pas bien pénible de supporter vos injures et surtout de vous voir, dans votre colère implacable, exciter continuellement mon époux contre moi [1]. »

La mère de Bertolf ne sachant comment répondre à ces paroles si simples, si empreintes de vérité, entra en fureur et s'écria [2] : « Quand ta détestable perversité est connue de tous, est-il donc nécessaire de chercher des témoins pour te la prouver ? Tu m'accuses d'exciter ton époux contre toi, mais la mort aurait dû me frapper mille fois, si j'avais agi autrement ! Oui, c'est moi qui ai

---

[1] *Cum, inquit, nullius me criminis, tantis condigni afflictionibus* etc.

[2] Ibid. — Sur la conduite de la mère de Bertolf envers Godeleine voir l'auteur anonyme du n. 28 et n. 31. — Drogon, n. 5 et 6.

soulevé la haine et le mépris de Bertolf contre toi. Je dompterai ton insupportable orgueil ! **Je punirai ta témérité.** » alors, écumant de rage, aveuglée par la colère, Islinde se jeta sur Godeleine et la frappa inhumainement.

La jeune vierge supporta avec patience l'indigne traitement dont elle venait d'être l'objet, puis se tournant vers Bertolf elle lui dit avec douceur :

« Souvenez-vous, ô mon très cher époux ! avec quelle ardeur vous recherchiez récemment ma main. Pour l'obtenir vous ne reculiez devant aucun obstacle. Vous vous adressiez même aux comtes de Flandre et de Boulogne et aux seigneurs les plus influents de ce pays, les suppliant de vous venir en aide. Ce violent amour s'est vite changé en haine implacable, ce miel contenait du poison. Comment expliquer votre conduite ? Toutes vos paroles, toutes vos protestations étaient donc fausses. Pourquoi, mon seigneur, ressentez-vous de l'inimitié contre votre servante? Pourquoi, ô mon époux, haïssez-vous votre femme ? L'orgueil ne me domine pas. Je ne désire point commander, j'aime mieux obéir. Je suis votre servante, occupez-moi, si vous le voulez, aux soins les plus vils et j'exécuterai vos ordres avec empressement, avec bonheur ; seulement, je vous en suplie, détournez de moi, pauvre femme, votre courroux et votre haine. N'est-ce pas une honte de voir deux époux, à peine liés par des nœuds indissolubles, devenir ennemis [1] ? »

En entendant ce suave langage de l'innocence, cette humble prière de Godeleine, Bertolf sentit l'émotion s'emparer de lui. Peut-être allait-il céder au mouvement de son cœur et suivre l'inspiration divine qui lui disait de revenir à son épouse. Des larmes coulaient de ses yeux ; il allait tendre la main à la jeune vierge, mais sa mère était présente et l'impitoyable marâtre l'arrêta en accablant Godeleine d'opprobres et d'outrages.

Au milieu de ces tribulations, le cœur de notre sainte ne pouvait s'ouvrir aux murmures, elle supportait ces cruelles épreuves avec la plus douce résignation. Les grâces dont le Seigneur comblait son âme, la mettaient dans l'obligation de s'en rendre digne en souffrant chrétiennement les douleurs qui lui étaient imposées. Dans l'humilité de son cœur elle amassait une surabondance de mérites, trésor si précieux, refuge si sûr pour l'âme fidèle. Elle comprenait que la haine soulevée contre elle était une épreuve dont il fallait triompher, et elle se trouvait heureuse de souffrir comme son divin maître.

L'auteur du manuscrit de Ghistelles se complaît à faire certains rapprochements entre la vie de Jésus-Christ et celle de notre sainte. De même,

---

[1] Ex auctore anonymo Ghistell.

dit-il, que Jésus a été reçu dans Jérusalem avec les palmes du triomphe, ainsi Godeleine est entrée dans le castel de Ghistelles au milieu de l'allégresse des vassaux de son époux. Cette joie, ce triomphe ne devaient pas durer longtemps. Godeleine comme Jésus, entourés d'implacables ennemis, sont bientôt couverts d'outrages, accablés de mépris et d'opprobre. Pendant les fêtes nuptiales, la jeune vierge est entourée d'hommages de la part de ses amis, comme l'était le Sauveur, au milieu de ses disciples, pendant le banquet de la cène, mais tous ces admirateurs vont disparaître. Les disciples du maître de même que les amis de Godeleine s'éloignent au moment du danger, tandis que Bertolf, devant la parole d'une femme, oublie ses devoirs, comme Pierre avait faibli devant le propos de la servante de Pilate[1].

Nous ne pouvons suivre le pieux écrivain du moyen-âge, dans ses digressions, seulement disons, après lui, que Godeleine toute en Dieu, s'efforçait d'imiter les exemples donnés au monde par le Sauveur. Au sein des tribulations et des peines qui brisaient son cœur, elle se mourait à elle-même pour ne vivre qu'en Dieu. Mourir ainsi, n'est-ce pas vivre en Jésus-Christ?

---

[1] *Conformis Christo beata hæc virgo facta est, dum sponsi sui intra palatium cum gaudio, velut Dominus cum palmis hyerosolymis suscepta,* etc.

Un autre auteur en parlant de notre sainte nous dit : « Méprisant les tourments et les inquiétudes d'ici-bas, courant au-devant des parfums du ciel, elle n'aspirait qu'après le séjour des élus. Souvent absorbée dans de ferventes prières, elle recommandait au Seigneur son salut et celui de toute l'Église ; elle s'élevait jusqu'à Dieu dans l'extase de sa piété, lui rendant grâce de ce qu'il l'avait fait sortir d'un lieu de délices pour l'entourer de tribulations ; elle le remerciait de ce qu'il l'amenait sur les traces de son divin fils, car elle n'ignorait pas, d'après la doctrine de l'Esprit-Saint, que plus nous souffrons de la passion du Christ, plus nous éprouverons de consolations [1]. »

Malgré cette vie intérieure, dans laquelle le Seigneur lui donnait les plus suaves consolations, Godeleine n'oubliait pas les devoirs que sa belle-mère lui avait imposés. Elle s'occupait des serviteurs du château, surveillait leurs travaux, filait et faisait des ouvrages de couture [2]. Son seul délassement, elle le trouvait dans la prière et sa consolation dans la charité faite aux malheureux.

Dans l'état de dépendance où elle était, n'ayant la libre disposition de rien, Godeleine ne pouvait, comme autrefois au manoir de Londefort, distribuer d'abondantes aumônes aux pauvres. Son

[1] L. Debaecker. *op. cit.*
[2] Drogo. — Surius ap. Bolland.

cœur en souffrait, car la plus grande joie de sa vie avait toujours été dans le soulagement des misères de ses frères délaissés. Ne pouvant donner beaucoup, elle donnait avec bonheur la seule chose qu'elle avait en sa possession : ses chétifs repas.

Bientôt on lui enleva cette consolation, en ne lui accordant plus qu'une petite portion de pain et de fruits : portion si faible, dit un de ses biographes, qu'elle devait plutôt irriter la faim que l'assouvir. Toutefois la jeune vierge trouvait encore moyen de partager son morceau de pain avec ceux qui manquaient de tout. Elle préférait se priver elle-même de la nourriture nécessaire à sa subsistance que de voir des malheureux torturés par la faim, suivant à la lettre ce touchant conseil de Tobie à son fils : « Soyez bienfaisant autant que vous le pourrez. Si vous avez beaucoup, donnez beaucoup, si vous avez peu, donnez volontiers même de ce peu[1]. »

Cependant la patience si héroïque, le calme et la douceur si inébranlables de cet ange de charité, loin de calmer la fureur de ses ennemis ne faisaient que l'accroître. Dans leur haine implacable, ils cherchaient tous les moyens de la blesser dans ses affections les plus vives, dans les sentiments les plus intimes de son cœur. On lui refusa l'autorisa-

[1] Tob. IV, 8.

tion d'assister au saint sacrifice de la messe, où elle trouvait d'ineffables consolations ; on voulut lui enlever sa seule jouissance, le soulagement des pauvres. Pour arriver à ce but, ils la retinrent prisonnière dans une partie du château et placèrent près d'elle un serviteur brutal chargé de la surveiller. De plus la mère de Bertolf ordonna de diminuer encore la portion de pain accordée journellement à la jeune femme [1].

Godeleine, sous le poids de si grandes douleurs, fut accablée. Ces bourreaux avaient su trouver le moyen de briser son cœur. Toute en larmes elle pria longtemps.

« O mon Dieu ! créateur de toutes choses, disait-elle, je vous en supplie, souvenez-vous de ma faiblesse, ne m'abandonnez pas au jour de la tribulation, soyez mon soutien ; donnez à votre servante la force nécessaire pour supporter la tempête qui s'élève contre elle. Mon époux a diminué mon pain, mais vous, ô mon divin Maître, augmentez en moi la volonté de tout supporter par amour pour vous. Faites que je sois toujours agréable à vos yeux par mon entière soumission à vos impénétrables desseins [2]. »

[1] Drogo. — Surius. — L'abbé Blaquart. *op. cit.*

[2] Cette prière de sainte Godeleine a été donnée, à peu près dans les mêmes termes, par le moine Drogon et par Surius.

Dieu ne pouvait abandonner son enfant de prédilection, la laisser pleurer et gémir sans lui envoyer d'ineffables consolations. D'une petite terrasse où on lui permettait de se rendre, elle distribuait aux pauvres le peu qu'elle avait, mais par la toute-puissance de Dieu les morceaux de pain se multiplièrent sous sa main et elle put ainsi continuer à nourrir tous les malheureux qui, chaque jour, venaient en grand nombre se grouper au pied de la terrasse[1]. En son cœur, la jeune vierge remerciait le Seigneur de lui avoir communiqué quelque chose de sa vertu toute-puissante, conformément à sa promesse: « En vérité, je vous le dis, celui qui croit en moi, fera les œuvres que je fais et en fera encore de plus grandes[2]. »

Bertolf et sa mère, témoins de ce miracle, furent plus indignés que surpris ; ils fermèrent leurs yeux à la lumière et traitèrent Godeleine de magicien-

[1] Mgr François-Joseph-Gaston de Partz de Pressy, évêque de Boulogne, fit reproduire cette scène miraculeuse dans un tableau placé dans une chapelle de sa cathédrale. Au moment de la Révolution, cette toile fut roulée et jetée dans un des greniers de l'évêché. Plus tard, elle fut retrouvée intacte et en 1808 donnée au curé de Saint-Martin-lez-Boulogne, celui-ci la vendit à M. l'abbé Blaquart, curé de Wierre-Effroy. Actuellement ce tableau orne la chapelle érigée à sainte Godeleine dans l'église de cette paroisse.

[2] Joan. xiv. 12.

ne. Ils avaient espéré se débarrasser de l'étrangère en la laissant lentement mourir de faim ; le prodige qu'ils venaient de voir leur montrait l'inanité de leur projet. Dès lors leur colère n'eut plus de bornes, ils redoublèrent leurs insultes et leurs mauvais traitements. Plus Godeleine montrait de résignation, plus ils sentaient déborder en leur cœur tout le venin de la haine qui les dévorait[1]. Désormais, jusqu'au dernier jour de son existence de violents orages vont assaillir cette frêle plante, mais par une merveilleuse faveur du ciel, l'ouragan ne saura la briser ; au lieu de s'affaisser sur la terre, elle se redressera pleine de séve pour apparaître dans toute sa splendeur, dans tout son éclat.

[1] Sur la misère de Godeleine et sa charité envers les pauvres Cf. Drogo, n. 7, 8 et 9. — Surius, n. 3. — Anonymus Ghistell. du n. 38 au n. 43.

CHAPITRE IX.

De l'indigne conduite de Bertolf et des suites du départ de Sainte Godeleine pour le manoir de Londefort.

ERTOLF restait peu au château, depuis son mariage. Lorsqu'il ne faisait pas de longs voyages, il passait ses nuits en festins dans les villes voisines et se livrait entièrement à une vie de plaisir, de dissipation et de débauche. Si parfois on venait à lui parler de son épouse, il la représentait comme une femme acariâtre, hautaine, dépravée et, dans sa haine, se laissait entraîner à répandre sur elle les mensonges et les calomnies les plus infâmes. Il attaquait sa vie si chaste et si pure, espérant, sans doute, se disculper des accusations d'atrocités portées contre lui, ou tout au moins faire naître la compassion. Il aimait à se présenter comme une victime du devoir ; sa parole avait été donnée, il n'avait pas voulu la reprendre par respect pour lui-même. Ses amis le plaignaient et évitaient de toucher à ce sujet.

De retour au château, il se plaignait amèrement à sa mère de n'être pas heureux dans cette vie désordonnée. Il en faisait retomber toute la responsabilité sur Godeleine, son malheur provenant de son mariage avec cette étrangère. Sous les instigations malveillantes d'Islinde, sa répulsion pour sa pieuse et sainte épouse s'augmentait chaque jour. Dans ses accès de colère, il la couvrait d'insultes et d'outrages, et, au milieu de ses imprécations blasphématoires, il accusait le ciel de ne pas vouloir le débarrasser de cette insidieuse créature.

Islinde, pour maintenir son fils dans cette voie, ne cessait de calomnier Godeleine et de l'accabler de malédictions et d'anathèmes. Un jour qu'elle lui reprochait d'avoir apporté la honte dans sa maison et de chercher, par ses maléfices, à soulever contre son époux la réprobation générale, elle s'écria : « Ton abjection me fait horreur ; ta vue m'épouvante. Eloigne-toi de moi, va, tu n'es bonne qu'à chasser les corneilles. » Ce dernier mot fut la sentence de la fille de Wifride ; dorénavant le joug qui pesait sur elle deviendra encore plus dur, plus pénible [1].

Les ennemis de Godeleine lui imposèrent les

---

[1] Anonym. Ghistell. n. 33 et 34.

ouvrages les plus humiliants et l'on vit parfois cette jeune femme, faible et délicate, travailler tout le jour, sous les ardeurs brûlantes du soleil, aux rudes travaux de la campagne. Aucune plainte, aucun murmure ne s'échappait des lèvres de notre sainte, elle priait avec ferveur pour ses persécuteurs et, selon le précepte du divin maître, les bénissait au lieu de les maudire [1].

La jeune fille, compagne habituelle de ses travaux, sentait son cœur s'éprendre d'une vive affection pour sa maîtresse si bonne, si patiente. Elle s'apitoyait sur son sort, en la voyant soumise à des travaux trop rudes et réduite à vivre, malgré sa noblesse, dans la pauvreté comme une malheureuse serve. Souvent elle se laissait même entraîner à exhaler, en paroles amères, son indignation contre Bertolf.

Godeleine la reprenait avec douceur. Elle acceptait sans tristesse, disait-elle, les devoirs qui lui étaient imposés et obéissait avec bonheur aux ordres de son époux. Elle espérait en agissant ainsi répondre aux secrets desseins de la Providence.

Lorsqu'on lui rapportait les malédictions dont son mari la couvrait, elle trouvait toujours des paroles de charité et de mansuétude. Elle opposait à sa haine un amour sincère et constant, à

---

[1] Matth. v, 44.

ses colères les plus furieuses, à ses emportements les plus violents une patience et une douceur invincibles. En toutes circonstances elle adorait la volonté du Seigneur. Les tribulations, répétait-elle souvent, rapprochent de Dieu et de même que l'or est épuré par le feu, ainsi les pécheurs s'épurent dans le creuset des souffrances [1].

La jeune vierge du Boulonnais connaissait tout le prix des peines souffertes pour l'amour de Dieu. Elle comprenait qu'une fidèle servante de Jésus-Christ devait savoir endurer courageusement toutes persécutions, parce qu'elles ne peuvent arriver malgré sa volonté. Bien loin de se laisser aller au découragement, son âme jouissait d'une tranquillité parfaite ; elle était persuadée que son divin maître ne l'abandonnerait pas et lui donnerait les consolations dont elle avait besoin.

Un jour, en compagnie de cette jeune servante, Godeleine envoyée pour chasser les corneilles d'un champ nouvellement ensemencé, passa près d'une chapelle, où un prêtre se préparait à célébrer les saints mystères. Aussitôt elle exprima son ardent désir d'entrer dans cette chapelle pour prier ; mais au moment où elle allait en franchir le seuil, une multitude de corneilles s'abattirent sur le champ. La compagne de notre sainte y courut et essaya de

[1] Anonym. cit.

les chasser. Elle désirait, dans son âme compatissante, permettre à sa maîtresse d'entendre la messe.

Tous les efforts de la servante étant inutiles, Godeleine eut recours au consolateur des affligés; elle leva vers le ciel ses mains suppliantes et pria, avec ferveur, son Dieu de lui accorder la grâce d'assister au saint sacrifice, bonheur qu'on lui refusait. A l'instant, par un effet de la toute-puissance divine, les corneilles se réunirent et la pieuse vierge du Christ, avec la longue baguette qui lui servait à chasser ces oiseaux, les conduisit vers une vieille masure en ruines et les y enferma. Dieu avait donné à son enfant bien-aimée le moyen de satisfaire sa dévotion et prodiguait à cette âme dédaigneuse des richesses de la terre, les immenses et impérissables trésors du ciel.

Emue des faveurs signalées dont son divin Maître la comblait, la fille de Wifride donna un libre cours aux élans de son amour. Prosternée sur les dalles humides du sanctuaire, elle pria longtemps remerciant le Seigneur de sa bonté et le suppliant, avec larmes, de jeter un regard de miséricorde sur Bertolf et Islinde et d'éclairer leur esprit et leur cœur de ses lumières divines. De retour au champ, elle rendit la liberté aux corneilles qui, dit son pieux historien, n'osèrent s'éloigner que sur un ordre précis de la jeune vierge [1].

[1] Ibid. n. 35, 36.

Plus tard, la piété des fidèles fit élever, en cet endroit, une chapelle pour perpétuer le souvenir de ce miracle.

La meschine remplie d'étonnement et d'admiration à la vue de la puissance de sa maîtresse, conservait en son cœur, une grande vénération pour la douce victime des brutalités de Bertolf. De plus, effrayée de la terrible responsabilité qui pesait sur lui et du compte qu'il aurait un jour à rendre devant Dieu, elle crut devoir lui faire connaître le prodige. Elle espérait, dans sa candeur, arrêter par ce moyen les mauvais traitements dont on affligeait sa jeune maîtresse. Elle fut bientôt désabusée.

Bertolf interdit resta silencieux et la vieille marâtre entra dans une violente colère. Ces prodiges, disait-elle, provenaient de l'art magique de l'infâme sorcière. En agissant ainsi, elle avait pour but de tromper sa trop crédule compagne, de jeter le blâme sur son mari et d'exciter les serviteurs et les serfs à la rébellion contre leur maître [1].

Le bruit des malheurs de Godeleine se répandit dans les environs de Ghistelles. La pénible existence de cette jeune femme, belle, noble, douée de tant de vertus toucha profondément une vénérable dame de la contrée. Elle résolut de voir

[1] Ibid. n. 37.

l'épouse de Bertolf et d'essayer à ébranler la résolution prise par cet ange de douceur, de rester au
milieu de ses persécuteurs. L'ayant trouvée dans
les champs, elle lui démontra la nécessité de quitter le château de Ghistelles et de se réfugier dans
sa famille [1].

Le Tout-Puissant, lui disait-elle, n'exige pas
une patience aussi héroïque, un tel amour du sacrifice, il ne faut pas fournir aux méchants l'occasion de mettre en péril le salut de leur âme.
Jésus-Christ ne demande pas d'aller au-devant
des persécutions ; nous devons prendre sa croix,
seulement lorsqu'elle se présente d'elle-même,
pour éprouver notre foi. En vous retirant à Londefort, ajoutait-elle, peut-être pourrez-vous épar-
gner un crime inévitable à votre époux et à sa
mère ; il est à craindre qu'ils en viennent aux dernières extrémités [2].

Ces observations, entièrement dictées par une
prudente sagesse, impressionnèrent notre sainte.
Elle y réfléchit longtemps et, après avoir prié avec
ferveur, elle se décida à suivre les conseils de la
vénérable matrone. Elle comprenait tout ce
qu'une démarche aussi grave pouvait fournir de

[1] Anonym. Ghistell. n. 56.
[2] *Nec utile esse, iis qui gloriantur cum male fecerint et
exultant in rebus pessimis, tanti dispendii suæ salutis præ-
bere occasionem, etc.*

prétextes aux calomnies de son mari ; elle pré-
voyait de plus la douleur de ses parents en apprenant les causes de son départ, mais tous ces in-
convénients disparaissaient devant son désir
d'éviter un crime à ses ennemis.

Dieu, son seul protecteur dans l'infortune, ne
l'abandonna pas en cette circonstance : il lui sus-
cita pour compagne la meschine qui l'aidait ordinairement dans ses travaux. Connaissant le projet
de sa maîtresse, cette jeune fille s'offrit à lui
servir de guide dans ce pénible voyage. Ce cœur
simple et dévoué ne pouvait se décider à délais-
ser, dans cette entreprise, l'ange de douceur
auquel elle avait voué affection et amour sans
bornes. Godeleine accepta avec reconnaissance et
toutes deux, après avoir imploré la protection du
ciel, partirent à la dérobée pour le Boulonnais.

Le voyage fut pénible et difficile : une longue
distance sépare Ghistelles de Londefort[1]. En traversant à pieds, souvent par des chemins détour-
nés, un pays inconnu et marécageux, la fille de
Wifride et sa fidèle compagne, brisées par la
fatigue, presque mourantes de faim, furent souvent obligées de tendre la main et de faire appel à
la charité et à la pitié des habitants rencontrés sur
leur chemin. Enfin après bien des jours de mar-

[1] Sur le retour de Godeleine à Londefort, cf. Drogo, n. 10.
— Surius *op. cit*, n. 4. — Anonymus Ghistellensis. n. 57.

che, couvertes des haillons de la misère, et les pieds nus, elles arrivèrent à Londefort.

Lorsqu'elles se présentèrent au château, aucun des serviteurs ne reconnut la fille du maître. Où était cette jeune et brillante fiancée qui, à peine deux ans auparavant, quittait avec son époux le vieux manoir ? Il ne restait rien de cette beauté si remarquable d'autrefois : les traits altérés de Godeleine, ses joues pâles et creusées par les privations, ses yeux mornes et abattus, sûrs indices de poignantes souffrances, l'avaient tellement changée qu'Ogine elle-même, mère tendre et affectueuse, put à peine reconnaître son enfant bien-aimée [1].

Ici encore la charité immense qui s'était pour ainsi dire identifiée en cet ange du ciel et était devenue le mobile de toutes ses actions, porta Godeleine à excuser la conduite de son époux et de sa belle-mère. Elle essaya de déguiser ou de pallier leurs torts, montrant une fois de plus cette abnégation dont elle avait déjà donné tant de preuves.

Cependant Wifride voulant connaître toute la vérité, interrogea la jeune compagne de sa fille. Celle-ci lui découvrit l'affreuse vérité, dévoila l'i-

---

[1] *Facie nunc exesa deformique, macie pallida, pedes nuda, amictu vili et sordido tecta videretur. Matris tamen suæ Ogenæ, etc.*

gnoble conduite de Bertolf et les excitations haineuses de sa mère. Le châtelain de Londefort
douloureusement impressionné par ce récit, partit,
d'après le conseil du comte de Boulogne, pour
porter plainte devant le comte de Flandre et le
supplia d'interposer, dans cette affaire, son autorité souveraine [1].

Alors régnait en Flandre, le comte Baudouin VI,
dit de Mons [2], prince sage, prudent et juste. Les
auteurs contemporains en ont fait le plus grand
éloge, et tous les historiens sont unanimes dans
les louanges qu'ils lui décernent.

« Grâce, dit l'un d'eux, à la prudence, à la justice, à l'équité, au courage, à l'énergie du comte
Baudouin, les habitants du Hainaut, les Flamands
et ses autres sujets jouirent durant sa vie de tant
de paix, de concorde et de sécurité que dans ces

[1] Cf. Drogo n. 11. — Surius n. 4. — Anonymus n. 58
ap. Bolland.

[2] Baudouin de Mons avait succédé à son père Baudouin de
Lille. Marié à Richilde, comme nous l'avons vu plus haut,
il mourut en 1071. Ses restes furent déposés le 17 juillet
dans l'abbaye d'Hasnon qu'il avait rebâtie. Il partagea ses
états entre ses deux fils, Arnoul III, sous la régence de Ro-
bert-le-Frison, son oncle, eut la Flandre, et Baudouin |le
Hainaut, sous la tutelle de sa mère. L'ambitieuse Richilde
mécontente s'empara de la régence du comté de Flandre,
et dès lors, disent les historiens, éclata dans toute sa sauvage énergie cette antipathie de race encore vivace dans la
contrée. Nous en trouvons un triste spécimen dans l'histoire
de sainte Godeleine.

contrées chacun allait sans poignard, sans bâton, sans armes offensives. Les poternes des villes et des châteaux ne se fermaient point ; on ne craignait même pas de laisser ouvertes les portes des maisons, des greniers et des celliers, car il n'existait ni voleurs, ni assassins. La situation de nos contrées était vraiment la confirmation de cette prophétie : Ils transformeront leurs épées en socs de charrue et leurs lances en faux [1]. »

Le moine Thomellus, conseiller de Baudouin de Mons, a laissé sur ce prince des détails précieux à plus d'un titre. « Il était, dit-il, le père des pauvres, des orphelins et des veuves. Aux moines il offrait un modèle de dévotion, aux affligés un bouclier secourable. C'était merveille de voir, dans le même homme, et sous l'habit séculier, dominer un prince du monde et s'humilier un pauvre de Jésus-Christ [2]. »

Près d'un tel prince, la requête de Wifride devait être accueillie. Le noble comte reçut le seigneur de Londefort avec tous les égards dus à son rang et à sa renommée. Extrèmement affligé des tristes nouvelles que Wifride venait lui apprendre, il lui promit de mettre tout en œuvre et, s'il le

---

[1] Isaïe II, 4. — *Ex communi historia Hannoniæ*, ap. J. de Guise, XI, 24. Edward Le Glay, *op. cit.* t. I, p. 189.

[2] Thomellus, ap. *Thesaur. anecdot.* de Martène. Traduction du marquis de Fortia. Le Glay, ut supra, t. I, p. 179.

fallait, d'user de son autorité pour faire rendre une pleine et entière justice à la jeune châtelaine de Ghistelles. Toutefois, avant de forcer Bertolf, qui lui devait obéissance comme vassal, à reprendre son épouse et à la traiter avec le respect dû à sa naissance et à ses vertus, il fallait, lui dit-il, avoir recours à l'autorité ecclésiastique, toute affaire concernant le mariage étant du ressort de l'évêque.

Wifride se rendit près de Ratbode II, évêque de Tournay et Noyon [1], sous la juridiction duquel se trouvait le territoire de Ghistelles. Ce prélat, « personnage fort signalé tant en doctrine qu'en sainteté de vie [2], touché de la douleur de ce malheureux père s'empressa de satisfaire à de si justes réclamations. Il exhorta paternellement Bertolf à s'amender et à reprendre son épouse ; de plus il lui enjoignit de vivre avec elle selon les saintes règles du mariage, s'il ne voulait être frappé des censures de l'Église [3].

---

[1] Ces deux églises, sans être unies, étaient soumises à n même évêque, depuis saint Médard qui en 523 avait succédé à saint Éleuthère. Cf. Fortuna, *Vita S. Medardi.* — Cointius, *Annales* t. 1, p. 395. — *Gallia Christ.*, t. III, col. 2111. — Les habitants de Tournay demandaient déjà en 1112 un évêque particulier ; le pape Eugène III accéda à leur demande vers 1148. Cf. Heriman, *Spicileg.* t. XII, p. 484. — *Gall. Christ.* t. III, col. 212 et t. IX. col. 1002.

[2] Gazet, *Hist. ecclés. des Pays-Bas.* p. 220.

[3] *Nisi resipiscens ab hac iniquitate vitam revocaverit extremo se ecclesiasticæ censuræ rigore compulsurum.*

A cette époque l'indissolubilité du mariage était regardée comme chose sacrée. A peine l'Église permettait-elle la séparation de corps, le *dessoivrement,* comme on disait alors *(Deseparamentum).* Bertolf aurait demandé avec joie cette séparation, mais le consentement mutuel des deux parties n'avait de valeur que si les époux désiraient l'un et l'autre entrer en religion. Godeleine aurait accepté avec soulagement ce moyen d'échapper à la haine de ses ennemis : son plus intime désir n'était-il pas de se donner entièrement au Seigneur, mais son époux ne voudrait jamais entendre parler d'un cloître.

Pour obtenir autrement la séparation, il fallait des causes graves et une enquête devait être faite sur les griefs déclarés. Godeleine dans sa charité et son abnégation ne demandait pas cette enquête et Bertolf la craignait : elle devait le couvrir de honte. Ses amis, ses richesses, son influence personnelle ne pouvaient lui être d'aucune utilité dans cette circonstance, la juridiction ecclésiastique se trouvant seule compétente en matière matrimoniale.

Le seigneur de Ghistelles, indécis, blessé dans son orgueil, ne pouvant se décider à prendre un parti, restait enfermé dans son château, sans paraître vouloir obéir à l'admonition de l'évêque. Après un certain laps de temps, Ratborde n'ayant pas reçu acte de soumission lança une sentence d'excommunication. Dès lors tout ménagement devenant inutile, le comte de Flandre lui envoya signifier, par un héraut à la tête de ses hommes d'armes, d'avoir à se soumettre aux ordres de l'Église et à reprendre son épouse, s'il ne voulait voir confisquer tous ses domaines [1]. Rongeant son frein, mais jurant de se venger, Bertolf se soumit.

[1] Ex Anonym. Ghistell.

CHAPITRE X.

ONTRAINT de se soumettre, Bertolf avait cédé plutôt aux menaces du comte de Flandre qu'aux conseils parternels de l'évêque de Tournay. Peu religieux, il se serait révolté contre les décisions du Pontife, mais il craignait la disgrâce du comte Baudouin, dont la sévère justice lui était bien connue.

Dans ces conditions le châtelain de Ghistelles promit tout ce qu'on voulut et se montra disposé aux démarches les plus humiliantes pour son orgueil. Deux envoyés se chargèrent de présenter à Wifride les regrets et le repentir de Bertolf. Ils rejetèrent tous les torts sur Islinde, femme acariâtre et méchante qui seule avait, sans cesse, travaillé à désunir ces deux époux, en enveni-

mant l'esprit et le cœur de son fils contre Godeleine. Déjà, disaient les envoyés, le seigneur de
Ghistelles, désireux d'obtenir son pardon, avait
exigé l'éloignement de sa mère.

Wifride, franc, loyal, chevaleresque, crut à la
sincérité du repentir de Bertolf, accueillit ses
avances, et, comptant sur ses promesses, lui fit
savoir qu'il pouvait se présenter sans crainte : son
épouse, toujours bonne, indulgente, charitable,
lui pardonnait sa conduite passée. Le seigneur
flamand, cachant, sous un masque trompeur, tous
les mauvais sentiments de son âme, se montra
humble, soumis, repentant et, après avoir solennellement promis de traiter son épouse avec douceur, affection et respect, obtint de ramener Godeleine dans son château [1].

Rien n'était cependant changé dans le cœur de
Bertolf. Sa haine contre son épouse semblait
même s'être accrue de toutes les révoltes de son
orgueil blessé, de toutes les humiliations qu'il avait
dû subir. Toutefois il crut prudent de dissimuler
sa colère : le moindre scandale pouvait parvenir
aux oreilles du comte de Flandre ou des parents
de Godeleine et il craignait les suites de leur juste
indignation.

Une liberté apparente fut accordée à Godeleine.

[1] Drogo, n. 12. — Surius, n. 6. — Anonymus, n. 60, 61.

Elle reprit la direction de la maison de son mari et s'occupa avec bonheur des besoins matériels et spirituels des serviteurs du manoir, des serfs du domaine et des pauvres si nombreux dans la contrée.

Islinde n'habitait plus le château, mais, retirée dans une maison peu éloignée du domaine, elle continuait de recevoir son fils et d'exciter sa colère et sa haine. Parfois même elle venait au castel accabler Godeleine des injures les plus grossières, des malédictions les plus impies, lui reprochant son orgueil, sa duplicité et surtout sa fuite, cause première du déshonneur de son fils. Elle l'accusait d'avoir, par ses plaintes et ses démarches, soulevé contre son époux la répulsion d'un grand nombre de personnes, la défiance de l'évêque du diocèse et le courroux du comte de Flandre.

La jeune vierge répondait toujours avec douceur et humilité aux injures et aux accusations de sa belle-mère. Elle désirait réparer les suites fâcheuses de sa fuite, en témoignant publiquement à son époux le respect et l'attachement le plus profond [1]. Elle se prêtait à toutes les volontés de Bertolf pour laisser croire à la sincérité de leur réconciliation et même à la douce harmonie qui

[1] Anonym. Ghistell. — L'abbé Blaquart, *op. cit.*

actuellement devait régner entre eux. Dans cette demeure où dominait la discorde, elle s'efforçait de paraître dans une paix entière et parfaite.

Cette abnégation d'elle-même, cette humilité chrétienne, cette douceur ineffable loin de gagner le cœur du seigneur de Ghistelles, de calmer et d'adoucir cette nature sauvage et irascible, semblaient au contraire en aigrir les mauvais instincts. Bertolf s'indignait de la soumission et de la mansuétude inaltérable de son épouse ; il attribuait à la plus vile hypocrisie tous ses actes, toutes ses paroles. Aveuglé par la haine, il ne pouvait comprendre cette nature d'élite qui, mettant toutes ses douleurs aux pieds de la croix, s'efforçait d'imiter les exemples donnés, sur la terre, par son divin Maître.

Dieu ne refusait pas des consolations à son enfant bien-aimée. Parmi les serviteurs et les serfs du domaine elle répandait les semences de la vie spirituelle, instruisait les ignorants, relevait le courage des malheureux, les initiait aux principes du christianisme, adoucissait par ses exemples et ses paroles leur nature farouche et sauvage, et par la religion du Christ, les amenait à la civilisation [1].

Deux serfs, attachés spécialement à son service étaient surtout l'objet de sa pieuse sollicitude.

[1] Anonymus Ghistell. n. 48, 52.

Lambert et Hacca, tels étaient leurs noms, serfs du domaine de Ghistelles, possédaient toute la confiance de leur maître. D'un naturel rude et barbare ils obéissaient aveuglément aux ordres de Bertolf et étaient plutôt les gardiens que les serviteurs de Godeleine. Ils l'accompagnaient en public, la suivaient lorsqu'elle se rendait à l'église ou dans la petite chapelle où Jésus l'avait, un jour, comblée de ses faveurs, en retenant les corneilles captives. Ces serviteurs semblaient en apparence faire cortège à la jeune vierge, mais en réalité ils étaient placés près d'elle dans l'intention de connaître toutes ses actions, de s'opposer à toutes démarches qui auraient pu compromettre leur maître et surtout d'empêcher une fuite nouvelle, éventualité grandement redoutée par Bertolf [1].

Godeleine s'efforçait de faire entrer quelques nobles sentiments dans le cœur de ces deux misérables. Dans la tendre affection de son âme aimante, elle les suppliait de penser au salut de leur âme, de jeter un regard sur cette vie future dont la mort est comme le prélude. Elle souffrait de les voir vivre dans la haine de Dieu et s'adonner à tous les vices sans réfléchir au jour terrible où tout homme devra rendre compte de ses actions devant le souverain Maître.

---

[1] Ibid.

« Je le sais, leur disait-elle, la route qui conduit à la vertu est rude et pénible, mais aussi quelles douces et suaves consolations on y rencontre ! Le chemin du ciel est étroit et difficile, mais pour quelques peines, quelques fatigues, quelques souffrances courageusement supportées, combien la récompense est grande. Cette vie est comme une ombre légère qui passe et s'évanouit aussitôt. Ah ! il est heureux celui qui après une vie pure et chrétienne a mérité de goûter sans fin les joies célestes [1]. »

Quoique son exemple dût ajouter à ses paroles une force toute-puissante, Godeleine rencontrait toujours près de ces deux serviteurs une résistance farouche. Endurcis dans le crime, ils répondaient aux exhortations de la jeune vierge par des injures et des insultes ; mais celle-ci avec une constance admirable, sans jamais perdre courage, se servait de toutes les occasions pour les ramener à la pratique de leurs devoirs et faire descendre la paix dans leur cœur. Un triste pressentiment lui montrait, peut-être, le rôle criminel que ces deux malheureux devaient jouer, un jour, et elle pleurait sur leur damnation future.

Dans son amour pour le prochain, Godeleine était loin de renfermer sa charité dans l'enceinte

---

[1] Ex Anonymo Ghistell, cf. n. 44.

de sa demeure. Elle allait visiter les huttes des pauvres serfs de Ghistelles, pénétrait avec un touchant intérêt dans tous les détails de leur triste existence et subvenait à tous leurs besoins. Pendant les longues heures de sa solitude dans le vieux manoir, où son mari la délaissait, la jeune . châtelaine, tout en priant, travaillait pour les pauvres et leur confectionnait, elle-même, de chauds vêtements d'une étoffe grossière dont elle pouvait disposer.

On montre encore aujourd'hui, nous dit un de ses historiens, dans la ville de Bruges, rue de l'Aiguille, une chambre, reste d'une vaste et antique demeure, où l'on prétend que notre sainte faisait des chemises pour de pauvres indigents, quand son mari la forçait de l'accompagner dans sa résidence d'hiver [2].

Plus d'une âme pieuse, plus d'une vénérable matrone fut touchée de cette vie si pure et si méritante devant Dieu. Toutes admiraient la modestie extrême de Godeleine, l'absence de vanité dans ses vêtements, sa piété, sa charité et il leur semblait que près de cette créature privilégiée de Dieu, elles avaient tout à apprendre pour leur avancement dans les voies de la vertu. Plus elles la voyaient haïe à cause des merveilleuses qualités

[1] L'abbé Blaquart, *op. cit.*

de son cœur, plus elles éprouvaient le besoin de
la défendre et de l'aimer.

Dans leur indignation de la conduite de Bertolf, elles voulaient le dénoncer au comte de
Flandre. Mais Godeleine les reprenait avec douceur et leur rappelait les préceptes du divin
maître.

« O mes chères amies, leur disait-elle, veuillez,
je vous en supplie, ne pas médire de mon époux,
arrêtez la parole méchante qui pourrait s'échapper de vos lèvres, efforcez-vous de le considérer
sous un jour plus favorable, et trouvez pour lui,
dans votre charité, quelques bonnes paroles. Le
Seigneur n'a-t-il pas dit : rendez le bien pour le
mal. Heureux ceux que les hommes maudissent et
persécutent, s'ils souffrent persécution par amour
pour moi. Prions pour ceux qui nous calomnient
et cherchent à nous faire quelque mal. Peut-être
sont-ils les instruments dont Dieu se sert pour
nous éprouver. Le mal ne peut être vaincu par le
mal. C'est par la douceur et la bonté que nous
pouvons les ramener à de meilleurs sentiments[1]. »

A celles qui lui faisaient remarquer que toujours seule, délaissée, abandonnée, dédaignée de
son mari, elle ne jouissait pas des plaisirs du

---

[1] Ex Anonymo n. 63. — Ex Drogone n. 13. — « *Prohibete
linguas vestras a malo et labia vestra ne loquantur iniquita-
tem...* etc.

monde, elle répondait : « Je ne cherche pas la volupté et les jouissances de la terre. Ces plaisirs sont trop peu de choses pour y attacher son bonheur ; fleurs éphémères, à peine ont-ils paru que déjà ils ne sont plus. Toute chair ne doit-elle pas disparaître et retourner en la poussière dont elle est sortie ? Que deviennent les délices de la terre en présence de la mort [1]! »

Plusieurs religieux renommés par leur science et leur piété vinrent aussi la visiter pour la fortifier contre les douleurs et les peines qui l'assaillaient. Ils l'exhortèrent, par l'exemple des saints et les promesses de la vie éternelle, à persévérer dans la voie que Dieu lui avait tracée. Émerveillés de la haute piété de cette jeune vierge et de la suave onction avec laquelle elle parlait des choses de Dieu, ils ne cessaient de répéter que jamais ils n'avaient entendu voix humaine redire avec plus de charme les douceurs de la vertu, et que cette âme privilégiée surabondait des plus grands trésors de la divine sagesse [2].

[1] Drogon. 14. — Debaecker — *op. cit.* — L'auteur anonyme met dans la bouche de notre sainte de pieuses réflexions et de salutaires conseils, adressés aux jeunes filles, aux personnes mariées et aux veuves qui venaient la visiter : paroles de vie qui devaient faciliter leur avancement spirituel et leur donner le moyen de se sanctifier. — Cf. Anonym. ms. du n. 49 au n. 53.

[2] Ibid. — Drogo, *ms. cit.*

Soit que les consolations dont on l'entourait eussent donné à son courage une puissance nouvelle, soit qu'elle ne fît qu'obéir à la merveilleuse influence de la grâce divine, Godeleine sentait en son cœur le violent désir d'une vie plus parfaite, plus rapprochée de Dieu. Il lui semblait, sans doute, que son divin époux l'appelait à une perfection plus grande, à des hauteurs plus élevées. Dans un moment de saint enthousiasme, elle prédit sa gloire future. A des âmes pieuses qui cherchaient à la consoler dans son adversité, elle dit :

« Mes amies, ne vous affligez pas, ne versez pas inutilement des larmes sur moi. Accablée d'afflictions, je puis paraître malheureuse, mais mon cœur surabonde de joie. Le Seigneur a voulu éprouver sa servante, mais un jour viendra où il l'environnera de sa gloire et l'élèvera au-dessus de toutes les femmes de la Flandre. Le Dieu tout-puissant, qui console les affligés, rompt les chaînes des captifs et relève ceux qui sont accablés du poids de leur misères, fera cette merveille en ma faveur[1]. »

Un ineffable pressentiment ne semblait-il pas faire connaître à notre sainte que bientôt elle allait quitter cette terre d'exil pour entrer dans la gloire ?

---

[1] Ex anonym. Ghistell. n. 64 et Drogon. n. 17. — « *Dolere nequaquam debebitis*, etc.

Bien que Godeleine fût assurément dédaigneuse des vanités de la terre et entièrement détachée des jouissances humaines, cela ne suffisait cependant pas aux brûlantes ardeurs de son âme. Son cœur, pensait-elle, avait encore trop de points de contact avec le monde, et elle aspirait après la solitude pour se donner tout entière à son divin époux. Le Seigneur allait combler ses vœux.

Bertolf, revenu de ses longs voyages, n'avait pu retrouver la paix. Son inimitié envers Godeleine s'accentuait de plus en plus. Il se lamentait sans cesse de l'affreux destin qui le liait à une épouse, indigne, disait-il, de la noblesse de sa race ; il aspirait au moment où les nœuds de cet ignominieux mariage seraient violemment brisés ; il ne savait quel parti prendre.

De son côté, Islinde excitait sans cesse la haine de son fils ; elle le poussait à agir avec rigueur et l'engageait à renfermer l'étrangère, pour se débarrasser de sa présence. La pitié, la compassion et surtout l'admiration dont on entourait Godeleine exaspéraient l'horrible marâtre qui, dit un des historiens de notre sainte, justifiait, au delà de toute expression, cette parole de l'Esprit-Saint[1] : « Aucune colère ne peut surpasser la colère d'une

[1] Eccl. xxv, 23.

femme. Il vaut mieux demeurer avec un lion ou un dragon que d'habiter avec une femme méchante. »

Ces excitations haineuses produisirent leurs fruits : Bertolf relégua de nouveau son épouse dans une tourelle du château, sous la surveillance d'Hacca et de Lambert. De plus il commanda de donner à la prisonnière seulement un peu de pain et d'eau pour toute nourriture et de la traiter avec rudesse. Ces deux serviteurs, dignes émules de leur maître exécutèrent ponctuellement les ordres reçus. Ils commandaient Godeleine avec arrogance et brutalité, l'abreuvaient de toutes sortes d'outrages et souvent mêlaient, à leurs dérisions, les paroles les plus pénibles pour la pudeur de la jeune vierge [1].

Au milieu de ces épreuves, Godeleine, soutenue par les faveurs du Très-Haut, conservait sa tranquillité et sa force d'âme. Elle opposait la patience la plus inaltérable aux injures et aux malédictions dont ses ennemis ne cessaient de l'accabler, puisant dans la prière les douces et sublimes consolations que Dieu répand avec tant de profusion sur ses enfants malheureux. Déchargée forcément des soins matériels de sa maison, ses journées s'écoulaient pieusement dans les

[1] Ex Anonymo.

douceurs de l'oraison. Elle remerciait, avec reconnaissance, son divin Maître de lui donner, dans le château de Ghistelles, cette vie austère, pénitente, solitaire qu'elle avait si souvent souhaité d'observer dans le cloître, parmi les vierges consacrées à Dieu.

Souvent elle passait ses nuits aux pieds du crucifix et dans son ardente charité implorait la miséricorde divine envers ses persécuteurs, demandant avec instance que la lumière céleste vînt dissiper le nuage qui couvrait leurs yeux, suppliant le Seigneur d'émouvoir ces âmes endurcies dans le crime.

Godeleine éprouvait cependant des moments de découragement et son âme semblait succomber sous le poids de la vie. Dans sa tristesse, elle reportait sa pensée aux heureux jours de sa jeunesse, à ses parents tant aimés qui ignoraient son malheur ; elle revoyait les vertes collines du Boulonnais et ses grands bois pleins de silence et d'ombre ; elle aspirait avec bonheur la brise qui, venant de l'océan, lui apportait comme les effluves du pays natal.

On aurait pu mettre sur ses lèvres les vers du poëte :

Quan la doussa aura venta
Deves nostre païs,

> M'es veiaire que senta
> Odor de Paradis [1].

Parfois son cœur, malgré son immense amour, se surprenait à douter de l'infinie bonté de Dieu. Alors, elle se demandait quels étaient ses mérites pour attirer les regards du Très Haut et désespérait de faire naître dans le cœur de son céleste époux une affection proportionnée à celle qu'elle avait concentrée tout entière en lui.

Ces tristesses, ces défaillances, cette langueur de l'âme ne pouvaient durer longtemps. Réconfortée par une fervente prière, elle suppliait le Seigneur de lui pardonner son manque de confiance, et, par les élans de la plus ardente piété, elle se rapprochait de celui auquel elle avait voué sa virginité. Une soumission absolue à la volonté divine reprenait bientôt sur elle tout son empire. Avec joie, avec reconnaissance, elle se courbait sous le joug pénible que ses ennemis lui imposaient, heureuse de suivre ainsi les traces de celui qui, pour le salut du monde, s'était fait obéissant jusqu'à la mort.

La prière et la méditation rendaient toujours sa force, son calme, son invincible ardeur à cette

---

[1] Bernard de Ventadour. « Quand le doux vent vient à souffler du côté de mon pays, m'est avis que je sens une odeur de paradis. »

âme privilégiée. Ravie par la contemplation jusque dans la présence de la divinité, elle oubliait toutes ses peines, toutes ses douleurs. Plus elle avançait vers la fin de sa carrière, plus sa prière se transformait en extase céleste : merveilleuse interruption de la vie terrestre qui, par une douce transition, semblait lui préparer l'accès de la vie éternelle.

Son oraison était souvent accompagnée d'un flot de larmes, « douces et rafraichissantes larmes qui révèlent au fond de l'âme la présence d'un trésor inépuisable de grâces et de consolations d'en haut. » Alors, dans le sublime excès de sa charité, deux noms revenaient sans cesse dans sa prière, elle demandait, à son Dieu, miséricorde pour son époux et sa belle-mère, elle voulait faire violence au ciel pour obtenir leur salut éternel.

CHAPITRE XI.

De la fin des malheurs de sainte Godeleine et comment cet ange de douceur et de patience fut appelé à la gloire éternelle.

ODELEINE pressentait que le terme de ses souffrances approchait. Bientôt elle allait trouver, dans le sein de Dieu, l'immuable récompense des épreuves de sa vie. Le Seigneur avait compté le nombre de ses jours et il voulait l'appeler à prendre place parmi les légions célestes. Son existence avait été courte, mais aucun nuage n'était venu obscurcir le rayon divin qui l'avait dirigée du berceau à la tombe.

Avant d'appeler sa servante à la gloire, Dieu voulut, sur la terre, entourer son nom d'une brillante auréole de majesté en lui donnant la gloire du martyre.

Bertolf, fatigué de surveiller et de craindre, était tombé dans une tristesse sombre et farouche.

La paix était bannie de son cœur et, suivant la
parole du psalmiste, le malheur semblait suivre
ses pas [1]. Il comprenait l'inutilité des moyens
employés pour faire périr sa jeune épouse. De
longs jeûnes n'avaient pu affaiblir ses forces et il
ne restait aucun espoir de la faire mourir de faim.
Le miracle dont le seigneur de Ghistelles avait été
autrefois le témoin, lui rappelait qu'à la prière de
cette enfant bénie de Dieu, le pain pouvait se multiplier sous sa main. L'oppression, la tyrannie, les
mauvais traitements n'avaient su briser l'énergie
de cette jeune vierge ; il semblait même à Bertolf
que l'éclat de la jeunesse reparaissait d'autant plus
brillant sur les traits de Godelcine qu'elle était
plus accablée de douleurs [2].

Dans sa fureur, le seigneur de Ghistelles ne demandait plus pour son épouse une mort lente et
pénible, mais qui du moins pouvait paraître naturelle. Il voulait à tout prix, se débarrasser, même
par un crime, de celle qu'il considérait comme la
cause de son malheur. D'après le conseil de sa
mère, il manda, près de lui, Lambert et Hacca et
leur fit part de son horrible dessein : il faut lui
procurer un moyen prompt et sûr de faire disparaître pour toujours l'étrangère.

[1] Psal. XIII, 3.
[2] Drogo, ms. cit.

Les deux serfs, excités par l'appât du gain, poussèrent leur maître dans la voie du crime. « Les mauvais traitements, lui dirent-ils, peuvent durer bien des années, avant de briser cette nature énergique. Par ce moyen vous n'arriverez pas au résultat désiré : vous ne vous débarrasserez pas de cette corneille. Le poison laisse bien des traces après lui, ou bien il n'est pas sûr. Il faut recourir à un moyen plus énergique, plus certain. » En même temps ils lui offrirent de servir sa vengeance. d'être les exécuteurs du crime qu'il venait de conseiller. Tout fut bientôt arrêté, on stipula même la récompense des deux misérables qui devaient verser le sang innocent [1].

Bertolf, d'après le conseil de ses affidés, feignit une réconciliation plus affectueuse, plus sincère avec son épouse. Il vint la trouver dans son triste réduit, lui demanda pardon de tous les mauvais traitements dont on l'avait accablée, protesta de son repentir, exprima le désir de réparer le scandale de sa conduite passée et lui promit pour l'avenir un amour durable.

« Je me repens, lui disait-il, de tous les maux que je vous ai fait souffrir. Combien je suis triste d'avoir été si cruel envers vous. Ma présence, mes paroles n'ont jamais été une consolation pour

[1] Ibid. — Drogo n. 18.

vous. Je ne sais comment expliquer ma conduite.
Pourquoi ne pouvais-je supporter votre vue, entendre votre voix si douce, si suave ? Je n'ai pas
encore partagé votre couche [1] et j'aurais pu cependant trouver tant de bonheur près de vous. Je ne
sais quel mauvais esprit s'est emparé de mon intelligence et de mon cœur. Je veux réparer le passé et mettre fin à la séparation, à l'éloignement,
à la discorde qui règne entre nous. Je veux pouvoir aimer une épouse si remarquable par ses qualités et ses vertus, » et attirant son épouse dans
ses bras, il scellait ses paroles trompeuses par un
baiser [2].

« O cœur rempli de malice, s'écrie le vieux
moine de Saint-André, tu imites Judas, livrant à
ses ennemis son divin maître par un baiser. Cœur
fourbe et corrompu tu empruntes le langage du repentir et de l'innocence pour tromper ton épouse.
Un jour, à une foule en fureur et ivre de sang,
Judas livra son Dieu pour une somme d'argent
débattue à l'avance, et toi tu livres ton épouse à
d'infâmes serviteurs payés pour briser le cours
de son existence [3]. »

Tant de fois trompée par de fallacieuses promesses, Godeleine s'efforça de croire à la sincérité

[1] *Non communi carnis voluptate oblecteris.*
[2] Ex Drogone, n. 19 et 20, et Anonymo Ghistell. n. 70.
[3] Ibid.

des paroles de son époux. Pour lui complaire, elle reprit possession des grands appartements du château, se couvrit de somptueux vêtements et parut plusieurs fois en public avec Bertolf. De retour au vieux castel, le seigneur de Ghistelles la laissait dans la solitude, mais que lui importait ; ne jouissait-elle pas ainsi, plus sûremont de l'intimité de son Dieu. Toujours soumise aux désirs de son époux, elle rendit même visite à sa belle-mère. Celle-ci plus hypocrite encore que son fils, la reçut avec une bonté, une douceur, une bienveillance extraordinaire, la supplia de lui pardonner ses torts et promit pour l'avenir autant d'affection et d'amour qu'elle lui avait montré de haine et de mépris.

Après quelques jours passés dans le calme et la paix, Bertolf revint vers son épouse, disant de nouveau, avec une feinte humilité, qu'il ne pouvait vivre ainsi séparé d'elle, qu'il était décidé à employer tous les moyens pour obtenir son affection et qu'il voulait enfin briser les obstacles qui s'interposaient entre eux.

« O Godeleine, ma très chère épouse, combien je déplore les persécutions dont vous avez été l'objet, les injures et les mauvais traitements dont on vous a accablée, l'indifférence, l'aversion que je vous ai montrée. En tout ceci j'ai agi malgré moi ; notre mésintelligence provient certainemont de quelque sortilège ; une volonté plus puissante que

la mienne m'a toujours dominé, je n'ai pu résister
à l'impulsion du démon. Maintenant je veux faire
disparaître de mon cœur tout sentiment de haine,
je veux être uni à vous de corps et d'âme. A cet
effet j'ai consulté une vénérable matrone qui, ins-
pirée par l'Esprit-Saint, a le secret de renouer les
liens conjugaux rompus, de faire revivre parmi
les époux l'amitié la plus vive. Je vous prie de la
recevoir avec égard, lorsque, cette nuit même, elle
se présentera. Lambert et Hacca, mes fidèles serviteurs vous avertiront de son arrivée ; vous pou-
vez avoir toute confiance en eux. Je vous avertis
afin que vous ne soyez pas effrayée lorsqu'ils se
présenteront. Quant à moi je vais m'éloigner, car
il m'est défendu d'être présent à votre entretien
avec cette femme [1]. »

Godeleine ne pouvait mettre sa confiance dans
de vaines superstitions. Toutefois par condescendance pour son mari, elle se contenta de répondre
qu'elle ne refuserait jamais d'accepter tout moyen
juste et légitime de réconciliation. « Je ne comprends pas, dit-elle, que l'aversion puisse venir
de causes indépendantes de la volonté. Cependant,
à votre prière, je recevrai convenablement cette
matrone. Je suis la servante de Jésus-Christ, et en
toutes choses je me repose sur lui. Si ce que cette

[1] Ex Drogone et Anonymo. — *Doleo, mi Godeleva, conjux
carissima...* etc.

femme me demandera peut se faire sans péché, je n'y apporterai aucune opposition [1]. »

Cette réponse parut satisfaire Bertolf. Après avoir embrassé affectueusement son épouse, il descendit dans la cour du château, monta à cheval et se rendit dans la cité de Bruges. Il allait y attendre la nouvelle de la réussite de cette ruse infâme qui devait livrer son épouse à ses meurtriers. Loin du lieu du crime, il ne craignait rien et détournait de lui tout soupçon de complicité. Ces affidés, par son ordre, répandirent même le bruit que des affaires pressantes forçaient le seigneur de Ghistelles à quitter le château et à se rendre dans la ville de Bruges [2].

Les démonstrations de repentir, de bienveillance, d'affection, dont Bertolf et Islinde avaient entouré Godeleine, ne pouvaient rassurer cet ange de Dieu. Elle pressentait le sort qui lui était réservé et aspirait après le moment suprême où le Seigneur, brisant les liens qui la retenaient captive sur la terre, la recevrait dans la joie et la paix du ciel, et lui accorderait les ineffables jouissances d'une union immuable avec son Bien-aimé. Ce moment tant désiré ne devait pas se faire longtemps attendre.

Pendant que la nuit jetait son voile sombre sur

[1] Ibid.
[2] Anonymus, n. 73.

la terre, Lambert et Hacca, ces cruels exécuteurs du crime de Bertolf, attendaient avec impatience l'heure marquée pour le crime, et, dit un des historiens de notre sainte, « semblables à des lions rugissants, ils voyaient avec fureur les instants marcher trop lentement au gré de leurs désirs. Il leur tardait de pouvoir se désaltérer dans le sang de leur victime [1]. »

Enfin au milieu de la nuit, quand tout dormait au château, Hacca et Lambert vinrent frapper à la porte de l'appartement où dormait Godeleine. « Levez-vous, noble châtelaine, lui dirent-ils, la femme dont notre seigneur et maître vous a parlé vient d'arriver. Arrêtée aux portes du château, elle attend votre venue. Veuillez descendre, hâtez-vous de peur que le moindre retard ne vous soit préjudiciable. [2]. »

L'obéissante et pieuse victime se leva aussitôt et après s'être recommandée à Dieu, se préparait à prendre ses vêtements. Cependant les serviteurs impatients insistaient pour qu'elle se hâtât. « C'est en négligé, les pieds nus, les cheveux épars, lui dirent-ils, que vous devez vous présenter, l'action de la vénérable matrone sera ainsi plus efficace [3]. »

---

[1] *Interea igitur sol ruit, nebulaque cœpere reducere crepuscula noctem, jam crudelis consilii executores*, etc.

[2] Ibid. n. 75.

[3] *Surge ocius, ne desis utilitati tuæ.... Pedibus, aiunt, nudis, passis capillis, in sola interula venies. Ita enim certum*

DÉTAIL DU RELIQUAIRE DE 1520.

Dieu est mon guide, pensait l'épouse de Bertolf, il sait ce qui doit m'advenir, je me remets entièrement entre ses mains ; et s'avançant vers ses meurtriers, les pieds nus, les cheveux en désordre, vêtue d'une simple tunique elle leur dit : « Je me recommande au Dieu tout-puissant ; je suis sa créature, je lui appartiens…. Il voit tout, il connaît vos pensées. Maintenant je me confie à votre honneur [1]. »

Ces graves et solennelles paroles de Godeleine n'impressionnèrent en rien les deux barbares. Ivres de fureur, ils se précipitèrent sur leur victime, la saisirent brutalement et l'accablant d'indignes traitements et de grossières injures l'entraînèrent dans la cour du château [2]. Une vieille légende flamande rapporte que ses pas laissèrent derrière elle une traînée de lumière [3].

Le moment suprême était arrivé. Les meurtriers passèrent autour du cou de notre sainte une bande d'étoffe longue et étroite qui devait laisser peu de traces de leur crime et l'étranglèrent avec une telle violence que le sang sortit aussitôt par la bouche, les narines et les yeux. Les bourreaux

---

est, eam rem tibi profuturam. — Cf. Drogo, Anonymus, Surius.

[1] Ex Drogone et Anonymo.

[2] *Quid vero semel atque iterum illi vel dixerint vel fecerint relatu indignum arbitramur.* — Drogo.

[3] Leg. ap. Debaecker. *op. cit.*

craignant cependant qu'elle ne respirât encore, lui plongèrent la tête dans un bassin ou petit étang, plein d'eau, placé près de là [1].

La précaution était inutile. Déjà l'âme radieuse de Godeleine s'était envolée au ciel, où l'attendaient des légions d'anges et de martyrs ; déjà le Seigneur l'avait reçue dans ses tabernacles éternels, et du milieu des airs, on entendait une douce et suave harmonie : les archanges modulaient l'hymne sublime du triomphe [2].

Cette mort glorieuse eut lieu la veille des nones de juillet de l'année de l'Incarnation de Notre-Seigneur MLXX [3]. Sainte Godeleine avait été mariée près de trois ans et elle venait d'entrer dans sa vingt-cinquième année.

O religieuse Flandre ! Heureuse terre ! cette plante précieuse, issue du Boulonnais et transplantée, par un secret dessein de la Providence, sur ton sol fécond, va produire de nombreux fruits de salut et de civilisation au milieu des populations installées sur ton territoire. Le sang répandu par cette enfant bénie de Dieu sera pour toi comme une rosée immortelle qui te fécondera toujours et fera germer sur ton sol un grand nombre d'héroïnes

---

[1] Drogo monac. n. 21. — Surius, *op. cit.* n. 7. — Anonymus Ghistell. n. 76.

[2] Anony. Gisthell. n. 78.

[3] Meyer *Annal. Flandriæ* l. III. ad an. 1070.

de la charité, des générations de vierges, chastes épouses du Christ. Les anges, dans leurs divins concerts, ont célébré la mort de la bienheureuse Godeleine et bientôt les peuples vont accourir pour honorer son tombeau, vénérer ses saintes reliques, entourer son nom d'honneur et de gloire. Nous, enfants du Boulonnais, dépossédés de notre trésor, nous envions ton bonheur.

CHAPITRE XII.

Des funérailles de sainte Godeleine et comment le Seigneur fit éclater la sainteté de son enfant de prédilection par de merveilleux miracles.

PEINE l'âme de la bienheureuse Godeleine fut-elle envolée vers les régions célestes, que son corps devint l'objet du respect le plus grand, de la vénération la plus profonde. Dieu, dans sa toute-puissance, se plaît ainsi à jeter un reflet de sa gloire sur ceux qui méprisés, calomniés, persécutés au milieu des enfants des hommes, ont parcouru péniblement le chemin de la vie. Il fait rendre aux dépouilles mortelles de ses élus les honneurs et le respect que le monde leur a refusés pendant leur pèlerinage sur la terre.

Dès le moment où la sainte martyre eut cessé d'exister, ces meurtriers lavèrent avec soin les traces de sang répandues sur son visage. Déjà l'aube

commençait à poindre ; ils se hâtèrent de transporter dans sa chambre le corps de la jeune châtelaine, le déposèrent sur son lit, dans une position
naturelle et arrangèrent toutes choses pour laisser
croire à une mort subite.

Dans la matinée qui suivit le crime, les valets,
meschines et autres serviteurs du château s'étonnèrent de ne point voir paraître leur maîtresse.
Elle descendait ordinairement de bonne heure et
donnait ses ordres avant de se rendre à l'église
ou à une petite chapelle des environs pour entendre la sainte messe. Sans toutefois soupçonner
l'horrible crime qui avait eu lieu, ils s'émurent et
demandèrent aux serviteurs plus spécialement
attachés à la personne de Godeleine de s'informer
des causes de cet étonnant retard.

Hacca et Lambert se décidèrent alors à se rendre
dans les appartements de la châtelaine. Bientôt ils
reparurent donnant des marques de terreur et
d'effroi. Ils venaient, dirent-ils, de trouver l'épouse
de leur seigneur et maître, étendue sur son lit,
pâle, inerte, glacée par la mort. Accident extraordinaire, mort étonnante, répétaient-ils, mais
cependant bien naturelle, puisqu'on ne voyait sur
son corps aucunes marques de contusions ou de
blessures [1]. La douleur fut vive parmi les serviteurs

---

[1] Drogo. — Anonymus. — Surius.

du château, ils avaient su apprécier les nobles qualités de Godeleine et lui avaient voué une profonde vénération.

Le bruit de la mort de l'épouse de Bertolf se répandit aussitôt dans le pays et chacun commenta cet évènement. Quelques-uns répétèrent la version donnée par Lambert et Hacca, mais le plus grand nombre n'apportait aucune confiance à cette assertion et se refusait à croire à un accident. Le peuple, se rappelant les mauvais traitements supportés si longtemps par Godeleine, voyait, dans cette mort subite, un crime imputable au seigneur de Ghistelles. Par crainte de la colère du maître, les plus prudents se taisaient, n'osant faire connaître leur pensée [1].

On apprit bientôt qu'un sillon violacé apparaissait nettement autour du cou de la morte : le mystère était expliqué. Toutefois au milieu de ces serfs, dépendants de leur seigneur, entièrement soumis à son autorité despotique, qui aurait osé s'élever contre les actions du maître, soulever le voile qui couvrait ce crime et porter contre lui une accusation aussi grave? On feignit de croire à une mort subite, tout en conservant la conviction que le crime avait pu seul débarrasser Bertolf de son épouse.

[1] Anony. Ghistell. n. 80.

Dès lors, les restes mortels de la bienheureuse
Godeleine furent entourés de respect et de vénération par les habitants de Ghistelles. Chacun était
avide de contempler encore une fois ce doux visage qui semblait avoir repris un nouvel éclat
dans la mort. Quelques-uns la plaignaient, d'autres
au contraire la considéraient comme heureuse
d'être débarrassée des peines de la vie. Plusieurs,
pressentant sans doute la gloire dont le Seigneur
entourerait son humble servante, l'invoquaient
déjà comme une sainte et une martyre. Beaucoup
d'entre eux déclarèrent avoir entendu, au milieu
du silence et du calme de la nuit, des chants d'une
ineffable harmonie, suave concert des anges envoyés, sans doute, pour recevoir l'âme de la sainte
et l'emporter au sein du Dieu tout-puissant [1].

Lambert et Hacca expédièrent publiquement un
serviteur du château pour apprendre au seigneur
de Ghistelles la terrible nouvelle. Dès le moment
où Bertolf connut la mort de son épouse, il ma-
nifesta une douleur excessive et feignit le plus
violent désespoir. Il quitta aussitôt Bruges où il
s'était rendu pour éviter tout soupçon de complicité, et se rendit en son castel avec sa mère. Là,

---

[1] *Porro plurimorum attestabatur relatio veridica, sancta
illa anima, corporis ergastulo soluta, cum rubri sanguinis
laureis mirifice dilata, ætherea regna conscenderet; ipsa sub
intempestæ noctis hora, mirandæ suavitatis angelorum in
aere se audivisse concentum.*

pour en imposer à ceux qui l'entouraient, il donna
les marques de la plus vive douleur et, faisant retentir les vastes salles du donjon de ses lamenta-
tions et de ses regrets, se jeta sur le corps inanimé
de son épouse, l'étreignit dans ses bras et le couvrit de ses baisers hypocrites [1].

Bertolf craignait cependant qu'un accident imprévu vînt révéler son forfait, c'est pourquoi il fit
de suite ensevelir sa victime et décida que les ob-
sèques solennelles seraient célébrées le lendemain :
il avait hâte de voir disparaître, de devant ses
yeux, ce cadavre accusateur. Il envoya ensuite
un courrier pour porter au comte de Flandre la
triste nouvelle de la mort de Godeleine, tandis
qu'un de ses affidés, chargé de se rendre à Londefort, allait présenter à Wifride et à Ogine l'expression de la douleur et du désespoir de son maître. Le comte de Flandre ne soupçonna même pas
le crime, et les parents de Godeleine, abîmés dans
leur douleur, se contentèrent de pleurer amèrement la fin prématurée de leur enfant bien-aimée,
sans en rechercher la cause.

Les funérailles furent splendides, la population
de Ghistelles avait tenu à rendre les derniers devoirs à cet ange de douceur qui, bien jeune encore,
venait de recueillir le fruit de ses peines, de ses

---

[1] Ibid. n. 81.

chagrins, de ses malheurs. Pendant la cérémonie, Bertolf continua de jouer son rôle et donna, devant le public, libre cours à sa feinte douleur.

Les pauvres étaient nombreux dans l'assistance, ils voulaient revoir encore une dernière fois leur bienfaitrice. Les larmes et les gémissements de ces malheureux proclamaient leur affection pour la jeune châtelaine, leur désolation de voir disparaître cet ange de charité qui les avait secourus, fortifiés, consolés dans leur misère : regrets sincères qui établissaient un frappant contraste avec la douleur de commande de Bertolf.

A l'issue de l'office des morts, le corps de la bienheureuse Godeleine fut déposé dans un caveau situé dans la partie basse de l'église [1]. Une antique tradition flamande rapporte qu'une colombe d'une éblouissante blancheur s'échappa du tombeau au moment où on y descendit le corps de la sainte [2]. Les assistants pénétrés d'admiration virent dans ce prodige un éclatant témoignage de la pureté et de la virginité de l'épouse de Bertolf.

Le seigneur de Ghistelles fit distribuer, après les funérailles, des pains aux pauvres présents à

[1] Au XIXe siècle, ce caveau était encore l'objet de la vénération du peuple, quoique les restes de la sainte n'y fussent plus renfermés. Ce caveau, comme nous le verrons plus loin, n'était plus dans l'église depuis l'incendie de 1488, cette partie de la nef n'ayant pas été reconstruite.

[2] Cf. Louis Debaecker, *op. cit.*

la cérémonie. L'intendant, chargé de cette distribution, fut troublé en voyant le grand nombre de malheureux accourus de toute la contrée. Il lui manquait beaucoup de pains et il lui restait fort peu de farine. Toutefois son inquiétude se changea bientôt en admiration ; la farine se multiplia d'une manière prodigieuse, il y puisa abondamment et put faire largement l'aumône à tous ceux qui se présentèrent. Dieu, par ce miracle, semblait se plaire à continuer les bienfaits de son enfant de prédilection et voulait ainsi rappeler l'inépuisable charité de celle qui toujours avait mis son bonheur dans le soulagement des pauvres [1].

Le Seigneur fit encore connaître, par des témoignages plus éclatants, la sainteté de sa servante. La terre teinte du sang de Godeleine, au moment où ses meurtriers la plongèrent dans l'étang, se changea en marbre blanc, comme pour attester encore sa virginité [2]. Quelques personnes

[1] Drogo, n. 22. — Anonymus n. 82. — Surius n. 8. Dom Ducrocq, bénédictin de l'abbaye de Saint-Vulmer, de Samer, dit, dans son manuscrit *Recherches Historiques sur le pays des anciens Morins*, « Dieu cependant qui avoit été témoin des humiliations, des mauvais traitements, et du genre de mort qu'avoit enduré sa servante fidèle, voulut en révéler la gloire au jour de ses funérailles. Les bleds des greniers de son mary se multiplièrent et se trouvèrent convertis en farine, pour en substanter les pauvres. »

[2] Drogo, n. 23. — Anonymus Ghistell. n. 77. — Le Bénédictin Dom Ducrocq, ms. cit. dit : « Le sang que Godeleine avoit répandu par la bouche, par les narines et par les

pieuses, animées par cet instinct populaire qui leur faisait pressentir la puissance et la gloire future de cette enfant du Boulonnais, ayant enlevé quelque peu de cette terre teinte du sang de la sainte la trouvèrent bientôt changée en pierres précieuses. « Moi-même, dit le vieux chroniqueur qui relate ce fait, moi-même, j'ai vu ces pierres miraculeuses et j'ai béni le nom du Seigneur [1]. »

Le bruit de ces prodiges se répandit de proche en proche, toute la contrée en fut émue. La foule ne cessait de se presser dans l'église de Ghistelles ; le peuple accourait des contrées voisines et les malades venaient à l'envi prier au tombeau de Godeleine. La parole du prophète était réalisée [2] : « Le sépulcre du juste sera glorieux, il deviendra célèbre par les miracles que Dieu se plaira à y opérer. » En effet toutes les infirmités trouvaient la guérison près de cette tombe. Des malheureux atteints de maladies invétérées et réputées inguérissables, des aveugles, des paralytiques, après s'être agenouillés sur la pierre qui recouvrait les restes de notre sainte, se relevaient entièrement guéris. Des récits contemporains nous ont conser-

autres playes que sa chute lui avoit causées, parut blanc comme la neige, au fond des eaux, pour marquer le brillant éclat de sa virginité. »

[1] Cf. Anonymus Ghistell. n. 83.

[2] Isaiæ, XI, 10.

vé les détails authentiques de ces faits miraculeux[1].

L'eau de l'étang, dans lequel Hacca et Lambert
avaient plongé la tête de Godeleine, reçut aussi
la propriété surnaturelle de guérir certaines maladies. « Ceux qui visitent encore aujourd'hui, dit
un des historiens de notre héroïne, ce lieu si
fréquenté depuis près de huit cents ans et qui
boivent de cette eau bienfaisante, avec confiance,
en éprouvent les merveilleux effets[2]. »

Par une faveur toute spéciale du Très-Haut, la
source que, au moment de son départ, sainte Godeleine avait fait jaillir sur le sol boulonnais, en
plantant sa quenouille, acquit les mêmes propriétés que l'étang de Ghistelles. Les malades vinrent
y chercher le soulagement de leurs maux, en invoquant cette jeune vierge qui, compatissante envers les malheureux, pendant sa vie, semblait
vouloir encore, après sa mort, donner des preuves
de son inépuisable charité.

Les limites de cet ouvrage ne nous permettent
pas de relater les nombreux miracles opérés par
l'intercession de notre sainte. Dans la crainte de
fatiguer nos lecteurs nous dirons avec l'auteur
anonyme : « *Quorum si numerum describere vo-*

[1] Cf. Commentaires du P. Du Sollier, dans ses *Acta
sanctæ Godoleræ :* ap. Bollandistes.

[2] L'abbé Blacquart, *op. cit.*

*luero, noster hic tractatus, fastidio legentibus factus,
promissæ narrationis limites excederet.* [1]. »

Toutefois nous en citerons deux des plus anciens qui, avec tous les caractères d'une entière authenticité, ont été rapportés par des témoins oculaires, transcrits par tous les historiens de la vie de notre sainte et constatés véritables dans l'enquête faite par l'évêque de Tournay [2].

Un homme de la contrée avait un fils nommé Algote. Depuis ses plus tendres années, cet enfant était malade, il languissait et on avait perdu tout espoir de le guérir. Le malheureux père, dans sa douleur, eut recours à la bienheureuse Godeleine. Il porta son enfant sur le tombeau de la sainte, et, dit l'écrivain qui rapporte ce fait, à peine eut-il

---

[1] Anonym. Ghistell. n. 83.

[2] Outre les miracles relatés par le moine de Saint-André et l'auteur anonyme, on trouve encore, dans le manuscrit du clerc de Ghistelles, la relation des faits merveilleux arrivés par l'intercession de sainte Godeleine, jusqu'à l'année 1306. Cet auteur, dont le manuscrit a été publié par le P. Du Sollier dans les *Acta Sanctorum* des Bollandistes, nous dit qu'il a seulement transcrit les miracles dont il a été lui-même le témoin, ou qui lui ont été certifiés véritables, sous la foi du serment, « *quæ oculis propriis vidit, vel ab illis, quibus ea contigerunt, sub juramento accepit.* » On peut encore sur ce sujet consulter les légendes belges de l'année 1512 à 1604. Le P. Du Sollier nous apprend dans ses *Acta Sanctæ Godolevæ* qu'il a vu, dans les archives des Bénédictines du couvent de Sainte-Godeleine à Bruges, la relation authentique d'un certain nombre de miracles arrivés dans le cours du XVIIe siècle.

achevé sa prière que son fils se leva entièrement guéri. Plus tard, initié aux sciences et aux lettres dans un cloître bénédictin, ce jeune homme reçut les Ordres sacrés et se voua au service de Dieu, pour montrer sa reconnaissance envers sa bienfaitrice [1].

Une femme malade, perclue, était restée neuf ans à la porte du monastère de Saint-Trond, près de Bruges, demandant à Dieu, par l'entremise de ce saint, la santé et l'usage de ses membres. Sa prière ne fut pas exaucée, pendant que d'autres malades plus heureux trouvaient la guérison. Le Seigneur, en éprouvant la foi de cette malheureuse, voulait faire connaître au loin la puissance de la bienheureuse Godeleine. En effet, la malade ayant entendu parler des merveilles qui s'opéraient au tombeau de l'épouse de Bertolf, s'y fit porter et, après avoir prié avec ferveur, sentit le mal disparaître et put s'en retourner à pied dans son pays [2].

Quelques lecteurs, imbus des idées de notre siècle, pourront peut-être s'étonner de nous voir reproduire, avec tant de bonheur, les merveilleuses légendes, les étonnants miracles de la vie de notre sainte. Nous sommes persuadé qu'en sup-

---

[1] Cf. Drogo, n. 26. — Laurent Surius, n. 9. — Anonymus Ghistell. n. 84.

[2] Drogo, n. 27. — Anonymus. n. 85.

primant les manifestations de la puissance divine,
en rapetissant ces âmes d'élite, en les rapprochant
du niveau de la foule, on leur enlève tout caractère de grandeur. Une bouche divine n'a-t-elle
pas dit : « Celui qui croit en moi, fera les œuvres
que je fais, il en opérera même de plus grandes[1]. »

Vouloir effacer des annales chrétiennes cette
série de faits formellement prédits par Jésus-
Christ, c'est croyons-nous méconnaître la puissance de Dieu par ses saints, c'est démentir l'autorité de l'Évangile.

Nous n'avons pas relaté, il est vrai, les nombreux miracles opérés sur le tombeau de la
sainte ou près de ses reliques vénérées, miracles
rapportés par les hagiographes ; mais nous serions
désolé qu'on puisse déduire de ce fait que nous
récusons ces manifestations de la puissance divine.
Nous avons craint de fatiguer le lecteur ; c'est là,
comme nous l'avons déjà constaté, le seul mobile
qui nous a fait agir. Il ne devait pas en être de
même pour tout ce qui touchait directement à
l'histoire de la vie de la bienheureuse Godeleine ;
c'est pourquoi nous nous sommes fait un devoir
de reproduire scrupuleusement tous les faits merveilleux qui s'y rattachent. A ceux qui pourraient
s'étonner de notre crédulité, nous dirons avec un
grand écrivain catholique :

[1] S. Joan. XIV, 12.

« La seule pensée de les omettre, ou même de les pallier, de les interpréter avec une adroite modération, nous eût révolté. C'eût été à nos yeux un sacrilège que de voiler ce que nous croyons la vérité, pour complaire à l'orgueilleuse raison de notre siècle ; c'eût été une inexactitude coupable, car ces miracles sont racontés par les mêmes auteurs, constatés par la même autorité que tous les autres évènements de notre récit ; et nous n'aurions vraiment pas su quelle règle suivre pour admettre leur véracité dans certains cas et la rejeter dans d'autres ; c'eût été enfin une hypocrisie, car nous avouons sans détour que nous croyons de la meilleure foi du monde à tout ce qui a jamais été raconté de plus miraculeux sur les saints de Dieu..... Rien ne nous paraît plus raisonnable, plus simple pour un chrétien, que de s'incliner avec reconnaissance devant la miséricorde du Seigneur, quand il la voit suspendre ou modifier les lois naturelles dont elle a été seule créatrice, pour assurer et glorifier le triomphe des lois bien autrement hautes de l'ordre moral et religieux.

« Si, dirons-nous encore avec le même auteur, si nous n'avions pas le bonheur de croire avec une entière simplicité aux merveilles de la puissance divine que ces traditions racontent, jamais nous ne nous sentirions le courage de mépriser les innocentes croyances qui ont ému et charmé des millions de nos frères pendant tant de siècles : tout ce qu'elles peuvent renfermer de puéril, s'exalte et se sanctifie à nos yeux, pour avoir été l'objet de la foi de nos pères, de ceux qui étaient plus près du Christ que nous ; et nous n'avons pas le cœur de dédaigner ce qu'ils ont cru avec tant de ferveur, aimé avec tant de constance.... Dans toute étude du Moyen-Age, la foi implicite du peuple, l'adhésion unanime de l'opinion publique donnent à toutes les traditions populaires inspirées par la religion, une force qu'il est impossible à l'historien de ne pas apprécier. De sorte qu'en laissant même de côté leur valeur théologique, on ne saurait méconnaître, sans aveuglement, le rôle qu'elles ont joué de tout temps dans l'histoire..... si, au point de vue purement historique, ces traditions n'ont pas une certitude mathématique, si ce ne sont pas ce qu'on appelle des faits positifs, elles en ont eu du moins toute la puissance et ont exercé sur les passions et les mœurs des peuples une influence bien autrement grande que les faits les plus incontestables pour la raison humaine. A ce titre elles méritent assurément l'attention et le respect de tout historien sérieux et solidement critique. [1] »

[1] Le comte de Montalembert. *Histoire de sainte Elisabeth de Hongrie*. Introd.

CHCAPITRE XIII.

Ouvoir encore être heureux après avoir
commis son horrible forfait, telle était
la pensée du seigneur de Ghistelles.
En punition de son crime, la main de Dieu devait s'appesantir sur lui. Au lieu du bonheur
qu'il cherchait, il trouva partout inquiétude, douleur, amertume.

Dans l'intention d'étouffer les remords de sa
conscience, Bertolf s'était jeté inutilement au milieu
des plaisirs; toujours il revoyait devant ses yeux
le visage triste et résigné de son épouse et l'em-
preinte accusatrice qui entourait son cou. Islinde,
effrayée de l'état de son fils, crut devoir, pour
apporter quelque diversion à sa sombre humeur,

l'engager à contracter une nouvelle alliance, plus en rapport avec ses goûts. Bertolf demanda et obtint la main d'une jeune fille de sa race et de sa condition. Il l'affectionnait, croit-on, depuis quelque temps et ce nouvel amour, avait été peut-être, la cause déterminante du crime qui, en faisant disparaître Godeleine, devait rendre la liberté au seigneur de Ghistelles.

Le mariage fut célébré avec pompe, mais l'affection de sa nouvelle épouse ne sut pas donner le calme et le repos au malheureux Bertolf. Les prodiges qui se multipliaient au tombeau de la sainte martyre bouleversaient tout son être. Honteux du renom de sa victime, il sentait en son cœur redoubler contre elle toute sa colère et sa haine. Chaque nouveau miracle le trouvait frémissant et hors de lui ; il lui semblait toujours entendre les anathèmes de tout un peuple s'élever contre son crime et flétrir pour toujours son nom et sa mémoire.

Dans la gloire céleste, la bienheureuse Godeleine intercédait cependant pour lui et suppliait son divin maître de faire miséricorde à celui qui, sur la terre, avait été son époux. Une touchante et naïve légende rapporte que notre sainte voulant montrer à Bertolf les sentiments de charité et d'affection qui l'animaient à son égard, apparut, un jour, à un serviteur du château, sous la forme d'une dame resplendissante de beauté. Assise au pied d'un arbre, elle appela ce serviteur et l'interrogea avec bonté et douceur sur le motif de son voyage. Apprenant qu'il portait de la toile et se rendait à la ville, pour faire confectionner des chemises à son maître, elle le pria de lui confier ce travail, promit de l'exécuter avec soin et s'engagea à le remettre, au jour suivant, entre ses mains.

Le serf, intimidé par l'air majestueux de la personne présente devant lui, acquiesça à sa demande et, non sans quelque appréhension, lui laissa la toile. Rempli d'un trouble indéfinissable, ne sachant comment expliquer son imprévoyante conduite, il attendit impatiemment le lendemain. Sous le même arbre attendait la dame qui, fidèle à sa parole, lui remit, avec un doux et triste sourire, l'ouvrage terminé [1]. Bertolf reconnut aussitôt, par la forme et la perfection du travail, la main habile de sa première épouse ; il interrogea le serf et fut profondément ému, mais ce fait merveilleux tout en troublant son cœur, ne sut le porter au repentir.

La piété des fidèles, pour conserver le souvenir de ce miracle, fit élever un petit monument à l'endroit où le serviteur du château de Ghistelles eut cette apparition. Le souvenir en est resté dans la mémoire du peuple et aujourd'hui encore on

[1] Anonym. Ghistell. n. 93. — Légende belge. — Cf. Sollerius, *Comm. cit.*

montre, avec émotion, ce simple monument, aux pèlerins et aux voyageurs.

Au milieu des horribles angoisses qui torturaient le cœur de Bertolf, une fille lui fut donnée; malheureusement la pauvre enfant vint aveugle au monde [1]. La main de Dieu s'appesantissait visiblement sur cette famille. Le seigneur de Ghistelles, toujours endurci, ne voulait pas comprendre les leçons du Très-Haut. En révolte contre son Dieu, il refusait d'ouvrir les yeux et de voir la lumière. Le ciel l'avertissait en vain; la mesure du crime était comblée; il fallait au monde et à la justice divine une publique expiation. Dieu était prêt de frapper, mais les supplications de la bienheureuse Godeleine arrêtèrent encore le bras vengeur du maître : elle espérait toujours le repentir de son indigne époux.

La fille de Bertolf grandissait et, entendant parler, par ses jeunes compagnes, des miracles qui s'opéraient au tombeau de Godeleine et à l'étang dans lequel on avait plongé la sainte, voulait avoir recours à sa puissance, mais les parents s'y opposaient toujours obstinément. Lorsqu'elle fut arrivée à l'âge de neuf ans, la malheureuse enfant, triste de ne pouvoir jouir du bienfait de la lumière, se fit conduire, à l'insu de

[1] Anonymus, n. 90. — Surius, n. 12.

son père et de sa mère, au bord de l'étang. Depuis longtemps elle mettait toute confiance en la protection de Godeleine et lui demandait de la guérir de son infirmité. Après l'avoir invoquée avec toute la foi et l'ardeur de son cœur innocent, elle puisa un peu d'eau, s'en mouilla les paupières, ouvrit les yeux, les referma, éblouie de la clarté du soleil ; elle était guérie, elle voyait [1].

Cette fois, Bertolf, frappé de ce prodige, en ressentit la plus profonde impression. Pensif et sombre, il passait ses journées dans une agitation extrême ; le remords se faisait sentir, le cri de la conscience était entendu, sa vie passée si coupable, si criminelle, lui apparaissait dans toute l'horreur de la réalité. Il fuyait les regards, cherchait la solitude, venait en secret s'agenouiller sur le tombeau de l'ange de douceur qu'il avait si cruellement traité, y répandait des larmes abondantes. Dès lors il ressentit les effets de la grâce divine et conçut le projet de faire pénitence de son crime et de s'humilier sous la main de Dieu.

La conversion du seigneur de Ghistelles, nous dit Malbrancq, est le plus grand miracle opéré par l'intercession de la bienheureuse Godeleine [2]. Bien avant lui saint Augustin avait émis cette

[1] Surius, n. 12. — Anonym. Ghistell. n. 91.
[2] Le P. Malbrancq, *de Morinis*.

même pensée : « l'entière et sincère conversion
d'un pécheur endurci est un plus grand miracle
que la résurrection d'un mort. » Cette conversion
de Bertolf n'eut pas lieu cependant tout à coup.
Ce grand coupable ressentit, dans la voie de la
pénitence, bien des défaillances. Parfois son orgueil se révoltait des humiliations qu'il aurait à
subir ; en d'autres moments, il se trouvait indigne
de recevoir l'absolution de l'horrible forfait dont
il s'était rendu coupable. Pour fléchir la colère du
Seigneur, il s'imposait les plus pénibles mortifications et retombait ensuite dans les abattements
du désespoir.

Quelques années plus tard, vers l'époque de
l'élévation de terre du corps de notre sainte, Dieu
appela à lui la seconde épouse de Bertolf. Dès ce
moment le fier baron de Ghistelles, dompté par le
malheur, résolut d'aller humblement se jeter aux
pieds du souverain pontife pour obtenir le pardon
de son crime. Après avoir confié sa fille à une
vénérable abbesse, capable de lui former le cœur,
de l'initier à la science et de lui donner une instruction en rapport avec son rang et sa fortune,
il remit l'administration de ses biens à un sage et
fidèle intendant, s'arma du bourdon des pèlerins
et partit à pieds pour la ville de Rome. La route
était longue et pénible, mais les fatigues et les
privations ne l'effrayaient plus, il comprenait
qu'une rigoureuse pénitence pouvait seule servir

de prélude à l'absolution qu'il allait demander au père commun des fidèles [1].

L'humble et sincère repentir de Bertolf toucha le pape Urbin II, il accorda à ce grand coupable le pardon de ses crimes, lui imposant, croit-on, pour pénitence le pèlerinage de Jérusalem. En ce temps-là, l'expiation de grandes fautes ou le besoin impérieux de satisfaire à une pieuse dévotion entraînait vers ces lointains parages de nombreux pèlerins. La Flandre en avait déjà envoyé un grand nombre. En 1048, trois chevaliers, Pappo, Robert et Lause, partis pour l'Orient, avaient visité les Saints-Lieux, au prix de pénibles fatigues, d'émouvants dangers, et étaient rentrés dans leur patrie, porteurs de précieuses reliques [2].

En 1054, le bienheureux Liébert, évêque de Cambrai, quitta son diocèse, pour visiter la Terre-Sainte, avec plus de trois mille pèlerins des provinces de Flandre et de Picardie. Moins heureux que leurs devanciers, les compagnons de Liébert eurent beaucoup à souffrir, en traversant la Bul-

[1] Drogon et l'auteur anonyme ne parlent pas de la conversion de la mère de Bertolf, toutefois certains auteurs avancent que cette méchante femme qu'ils appellent Accurse reconnut aussi sa faute et « la lava par ses larmes et par une confession salutaire. » — Cf. *Vie des Saints* d'après Lipoman, Surius, Ribadinera et autres auteurs, par S. Martin, F. Giry et des prêtres de l'Immaculée-Conception.

[2] Edward Le Glay, *op. cit.* t. I, p. 214.

garie, et arrivèrent à Laodicée exténués par la faim
et les maladies. Ils s'embarquèrent cependant,
mais la tempête les ayant jetés sur les côtes de
Chypre, ils perdirent courage et revinrent sans
avoir pu s'agenouiller au Saint-Sépulcre [1].

Le pèlerinage de Bertolf ne parait pas avoir eu
lieu dans les mêmes conditions, car le Père Malbrancq nous apprend que le seigneur de Ghistelles
combattit contre les Sarrasins [2]. Il est probable
qu'il se réunit aux barons flamands qui en 1085
accompagnèrent en si grand nombre le comte de
Flandre, Robert-le-Frison, dans son pèlerinage
en Palestine, et fit partie des cavaliers envoyés
par ce comte au secours de l'empereur Alexis
Comnène et employés à la défense du territoire de
Nicomédie attaqué par les troupes du sultan de
Nicée. Les chroniques parlent à peine de cette
poignée de guerriers qui versèrent vaillamment
leur sang pour défendre la chrétienté, et l'historien
des comtes de Flandre se contente de dire : « On
ne sait rien du sort de ces Flamands qu'on pourrait considérer comme l'avant-garde des grandes
armées de la première croisade [3]. »

[1] Ibid. — *Vita S. Lietberti* ap. Bollandistes *Acta Sanctorum*.

[2] *Ad terram sanctam, contra Saracenos militaturum profec-
tum*. — Anonymus Ghistell. n. 95.

[3] *Op. cit. ut supra* p. 216. — Le comte Robert-le-Frison
rentra dans ses états en 1091. — Le P. du Sollier, dans ses

Quelques années après ces évènements, un pèlerin, couvert d'une grossière robe de bure, traversait le territoire de Ghistelles. Absorbé dans ses pensées, il ne s'arrêtait pas pour parler aux habitants. Il était encore dans la force de l'âge, mais ses joues hâves et amaigries, les rides profondes qui sillonnaient son front annonçaient les souffrances et les privations ; son corps, brisé par la fatigue ou la douleur, s'était courbé et lui donnait l'aspect d'un vieillard.

Ce pèlerin visita avec respect et vénération les lieux devenus célèbres par les miracles de la bienheureuse Godeleine. Agenouillé sur la pierre du tombeau où autrefois avaient été déposés les précieux restes de la sainte, on le vit verser des larmes brûlantes, frapper sa poitrine, élever les yeux et les mains vers le ciel, comme pour implorer la miséricorde divine. Dans la contrée personne ne connaissait ce personnage mystérieux, seulement son teint basané et brûlé par le soleil faisait dire que cet étranger venait de la Palestine.

commentaires sur les *Acta Sanctæ Godolevæ*, ne croit pas que Bertolf ait fait partie de la première croisade. Il reconnaît cependant qu'il y a beaucoup d'obscurités sur le temps de la pénitence du seigneur de Ghistelles, de même que sur l'espace écoulé entre sa conversion et l'époque où il entra dans le couvent de Saint-Winoc. Au moment de la publication de la première croisade, Bertolf pouvait être âgé d'environ cinquante-cinq ans.

Quelques jours plus tard, le même pèlerin gravissait péniblement la montagne du Groenberg qui dominait la ville de Bergues. Il ne s'arrêta pas à considérer le magnifique paysage qui se déroulait devant ses yeux, l'admirable perspective de la vallée avec ses terres riches et plantureuses entourées de hautes futaies, les lointains horizons du vaste océan. Les yeux baissés vers la terre, il vint directement frapper à la porte du monastère de Saint-Winoc, à peine relevé de ses ruines, suites du terrible incendie qui en 1083 avait détruit l'abbaye et la ville de Bergues [1].

A l'issue d'une longue et mystérieuse conférence avec l'abbé du monastère, l'humble pèlerin

[1] En 685, saint Winoc, disciple de saint Bertin fut envoyé par celui-ci au Groenberg pour établir un hermitage, principe du monastère, plus tard si célèbre dans la Morinie. En 695, Winoc alla fonder le monastère de Wormhoudt et continua de diriger les religieux restés au Groenberg. Les deux couvents furent détruits par les Normands. En 1028, Baudouin-à-la-Belle-Barbe, comte de Flandre, reconstruisit au Groenberg une abbaye dont le premier abbé fut Roderic du couvent de Saint-Vaast. En 1083, l'abbaye et la ville de Bergues furent détruites par un incendie. Relevées de leurs ruines, elles furent encore la proie des flammes en 1123. L'abbaye reconstruite pour la troisième fois eut beaucoup à souffrir des nombreuses guerres qui bouleversèrent la Flandre. Elle fut prise et rançonnée tour à tour par les Anglais, les Français, les Impériaux et saccagée par les Protestants ; elle disparut enfin en 1793, sous le marteau des révolutionnaires. — Cf. Meyer, *Ann. rerum flandricarum.* — Aub. Le Mire, *Opera Diplomat.* — *Gallia Christ.* t. V. col. 332 et sq. — Gazet. *Hist. ecclés. des Pays-Bas.*

fut admis dans le couvent et fit partie de la communauté. Dès lors enseveli pour toujours dans les dures austérités du cloître et dans les plus sévères pratiques de la mortification, il édifia ses frères et devint le modèle du couvent. On admirait en lui son amour du silence, sa ferveur dans la prière, son humble obéissance ; entièrement soumis aux ordres de ses supérieurs, il semblait cependant avoir une prédilection particulière pour les travaux les plus vils et les plus humiliants [1].

Après bien des années passées dans l'austérité de la pénitence, ce moine inconnu rendit son âme au souverain maître [2]. Les Bénédictins de Saint-Winoc avaient admiré ses vertus, sa ferveur, sa profonde piété, ils s'étaient fait un devoir de respecter sa tristesse, sa douleur et ses larmes, sans s'occuper de savoir qui il était, quelle position il avait occupé dans le monde ; seul, l'abbé du monastère connaissait le nom et la vie de cet humble pénitent.

Lorsque ses frères s'approchèrent de son lit de mort pour lui rendre les derniers devoirs, ils découvrirent sous ses vêtements religieux, un hau-

---

[1] Dom Amand Belver, religieux de Saint-Winoc, *Compendium Bergensium traditionum*, ap. Sollerius, comm. cit. — Anonymus, ut supra.

[2] Dom J.-B. Bruynsteen, religieux du couvent constate dans son manuscrit que Bertolf est mort en odeur de sainteté. — Cf. Du Sollier comm. cit. XVI, n. 196.

bert dont les mailles de fer étaient entrées dans les chairs et avaient engendré un grand nombre d'ulcères [1]. Vivement émus, les religieux le déposèrent respectueusement, avec sa cotte de mailles, dans un caveau placé dans l'église, près de l'ancienne chapelle de Saint-Winoc.

Plus tard, sur la pierre tombale qui couvrait les restes de ce moine on grava l'épitaphe suivante :

Hic jacet
Bertulphus
Sanctissimæ Godelevæ quondam maritus,
vir dives et nobilis
patria Gistellanus.
Matris suæ, ut ferunt, impulsu
ad tam atrox facinus invitatus
perpetravit,
quod divina ei aspirante gratia
variis pœnitentiis
exolvit.

[1] Dom Belver, ut supra. — Le P. Malbrancq fait aussi dans son ouvrage, *De Morinis*, l'éloge des vertus du mari de sainte Godeleine, pendant sa vie pénitente au monastère de Saint-Winoc ; il relate aussi la découverte de la cuirasse en mailles de fer qui, posée sur la peau, avait tuméfié les chairs. — V. Comm. de Sollerius.

Après l'incendie qui, en 1123, détruisit l'abbaye de Saint-Winoc et la ville de Bergues, les Bénédictins se trouvèrent sans ressources pour rétablir leur monastère. Le comte Thierry d'Alsace et le pape saint Honorius vinrent à leurs secours et, grâce à leurs largesses, une abbaye plus magnifique s'éleva sur la montagne. Milon, évêque de Thérouanne fit la dédicace solennelle de la nouvelle église en 1138[1]. Cependant cette église n'ayant pas été bâtie sur l'emplacement de l'ancienne, les religieux voulurent exhumer un certain nombre de moines pour les replacer dans le nouveau sanctuaire. On ouvrit alors la tombe de Bertolf et, à la stupéfaction des assistants, son corps fut trouvé intact, les vers l'avaient respecté, ses traits n'étaient pas altérés, et une douce et agréable odeur s'exhalait de son cercueil. « Ce sont là, s'écrie un des chroniqueurs du couvent, des indices irrécusables de sainteté[2]. »

Sans aller aussi loin que Dom Walloncapelle, sans trancher la question, non résolue par l'Église, il nous est du moins permis de dire que l'époux

---

[1] L'abbé S. P. *Notice sur la ville de Bergues-Saint-Winoc.*

[2] Dom Walloncapelle, *Annal. S. Abbatiæ S. Winoci,* ms. « *suavissimum corpus ejus integritate, spirans gratissimum odorem, quo sanctitatis argumento.* » — Dom Belver dans son *Compendium cit.* se contente de dire : « *Post multos annos a morte corpus suavissimum spirans odorem, integrum repertum est.* — Sollerius. *Comm. cit.*

de la bienheureuse Godeleine, par la sincérité de
son repentir, par sa longue pénitence a attiré sur
lui la miséricorde divine. Il en coûte trop au
cœur paternel de Dieu de traiter les pécheurs selon
leurs iniquités et de les punir selon l'énormité de
leurs crimes [1].

[1] Ps. CXX, 8 et sq.

CHAPITRE XIV.

Depuis la mort de la chàtelaine de Ghistelles, la dévotion du peuple, envers ses
restes glorieux, ne faisait que s'accroître. Chaque jour voyait de nombreux pèlerins
venir prier sur son tombeau et demander au divin Maître, par l'intercession de Godeleine, des
grâces particulières. Les souffrances et les infirmités physiques n'étaient pas seules à ressentir les
effets de la puissance de la bienheureuse; bien
des àmes troublées ou opprimées sous le joug
du péché trouvèrent près de ses restes sacrés le
calme et la paix de la conscience.

Un pieux enthousiasme s'était emparé des esprits et des cœurs. Ceux qui se retiraient consolés
ou guéris, redisaient au loin les souveraines mi-

séricordes du Seigneur et les grâces abondantes
accordées par l'intercession de la sainte. L'autorité
ecclésiastique s'émut des merveilles opérées sur
la tombe de l'épouse du seigneur de Ghistelles.
Pressé par la vénération toujours croissante des fidèles, le pieux évêque de Tournay, Radbode II [1], fit
une consciencieuse enquête, constata les miracles
et déclara solennellement les droits de Godeleine
à l'invocation des fidèles.

Au XIe siècle, âge de foi simple et puissante,
les chrétiens cherchaient la puissance de Dieu et
la vérité de la religion dans les prodiges sans nombre qu'ils avaient sous les yeux. L'Église n'était
point par conséquent obligée d'entourer la canonisation des saints des formes si sévères qu'elle
exigea dans la suite.

[1] Radbode II, qu'on trouve encore écrit Rabode et Ratbode, monta sur le siège épiscopal de Noyon et de Tournay,
après la mort de l'évêque Baudouin, en 1068, et mourut
en 1098. — *Gallia Christiana*, t. IX, col. 996 et sq. — Ce
prélat était remarquable par sa science et sa grande piété.
Buzelin, dans ses *Annal. Gallo-Flandriæ*, lib. IV, p. 176, en
fait le plus grand éloge. Radbode dédia l'église de l'abbaye
de Hasnon, nouvellement restaurée par Baudouin, comte de
Flandre, vers 1070. Il rebâtit à Tournay, l'abbaye de Saint-
Martin, détruite antrefois par les Normands et restée abandonnée depuis plus de deux cents ans. Il y plaça des religieux de l'ordre de Saint-Benoît. — Gazet, *Hist. ecclés. des
Pays-Bas*, p. 220. — Heriman, dans son livre sur la restauration de l'abbaye de Saint-Martin de Tours, parle de la
mort édifiante de Radbode de Tournay — *Spicileq.* t. II,
pp. 435, 436.

La plus grande action de Dieu sur le monde étant le miracle, souvent les miracles décidaient la canonisation du saint. Cette forme de canonisation, au milieu de tout un peuple plein de simplicité, de foi, d'amour de Dieu, devait avoir une immense valeur, car le miracle était considéré, par ces chrétiens des anciens jours, comme le titre authentique de la sainteté, de la gloire, de la puissance dont jouissaient près du Seigneur ceux qu'ils avaient choisis pour protecteurs, pour modèles, pour patrons. Le miracle, cette irrécusable manifestation de l'intervention divine, était alors, comme aujourd'hui, la garantie de la sainteté, mais à cette époque l'*Élévation du corps* du saint, hors de terre, par l'évêque, était la forme reconnue de la canonisation.

Il en fut ainsi pour les reliques de sainte Godeleine. Appelé par les vœux empressés du clergé et du peuple, Radbode, évêque de Tournay et de Noyon, vint à Ghistelles et présida à cette importante cérémonie [1]. Un immense concours de fidèles étaient accourus des différentes parties de la Flandre, et du sein de la foule s'élevaient des accents enthousiastes d'actions de grâces ; tous remerciaient

---

[1] Meyer, *Annal. Flandriæ*, dit à l'année 1084 : « *Eodem item anno, tertio kalendas augusti, apud Ghistellam, divæ Godolephæ levatum corpus ab Ratbodone episcopo.* » — Plusieurs auteurs donnent la date de 1088. Sur la date de 1084 conférez Molanus, Marchantius, Sanderus, etc.

le divin Maître d'avoir glorifié son humble servante et de lui avoir donné la plus belle couronne qui soit au monde, la couronne de la sainteté.

En présence de la comtesse de Flandre, Gertrude de Saxe, épouse de Robert-le-Frison, entourée de toute sa cour, l'évêque de Tournay, accompagné d'Ingelbert, abbé de Saint-Winoc ; de Walter, archidiacre de Tournay ; de Walcher, custos de cette même ville ; de Wido, chancelier de l'église de Noyon ; de Radbert, prévôt de Bruges, du doyen Théobalde et d'un nombreux clergé, fit ouvrir le tombeau de Godeleine, leva de terre ses restes sacrés et, après les avoir offerts à la vénération du peuple, les déposa dans une châsse de bois richement travaillée et les fit transporter dans la chapelle de la nef collatérale de l'église de Ghistelles, du côté de l'épître.

Cette imposante cérémonie eut lieu en l'année de l'incarnation de Notre-Seigneur 1084, le 30 juillet, quatorze ans après la mort de la sainte [1].

Quelques auteurs pensent que l'évêque de Tournay eut recours au pape Grégoire VII, avant de décider si cette chaste vierge du Christ méritait la vénération des chrétiens. Le savant jésuite,

---

[1] V. Pièces justificatives, n° 1. — La pièce originale de l'élévation du corps de sainte Godeleine n'existe plus. Nous ne connaissons le procès verbal de cette cérémonie que par le titre authentique de la translation de 1380 qui le reproduit.

auteur des commentaires sur les *Acta sanctæ Godolevæ*, croit au contraire que Radbode suivit l'usage en vigueur à cette époque et se contenta de lever, hors de terre, le corps de la sainte.

Au siècle suivant, on trouve encore, dans la même contrée, des faits semblables. En 1121, Lambert, évêque de Tournay, levait ainsi le corps de saint Arnoul, évêque de Soissons, et, en 1159, l'évêque Gérard celui de saint Guthagon d'Oostkerke. Ce fut le pape Alexandre III, mort le 30 août 1181, qui le premier réserva au pape seul la canonisation des saints.

L'illustre pontife Benoît XIV, dans son magnifique ouvrage sur la béatification et la canonisation des saints, sans contredire en rien le fait de l'élévation du corps de sainte Godeleine par Radbode, croit que l'évêque de Tournay dut, quelques années plus tard, sous Urbain II, avoir recours à l'autorité pontificale pour obtenir l'approbation du culte rendu à la sainte de Ghistelles.

L'Église en reconnaissant la sainteté de Godeleine lui décerna les titres de *Vierge* et de *Martyre*. Une vie de douleurs, de privations, de continuels sacrifices, terminée par une mort violente, une constante chasteté et un ardent désir de consacrer à Dieu sa virginité avaient mérité à l'humble et pieuse enfant du Boulonnais ces glorieuses qualifications. Bertolf en se reconnaissant comme l'instigateur du crime, avait déclaré que, pendant le cours de son union, il n'avait jamais considéré la fille de Wilfrid comme son épouse[1].

« On lui donne avec justice la qualité de martyre, dit un pieux religieux de l'ordre des Minimes, parce que, encore qu'elle n'ait pas été mise à mort pour le cause de la foi, ni par les mains des persécuteurs du nom de Jésus-Christ, elle a néanmoins été massacrée en haine de sa piété et de son innocence, par l'ordre d'un mari impie et sans religion, qui ne pouvait souffrir l'éclat de sa vertu : ce qui est suffisant, selon la doctrine de saint Thomas et de tous les théologiens, pour mériter la palme du martyre[2]. »

Non seulement les auteurs de la vie de notre sainte lui ont donné ces titres, mais les historiens belges n'en parlent jamais autrement[3]. Lorsque son nom parut dans les litanies des saints, il fut

[1] Sollerius, *Comm. cit.*

[2] Le R. P. Simon Martin, *op. cit.*

[3] Cf. Sollerius nº 66 et sq.

Dans un calendrier écrit en 1493, dans l'abbaye de Saint-André, il est dit : *Sanctæ Godelevæ virginis et martyris, summum majus.*

Usuard, dans son martyrologe, marque au 6 juillet *Sancta Godeleva virgo et martyr.*

Moland, dans ses additions à Usuard : « *In territorio Ghistellensi, passio beatæ Godelevæ martyris.*

Sanderus, dans son *Hagiologium Flandriæ*, dit que sainte Godeleine, semblable en cela à plusieurs autres saintes, a conservé sa virginité, malgré son mariage. Ce sentiment est adopté par beaucoup d'écrivains. — Cf. Bollandistes.

placé après les Félicité et les Perpétue et dans son ancien office propre se trouve renfermée presque toute la messe des vierges-martyres.

Les Bénédictines du monastère de Sainte-Godeleine chantaient les antiennes suivantes :

> Florentis annis ætatis
> Floret flore castitatis
> Viget sanctimonia.

> Ecce beat sanctam
> Diadema duplex Godelevam :
> Justitiæ palma
> Martyriique rosa.

Dans toutes les églises de la Flandre, sainte Godeleine resta toujours en possession de son titre de vierge-martyre. Il en fut de même dans le diocèse de Thérouanne et dans ceux de Boulogne, de Saint-Omer et d'Ypres formés des ruines de ce vaste et antique diocèse[1].

Au siècle dernier, quelques écrivains, imbus des idées jansénistes et gallicanes, soi-disant ar-

---

[1] Les évêchés d'Ypres et de Saint-Omer furent érigés en 1559 par le pape Paul IV, à la demande de Philippe II, roi d'Espagne. Quant à l'évêché de Boulogne, territoire resté à à la France, les négociations restèrent pendantes durant quelques années. Il fut érigé, à la demande de Charles IX, roi de France par saint Pie V. La bulle d'érection est datée du 3 mars 1566.

més d'une sûre et savante critique, contestèrent à la bienheureuse Godeleine ses titres sept fois séculaires de vierge et de martyre, dédaignèrent les motifs acceptés par les contemporains de la sainte et le moyen-âge, et la présentèrent à la vénération des fidèles sous la qualification de *sainte femme.* Il en fut ainsi dans le Propre d'Arras en 1806.

Lorsque Mgr Pierre-Louis Parisis rétablit la liturgie romaine dans son diocèse, il rendit à sainte Godeleine son double diadème de vierge et de martyre[1]. Dans les offices propres du diocèse, publiés en 1854 et approuvés l'année précédente par Sa Sainteté le pape Pie IX, on inséra intégralement, sauf deux retouches insignifiantes, les anciennes leçons tirées du Propre du diocèse de Boulogne[2].

[1] Lors de la confection du Propre actuel du diocèse d'Arras, M. l'abbé Haigneré a signalé, avec une juste indignation, à la commission préparatoire, la flétrissure imposée à notre sainte par le Propre de 1806, *mulier morinensis.* Il a été fait droit à sa juste réclamation.

[2] Les *Officia propria sanctorum insignis ecclesiæ cathedralis et diæcesis Morino-Boloniensis* ont été publiés en 1673 par Mgr François de Perrochel. Une seconde édition a été donnée en 1756 par Mgr François-Joseph de Partz de Pressy. — Les diocèses de Gand et de Bruges possèdent aussi un office Propre de la bienheureuse vierge-martyre. Cette concession avait été accordée au diocèse de Gand par le pape Grégoire XVI, à la demande de son évêque, Mgr Louis-Joseph Delebecque. L'évêque de Bruges Mgr Boussen obtint la même faveur du pape Pie IX, en 1847.

L'Église a toujours mis son bonheur à rendre
hommage aux élus de Dieu honorés de la brillante couronne de la sainteté et à chanter leurs louanges. Au pied des autels élevés à la gloire de sainte
Godeleine, elle était heureuse de redire avec ses
enfants cette vieille séquence :

> O fideles symphoniam tangite,
> Cordis, oris voto, voce psallite :
> Decenter categorizans,
> Godelevam solemnizans,
> Sonet hymnologia.

Elle aimait dans ses chants à rappeler la vie de
cette jeune vierge, sa précoce vertu, son existence pleine de douceur, de charité, d'amour , de
peines, de chagrins, de douleurs ; elle commençait
ainsi les joies du jour de la fête de son enfant:

> Hac die dulcia
> Cantemus cantica,
> Levantes organa
> Cordis concordia,
> Quà colit annua
> Mater Ecclesia
> Godelevæ solempnia.
> Hæc erat inclyta
> Stirpe progenita,
> Renata postea
> Baptismi gratia,
> Adhuc puellula,

Adstans deicola
Virginitate florida.

Hinc nupsit homini
Ghistellæ nobili,
Cujus aspectui
Refulsit oneri,
Quam omni domni
Sinebat subjici,
Tabe gravatus odii.
Post plenus tœdii,
In se pestiflui,
Nolebat humili
Conjungi conjugi,
Sed miserabili
Pœna martyrii
Jussit exosam perimi.

Qua facta martyre,
Lacus in gurgite
Solvitur corpore,
Noctis sub tempore,
Ad regem gloriæ,
Palma victoriæ,
Conscendit expers maculæ.
Ergo precamine
Victricis feminæ,
Nos purget crimine,
Vis divæ gratiæ,
Ut hostem vincere
Possimus strenue,
Virtutum fortitudine.

Sit regi gloria,
Laus et victoria
Regenti supera
Simul et infera,
Qui nobis omnia
Remittat debita,
Per Godelevæ merita.

Amen.

Pourquoi n'entendons-nous plus ces poétiques antiennes, ces hymnes pleines de grâces naïves et de suaves parfums de piété ! Doux chants dans lesquels le moyen-âge a mis toute son âme, son respect, sa vénération envers notre sainte, envers la patronne de Ghistelles et de Wierre-Effroy, de la Flandre et du Boulonnais.

Godelevæ celebria,
Adsunt ecce solempnia,
Quæ celebri lætitia,
Concelebret Ecclesia.
O ! mira Christi gratia,
Per quam martyr eximia
Spernens mundi ludibria,
Cœli gaudet in curia.
Deo reddatur gloria
In vocum consonantia
Laudes in hoc solempnio
Nostra decantet concio.
En signa et prodigia
Monstrantur per confinia,

> Sunt ægris multiplicia
> Membris Sanctæ remedia.

Et encore

> Læti corde et animo
> Jubilemus altissimo,
> Qui te, martyr, miraculis
> Glorificat in sæculis.
> Ergo sub fasce criminum
> Gementes ora Dominum,
> Ut de valle miseriæ
> Nos cœli reddat patriæ.
> Vir, socrus cum familia,
> Te lacerant invidià,
> Gaudes et contubernio.
> Dei florens martyrio.
> Applaudamus in organo,
> In cymbalis, in tympano;
> Pro tanti festi gloria,
> Sit laus Deo per omnia. Amen [1].

Rien ne manquait à la gloire humaine de sainte

[1] Ancien bréviaire des Bénédictines de Sainte-Godeleine. — Cf. Solerius, Comm. ap. Bollandistes. — Ces vieux offices, composés avec un esprit de foi et de piété remarquable, ont été remplacés par le bréviaire romain pur. Les bulles de saint Pie V ont-elles été bien comprises, dans cette circonstance ? — Le P. Du Sollier constate que les Bénédictines de Sainte-Godeleine possédaient des livres liturgiques de la plus grande beauté. Ils avaient été transcrits et enluminés, pour la plupart, par les religieuses du monastère. Ce savant jésuite signale aussi un magnifique antiphonaire écrit en 1550 par Jean de Muer, moine de Saint-André et dédié à la sœur Marie Luebs.

Godeleine. L'Église lui élevait des autels, les poë-
tes redisaient ses louanges, les artistes rappelaient
les plus émouvants souvenirs de sa vie par la
sculpture et la peinture, et les peuples accouraient
pour lui présenter les hommages de leur vénération et de leur amour.

Sainte Godeleine était surtout honorée dans le
mois de juillet. A cette époque la ville de Ghistelles était trop petite pour contenir les nombreux
pèlerins qui affluaient des villes de Bruges, Oudenbourg, Ostende, Nieuport, Furnes, Bergues-
Saint-Winoc, Dunkerque, Bailleul, Ypres, Gand,
Courtray, Lille, Tournay et de bien d'autres lieux.
Non contents de faire leurs dévotions près des reliques exposées dans l'église Notre-Dame, d'écou-
ter les prédications faites ordinairement par les
Pères Capucins, les pèlerins se rendaient à l'étang,
y puisaient de l'eau et visitaient pieusement la
chapelle du monastère et tous les endroits rendus
célèbres par les miracles de la sainte.

Une importante confrérie d'hommes et de femmes fut établie à l'abbaye de Sainte-Godeleine, à
Bruges, sous le patronage de la bienheureuse vierge-martyre. Les confrères et les consœurs prenaient
notre sainte pour modèle et s'efforçaient par des
œuvres de piété et de charité d'imiter ses vertus
et d'acquérir ses mérites.

Le pape Innocent X, par un bref de 1649,
accorda de nombreuses faveurs spirituelles à cette

confrérie : indulgence plénière au jour de l'entrée dans la confrérie et au moment de la mort, aux seules conditions de se confesser et de communier. Les confrères et consœurs, empêchés de communier, pouvaient même gagner cette dernière indulgence en prononçant avec dévotion le saint nom de Jésus, ou au moins en l'invoquant dans leur cœur.

A tous les membres de la confrérie, était accordée une indulgence plénière au jour de la fête de sainte Godeleine, avec cette condition supplémentaire, de prier, dans une église, chapelle ou oratoire dédié à la sainte, pour la concorde des princes chrétiens, l'extirpation de l'hérésie et l'exaltation de la sainte Église.

Quatre fois l'an, aux jours choisis par l'évêque diocésain [1], indulgence de sept ans et sept quarantaines à ceux qui entendront la messe ou les offices dans une église, ou oratoire dédié à la sainte. Plus, soixante jours d'indulgence, à tout confrère et consœur, chaque fois qu'ils accompagneront les processions du Saint-Sacrement, le saint Viatique porté aux malades, ou même le corps d'un membre défunt de la confrérie. Il était

[1] L'évêque, à la demande de l'abbesse du monastère de Sainte-Godeleine, choisit les jours suivants : la Translation de saint Benoît, la Translation des reliques de sainte Godeleine, l'octave de la fête de la sainte, et la fête de sainte Scholastique.

loisible de gagner aussi cette même indulgence en travaillant à ramener les pécheurs dans la voie du salut, en instruisant les ignorants de leurs devoirs envers Dieu ou en faisant quelqu'autre œuvre de piété et de charité [1].

Les confréries de Sainte-Godeleine se répandirent dans plusieurs localités de la Flandre. Nous ignorons l'époque où elle fut établie dans la ville de Ghistelles, mais nous croyons que son érection est de beaucoup antérieure à la bulle d'Innocent X. Déjà, avant 1584 cette confrérie existait dans l'église de Saint-Sauveur à Bruges. Non seulement elle avait été confirmée dans ses privilèges par la Cour de Rome, mais le pape Alexandre VII, par une bulle, en date du 5 juillet 1662, lui accorda de nouvelles faveurs spirituelles.

Parmi les paroisses qui possèdent une confrérie de Sainte-Godeleine nous citerons encore Berlegem qui, en 1822, obtint du souverain pontife Pie VII plusieurs indulgences plénières. Dans le béguinage de Dixmude, cette confrérie a été favorisée, en 1857, par bref de Sa Sainteté le pape Pie IX, d'une indulgence plénière.

Toutes ces faveurs, accordées par les souverains pontifes montrent quel intérêt la Cour Romaine attachait à la dévotion du peuple flamand envers la bienheureuse Godeleine.

---

[1] Le Bref d'Innocent X a été publié par les Bollandistes

Bien des siècles se sont écoulés, bien des générations ont passé, depuis le moment où, pour la première fois, les populations se pressaient autour du tombeau de sainte Godeleine. Cependant le souvenir de cet ange de Dieu est toujours vivant dans la contrée embaumée du parfum de ses vertus. Sa mémoire est restée en vénération et aujourd'hui encore, dans notre siècle sceptique, le concours des fidèles est toujours nombreux à Ghistelles. Les fêtes religieuses commencent le 6 juillet, jour de la mort de la bienheureuse vierge-martyre, et durent jusqu'au 30, fête de la translation de ses reliques. A leur tour, chacune des paroisses environnantes arrive avec croix et bannières, toutes font leurs pieuses dévotions et édifient par leur piété et leur ferveur.

Le 11 juillet 1870, la ville de Ghistelles manifestait, d'une manière particulière, au milieu d'un concours immense de pèlerins, son affection et son amour pour celle que le peuple, dans sa naïve vénération, appelle la *chère sainte*. On solennisait la fête séculaire de sainte Godeleine, et les reliques de la bienheureuse, au milieu des flots d'harmonie dominés par la grande voix du canon, étaient portées en triomphe dans les rues gracieusement ornées de guirlandes de fleurs et de feuillages, de riches draperies aux armoiries de la ville, d'oriflammes aux brillantes couleurs. Un cortège d'une splendeur inouïe représentait les princıpaux évènements de la vie de la sainte. Les personnages de ces différents groupes rappelaient le XIe siècle : guerriers et cavaliers à la brillante armure, varlets et pages aux riches et pittoresques costumes, gentes damoiselles et nobles dames couvertes de soie, de velours, de pourpre et d'or. Ces magnificences, inconnues dans notre France, montrent dans tout son éclat la vénération et le respect des pieuses et fidèles populations flamandes pour l'humble servante du Christ, devenue leur patronne et leur protectrice.

Dans le Boulonnais, la dévotion envers sainte Godeleine, tout en n'étant pas aussi grande, aussi expansive que dans la Flandre, a cependant conservé de profondes attaches dans le cœur du peuple. Pour satisfaire à la piété des fidèles, les évêques de Boulogne avaient élevé, orné et dédié, dans leur église cathédrale, un autel à cette vierge du Boulonnais[1]. Sa fête se solennisait dans le diocèse le 8 juillet[2].

Le grand concours de pèlerins avait lieu surtout à Wierre-Effroy, lieu de naissance de la

---

[1] Cette chapelle se trouvait dans un des bas-côtés de la nef, du côté de l'évangile, la troisième à partir du portail.

[2] On avait transféré la fête de sainte Godeleine par respect pour l'octave de saint Pierre, en la mettant au 8 pour ne pas reculer la fête de saint Thomas de Cantorbéry. Au diocèse de Saint-Omer, on solennisait la fête de sainte Godeleine le 9 juillet. Elle a été placée à cette même date

sainte. Patronne secondaire de l'église de cette paroisse, la bienheureuse Godeleine y était l'objet d'une grande dévotion. Les nombreux fidèles, accourus de toute la contrée, se rendaient à l'église de Wierre et à la fontaine miraculeuse de Londefort dont nous avons déjà parlé. Au XVIᵉ siècle, les propriétaires du bois où jaillissait cette source, les Haluin, sieurs d'Atin, et les Longuemaux respectèrent le chêne séculaire qui ombrageait la fontaine de ses rameaux et semblait lui former de ses puissantes racines, comme un bassin naturel.

Dans l'antique demeure de Londefort, dépossédée de ses hautes murailles et de ses tours, le souvenir de notre sainte était resté vivant. Pendant l'octave de sa fête, dans l'intention de rappeler la généreuse charité de Godeleine, les nouveaux possesseurs recevaient les pauvres pèlerins venus à la fontaine. De longues tables étaient dressées et chacun pouvait prendre ce dont il avait besoin. Malheureusement les abus ne tardèrent pas à se faire jour. La jeunesse de la paroisse prit trop souvent la place des pauvres et des malheureux, ces plus chers amis de la fille de

au Propre d'Arras de 1806, à cause de la coïncidence de la fête de saint Grimbald, de Saint-Omer, premier abbé de Winchester, en Angleterre. Dans le nouveau Propre de 1854, on a laissé la fête de notre sainte au 9, pour les mêmes raisons.

Wilfrid. Le repas donné à cette jeunesse turbulente dégénéra en orgie et, en 1743, le propriétaire, voulant se soustraire à cette coutume intolérable, ferma les portes de sa demeure et refusa de recevoir cette cohue formée non seulement des jeunes gens de la paroisse, mais aussi de ceux des villages voisins.

Irrités de ce refus, tous ces jeunes hommes s'exaltèrent : ils rassemblèrent les voitures, les charrues, les herses et autres instruments aratoires et en firent un feu de joie. De plus les *rois de la jeunesse,* prétendus défenseurs des droits imprescriptibles de la paroisse, intentèrent un procès, devant la sénéchaussée de Boulogne, au sieur Philippe-Jacques Longuemaux, propriétaire de Londefort. Celui-ci se justifiait en disant que « aucun contrat écrit, aucune convention verbale ne l'obligeait à donner ce repas ; jusqu'alors on l'avait accordé seulement par pure politesse et honorable générosité. » Les jeunes gens, de leur côté appuyaient leurs réclamations sur la coutume établie de temps immémorial.

Mgr de Partz de Pressy, évêque de Boulogne, offrit charitablement son intervention pour arrêter le procès déjà commencé. Cet illustre prélat vint à Wierre et proposa aux parties réunies au presbytère un arrangement qui, tout en reconnaissant, jusqu'à un certain point, la coutume établie, devait empêcher le retour de ces scènes de désordre, si opposées au but charitable, principe de cet antique usage.

Les rois de la jeunesse devaient renoncer à leur prétendu droit et le propriétaire de Londefort s'engageait à verser annuellement entre les mains du curé de la paroisse la somme de quatre livres « pour faire chanter tous les ans à perpétuité une messe solennelle le jeudi de l'octave de sainte Godeleine et un salut solennel le jour même de la fête. » Les jeunes gens cédèrent avec peine aux exhortations pacifiques de leur premier pasteur ; toutefois les partis signèrent l'acte de conciliation, sous les yeux mêmes de l'évêque, le 1ᵉʳ juillet 1744 [1].

Ce commencement de procès et le mauvais vouloir de la jeunesse de Wierre ne diminuèrent en rien la vénération de la famille Longuemaux pour sainte Godeleine. En 1782, Jean-Baptiste Brasdefer de Létang, époux de Marie-Thérèse Longuemaux, fit construire une chapelle sur l'emplacement de la fontaine miraculeuse [2]. Ce petit oratoire ayant été détruit pendant la Révolution, on le remplaça, vers 1805, par un large pilastre, surmonté d'une croix, en marbre du pays. Dans la base de ce petit monument, un bassin était creusé pour la fontaine ; mais, soit à cause

[1] L'abbé Blaquart, *op. cit.* p. 183.   *Arch. paroiss.*
[2] Cf. E. Deseille, *Année Boulonnaise*, p. 384.

des travaux de fondation, soit à cause de la mauvaise qualité des conduits, la source prit une autre direction et ne laissa dans le bassin qu'une eau fétide et corrompue.

En 1829, Jean-Louis-Marie Longuemaux, ancien capitaine de l'Empire, de concert avec Marie-Antoinette Lavoine son épouse, reconstruisit la chapelle et y ramena la source qui toujours abondante et limpide jaillit sous l'autel de marbre placé contre le pignon de cet oratoire [1].

« Ce lieu champêtre et solitaire, dit un vénérable curé de Wierre-Effroy, invite au recueillement et à la prière. Les pèlerins et les malades y viennent souvent de loin, si l'on en juge par le grand nombre de bâtons de voyage qu'ils y déposent, par les petites croix de bois, les chapelets qu'ils fixent à la muraille extérieure et par les cordons attachés aux arbres environnants, moyens par lesquels ils prétendent lier la fièvre et s'en débarrasser... Dieu qui est compatissant et miséricordieux leur pardonne ces pratiques superstitieuses et ces vaines observances en faveur de leur bonne intention, et leur accorde la guérison qu'ils sollicitent par l'intercession de sainte Go-

---

[1] Dans la niche placée au-dessous de l'autel, on remarque une statue en fayence, représentant sainte Godeleine, rare spécimen de l'art céramique dans notre contrée.

deleine et ses mérites, toujours unis à ceux de Notre-Seigneur Jésus-Christ[1]. »

Les pèlerinages continuent toujours à l'église de Wierre-Effroy[2] et à la fontaine de Londefort. Les fidèles y sont nombreux, on remarque surtout les populations maritimes de Boulogne et du Portel.

Les siècles passeront, mais la mémoire des saints ne pourra s'effacer du souvenir des chrétiens. L'Église, comme une tendre mère, n'oublie pas ses enfants qui ont vaillemment combattu sur la terre. Elle est toujours là pour glorifier leur mémoire, rappeler leurs vertus, honorer leurs saintes reliques. Dans sa joie maternelle, elle fait retentir les voûtes de ses temples d'hymnes de ré-

---

[1] L'abbé Blaquart (Jean-François), *op. cit.* — Ce pieux ecclésiastique était né à Boulogne le 9 septembre 1797. Il fut nommé curé de Wierre-Effroy et Hesdres, le 1er janvier 1822. On lui doit la restauration et l'embellissement de la chapelle dédiée à sainte Godeleine dans l'église de Wierre.

[2] L'église de Wierre-Effroy ne conserve aucun reste de l'architecture du XIe siècle. Quelques archéologues y ont cependant découvert des vestiges de l'*opus incertum*, dans un fragment de mur, voisin du porche. Le seul monument qui pourrait se rattacher à l'époque où vécut sainte Godeleine, est une cuve baptismale. Ce remarquable spécimen de l'art roman dans le Boulonnais a été jugé indigne de rester dans l'église de Wierre ; il se trouve actuellement au musée de Boulogne. — V. notre *Notice sur les fonts baptismaux de Wierre-Effroy*, dans les *Mém. de la Société des antiq. de la Morinie*, t. X, p. 199 et sq.

jouissance, de cantiques d'allégresse, convie les peuples à leurs fêtes, entoure leurs autels de guirlandes de fleurs et brûle dans ses cassolettes de suaves parfums, gracieux symbole de la prière qui s'élève jusqu'à Dieu.

« Les cités pourront mourir, disait jadis un des membres de cette jeune génération des Bénédictins de Solesmes, honneur de la France et de l'Église, les cités pourront mourir et renaître, les peuples s'effacer et se transformer, la mémoire des saints ne périra pas. Pour célébrer leurs fêtes, des villes nouvelles sortiront des ruines ; des peuples inconnus surgiront pour relever la bannière du saint patron ; et tant que l'Église, mère indéfectible et toujours féconde, aura des enfants, il y aura pour les saints une fête de famille, des prières sur leurs tombeaux, un hommage à leur mémoire, des héritiers de leurs noms, des imitateurs de leurs vertus et, s'il est besoin, des défenseurs de leur sainte cause [1]. »

---

[1] Dom Pitra (actuellement cardinal) *Hist. de saint Léger* p. 385.

CHAPITRE XV.

Des reliques de la bienheureuse Godeleine, de la
vénération et respect de l'Eglise et des populations envers ces restes bénis.

L'ÉGLISE catholique, cette gardienne immortelle, cette divine dépositaire de tout
ce qui est grand, de tout ce qui est
saint, il ne suffit pas de consacrer un jour spécial
à la mémoire des saints et d'y célébrer leurs vertus
et leurs triomphes. Elle recueille pieusement tout
ce qui reste d'eux sur la terre, rassemble leurs ossements sacrés, les entoure d'honneur et de respect, les renferme dans des châsses précieuses et
les place sur les autels, pour perpétuer, au milieu
des peuples, le souvenir de leurs nobles actions,
la bonne odeur de leurs vertus, le parfum de
leur vie. En offrant, à la vénération de ses enfants,
les restes bénis des saints, l'Église semble leur

RELIQUAIRE

DU CHEF DE SAINTE GODELEINE.

(1624)

rappeler cette parole de l'Écriture : « Souvenez-vous de quelle manière ils ont opéré leur salut[1]. »

Il en fut ainsi pour les glorieuses reliques de la bienheureuse Godeleine. Au chapitre précédent nous avons montré comment l'évêque de Tournay avait fait l'élévation de terre des précieux ossements de notre sainte. A partir de cette époque, le respect et la vénération des populations de la Flandre ne firent qu'augmenter ; car, suivant l'expression des Livres saints, ces ossements bénis germaient au sein de la mort. Le miracle s'échappait de cette poussière féconde et, au contact des restes de ce corps sanctifié par la grâce, les forces affaiblies se ranimaient, les infirmités disparaissaient, la vigueur revenait au corps, la paix renaissait dans l'âme.

Les offrandes des pèlerins s'accumulant, la chapelle dédiée à sainte Godeleine, dans l'église de Ghistelles, s'était enrichie, mais le reliquaire qui renfermait les ossements de la vierge-martyre restait le même depuis deux siècles. Peut-être y avait-on ajouté quelques riches ornements, quelques pierres précieuses, mais aucun changement n'avait été apporté à la châsse de bois. Toutefois la piété des fidèles trouvant cette châsse trop simple, on résolut d'en faire exécuter une autre qui,

[1] I Mach. 4, 9.

si nous en croyons le clerc de Ghistelles, devait être une œuvre d'art des plus remarquables. L'extérieur de la châsse fut couvert de lames d'or et d'argent richement ciselées et orné de bas-reliefs et de pierreries, de plus elle reposait sur « des pieds de lion en argent fondu [1]. »

Cette seconde translation eut lieu le 15 mai 1380. Elle fut présidée par maître Jean Vromond, curé de Westkerke, chapelain de l'église de Ghistelles, délégué à cet effet par ses supérieurs ecclésiastiques. Un concours immense de prêtres et de fidèles assistaient à cette pieuse cérémonie. Le procès-verbal de cette translation relate la présence de « discrètes et honnêtes personnes » Nicolas Kempe et Lambert Meenssoone, tous deux curés de Ghistelles, Nicolas Marteel et Gilles Dardebond, chapelains de l'église et Jean de Fleuricourt qui transcrivit l'acte [2].

Quelques années plus tard, en 1392, la tête de notre sainte fut enlevée de la grande châsse, pour être placée dans un reliquaire particulier, en argent, don du baron de Ghistelles, Jean VII [3]. La

[1] Ms. du clerc de Ghistelles édité par les Bollandistes.

[2] Sollerius, *Acta S. Godelevæ*, n. 104. — Procès-verbal de la translation du 15 mai 1380. Pièces justificatives, n. I, 2ᵉ partie.

[3] Ce Jean, baron de Ghistelles, était fils de Jean VI et avait épousé Jeanne de Chastillon. — Cf. Aubert Le Mire, *op. cit.* ut supra.

preuve de ce fait nous est donnée par le procès-verbal de la reconnaissance des reliques faite en 1604. Il y est dit qu'on trouva dans une cassette, avec le chef de sainte Godeleine, l'inscription suivante en langue flamande, tracée avec d'antiques caractères, sur un morceau de parchemin[1] :

Sinte Godelieven Hooft te Ghistele dede in silver beslaen de hoogh ende Mogende Heere mijn heere Jan van Ghistele, anno MCCCXCII[2].

Au milieu des longues guerres qui ensanglan-tèrent la Flandre, dans le courant du XVe siè-cle, alors que Français et Allemands voulaient s'emparer de cette riche proie, les habitants de Ghistelles, malgré les nouvelles fortifications et les bastions dont on avait muni leur ville en 1434, ne se croyaient pas en sûreté. Ayant tout lieu de craindre un siège, ils voulurent du moins mettre les saintes reliques et les châsses de ses patrons à l'abri de la rapacité et de l'impiété des bandes de soudards qui ravageaient la con-

[1] Cf. Procès-verbal du 14 septembre 1604. Pièces justificatives, n. III.

[2] « Tête de sainte Godelième à Ghistelles, enchâssée dans de l'argent, le haut et puissant seigneur Messire Jean de Ghistelles, en 1392. »

trée [1]. Les reliquaires et les précieux restes de sainte Godeleine furent renfermés dans un caveau de l'église, peut-être dans celui qui primitivement avait servi à sa sépulture.

Ces précautions ne furent pas inutiles. La ville de Ghistelles, prise d'assaut, fut pillée, saccagée et livrée aux flammes. Une partie de l'église et la plupart des maisons furent détruites. Le clerc de Ghistelles qui relate cet incendie à l'année 1488, nous apprend que les autels et le mobilier de l'église furent réduits en cendres. Le feu par son intensité fondit non seulement les cloches, mais aussi les tombes en cuivre et les chandeliers de fer placés dans l'intérieur des nefs. Seule la châsse de sainte Godeleine fut épargnée. « Par la grâce du Rédempteur, ajoute le même auteur, les reliques de notre sainte, renfermées dans une châsse de bois, couverte de lames d'argent et ornée de pierreries furent si bien conservées que pas une seule des pierres du reliquaire ne se brisa [2]. »

Au siècle suivant, la châsse, enrichie sans doute encore par la reconnaissance des malades qui y retrouvaient la santé, devint l'objet de la cupidité de personnes mal intentionnées. S'étant

---

[1] De la maison de Bourgogne, la Flandre fut transmise en 1477 à la maison d'Autriche, pour passer en 1516 entre les mains des rois d'Espagne. Ces changements ne se firent pas sans luttes sanglantes, sans combats continuels.

[2] *Ms. cit.* ap. Bolland.

introduites dans l'église, pendant la nuit, elles voulurent s'emparer de l'or et de l'argent qui recouvraient la châsse, mais à leur approche, dit un vieux légendaire, cette châsse se souleva sur deux de ses pieds, comme pour se défendre contre les profanateurs.

L'un des deux voleurs plus hardi s'étant jeté sur le reliquaire, le renversa sur le pavé. Alors ils se mirent en devoir d'arracher violemment ce qu'ils purent, entre autres, deux grandes lames d'argent sur lesquelles se trouvaient sculptés deux apôtres. Dérangés dans leur œuvre sacrilège, les voleurs se hâtèrent de prendre la fuite. Ils voulurent, ajoute la légende, sortir de la ville, pour mettre en lieu sûr le fruit de leur larcin, mais pendant trois jours, leurs efforts furent inutiles. La sainte semblait les avoir aveuglés.

Effrayés, les deux misérables prirent la résolution de se débarrasser à tout prix des objets volés. Ils se rendirent chez un orfévre et les lui offrirent. Celui-ci reconnaissant les débris de la châsse vénérée, non seulement refusa de les acheter, mais, ayant attroupé le peuple fit arrêter les deux voleurs. Comme ils étaient nobles, on leur fit grâce du dernier supplice ; ils furent condamnés au bannissement[1].

---

[1] V. Sollerius, *Comm. cit.* — *Vie de sainte Godelieve* publiée en langue flamande, 1619. — Cf. Procès-verbal de la translation de 1557.

Cet attentat eut lieu, croit-on, vers le commencement de la seconde moitié du XVIe siècle. Les deux voleurs passèrent pour être imbus des nouvelles doctrines de la Réforme et par là même, on put attribuer un double motif à leur sacrilège. A l'amour de l'argent se joignait la haine furieuse de tous ces hérétiques contre les reliques et le culte des saints.

Les habitants de Ghistelles pour réparer l'outrage fait à leur patronne vénérée décidèrent de commander un autre reliquaire. Les offrandes furent nombreuses, les populations catholiques de la Flandre voulaient affirmer ouvertement leurs croyances. Un habile orfévre présentait bientôt une riche châsse en argent, artistement ciselée et magnifiquement ornée de dorures et de pierres précieuses [1].

L'ancienne maison des seigneurs de Ghistelles n'était plus souveraine dans la contrée. Ce domaine après être passé, par les femmes, aux Béthune et aux Luxembourg, se trouvait au XVIe siècle entre les mains d'un comte de Brienne qui, tombé en captivité avait vendu, pour payer sa rançon, la terre de Ghistelles à un nommé Jean Affaitadi de Crémone, trafiquant alors à Anvers [2].

---

[1] « *In novo feretro argenteo magnifice ornato splendentibus lapidibus et deauratis luminis.* »

[2] Cf. Marchantius, *Comm. Flandriæ.* — Sur la maison de

Le nouveau seigneur du château de Ghistelles, en
bon catholique, soumit à l'autorité ecclésiastique
le désir de la population, et Charles de Croy évêque de Tournay, autorisa la nouvelle translation.

Le 27 juin 1557, Guillaume Vivar, évêque de
Sarepta, auxiliaire de l'évêque de Tournay et doyen
de l'église collégiale de Saint-Sauveur de Bruges,
par commission de Guillaume Doignies, proto-
notaire apostolique, archidiacre de l'église cathédrale de Tournay et vicaire général de Charles
de Croy, procéda à cette imposante cérémonie.
Le prélat était assisté par Guilbert le Bleu, abbé
de Saint-André; Olivier Van der Hulst, abbé
d'Oudenbourg; Jean de Muer, prieur du même
monastère; Jean Rycx et Jean Cock, curés de Ghistelles et de plusieurs chanoines de l'église Saint-
Sauveur de Bruges; en présence de Nicolas Morasini, grand bailli et bourgmestre de Ghistelles et
des échevins de la ville, Adam de Meuninck,
Pierre Igels et Jean Almaere. La pièce est signée
par Christian Graeve, notaire apostolique et im-
périal [1]

Ghistelles V. Aubert le Myre. *Notatio de Ghistellæ dominis.*
— D'autres historiens pensent que cet Affaitadi acheta la
baronnie de Ghistelles à Charles-Quint qui avait confisqué
cette terre à son légitime possesseur pour le punir de sa
rébellion.

[1] Procès-verbal de la translation des reliques du 27 juin
1557. Pièces justificatives, n. II.

Les habitants de Ghistelles ne restèrent pas longtemps paisibles possesseurs des reliques de leur sainte patronne. Le souffle pestilentiel du protestantisme se faisait sentir dans la Flandre, et les novateurs attaquaient ouvertement les saintes croyances du catholicisme. Les Gueux, comme on appelait alors les calvinistes, avaient levé l'étendard de la révolte et commettaient dans la contrée les plus effroyables dévastations. Ils détruisaient les églises et les monastères, brisaient les statues des saints, violaient les châsses et les reliquaires, pillaient les vases sacrés et les objets d'or et d'argent et livraient le reste aux flammes [1].

Pour soustraire les reliques de la bienheureuse Godeleine aux fureurs sacrilèges des novateurs, on enleva les ossements de la grande châsse et on les cacha soigneusement dans une maison particulière. De son côté, le baron de Ghistelles, alors en garnison à Courtrai, envoya un détachement de soldats catholiques qui enlevèrent le reliquaire dans lequel se trouvait le chef de la sainte et le déposèrent, d'après l'ordre de leur capitaine, dans l'église de Saint-Martin. Cette précieuse relique y resta jusqu'en 1589 [2].

Quelques mois plus tard, en 1577, les Calvi-

---

[1] Cf. Ch. de Laroière, *Hist. des troubles religieux dans la Flandre maritime au XV*[e] *siècle.*

[2] Cf. Sollerius, *Comm. cit.* IX, n. 102, 103.

nistes s'emparèrent de la ville de Ghistelles, détruisirent en partie les nefs de l'église Notre-
Dame[1], non encore entièrement restaurée depuis
l'incendie de 1488, ruinèrent le monastère des
Bénédictines de Sainte-Godeleine et dispersèrent
les religieuses. Celles-ci se réfugièrent dans la
la ville de Bruges, comme nous le verrons dans
le chapitre suivant, et furent assez heureuses pour
sauver le reliquaire spécial du couvent.

Les reliques de sainte Godeleine, dérobées à la
fureur des calvinistes, furent mises en sûreté à
Bruges. Plus tard le reliquaire renfermant le chef
de la sainte fut confié à la garde d'André Pannis,
chanoine de la collégiale de Saint-Sauveur. Ce
vénérable ecclésiastique, étant mort en 1590, avait
auparavant confié ce précieux dépôt au sieur
Paul Sorghe, ancien greffier de la ville de Ghistelles, retiré à Bruges. Sa fille, Isabelle, d'une
bienfaisance et d'une piété reconnues, les conserva
après la mort de son père, jusqu'en l'année 1604.

Cet état de choses ne pouvait pas durer. Charles-
Philippe de Rodoan, évêque de Bruges, voulut
rendre cette relique de sainte Godeleine à la vénération du peuple. Le 14 septembre 1604, il con-

---

[1] D'après une note recueillie, par le Père du Sollier, dans
les registres de l'évêché de Bruges, l'église de Ghistelles
était encore en ruines en 1609. Il ne restait de la nef
que les murs et les colonnes. — Sollerius, n. 112.

voqua, dans son palais épiscopal, le bourgmestre et les magistrats de Ghistelles et, en présence de Pierre Pantini, doyen de l'église collégiale de Sainte-Gudule de Bruxelles ; de Servais Quinqker et d'Arnould de Mechelin, archiprêtre et pénitentier de la cathédrale de Bruges, il fit comparaître devant lui Isabelle Sorghe. Celle-ci déclara, sous la foi du serment, que la relique confiée à sa garde et déposée depuis plusieurs années dans la maison de son père, provenait de l'église de Ghistelles et était véritablement le chef de sainte Godeleine, enlevé de cette église pour le soustraire aux fureurs sacrilèges des Calvinistes.

L'évêque de Bruges fit alors, devant les personnes présentes la visite de ladite relique et constata son identité. L'acte muni du sceau épiscopal est contre-signé par Philippe Lepelaere, secrétaire de l'évêque [1]. Toutefois, la guerre continuant à répandre ses ravages dans la Flandre, Charles de Rodoan décida que les restes bénis de la vierge-martyre de Ghistelles seraient momentanément remis à la garde des religieuses de Sainte-Godeleine, avec cette clause, concédée à la demande des habitants de Ghistelles, que la grande châsse serait portée chaque année dans cette ville et y resterait du 6 juillet jusqu'au 30 du même mois.

---

[1] Procès-verbal de reconnaissance des reliques, 14 septembre 1604. Pièces justificatives, n. III.

En 1623, Denis Christophori, qui venait de monter sur le siège épiscopal de Bruges [1], résolut de visiter solennellement les reliques de sainte Godeleine, parce que, dit l'acte rédigé dans cette circonstance, « cette visite n'a pas encore été faite depuis l'érection de l'évêché de Bruges [2]. » En effet Charles-Philippe de Rodoan, un de ses prédécesseurs, s'était contenté de constater l'identité du chef de la sainte conservée, pendant les guerres de religion, dans la maison de Paul Sorghe.

Le 5 juillet 1623, veille de la fête de notre sainte, l'évêque accompagna les reliques transportées à Ghistelles et le lendemain après la messe pontificale et la procession en usage, il ouvrit la châsse, en retira les reliques et les exposa à la vénération des nombreux fidèles qui remplissaient l'église.

Dans cette cérémonie, Denis Christophori était accompagné par Henri Van der Zype, abbé de Saint-André ; Maximilien d'Engien, abbé de Saint-Pierre d'Oudenbourg ; Servais Quinqker, doyen ; Arnould de Mechlin, archidiacre ; Jean Van de

---

[1] Denis Christophori, d'Anvers, avait succédé, sur le siège de Bruges, à Antoine Triest, le 28 mai 1623. Il mourut le 6 août 1629. — *Gallia Christ.* T. V. col. 252.

[2] Les évèchés de Gand et de Bruges furent détachés de l'évêché de Tournay, par le pape Paul IV, en 1559, à la demande de Philippe II, roi d'Espagne, souverain de la Flandre. — Cf. *Gall. Christ.* T. V, col. 159, 160, 247 et 248.

Velde, archiprêtre. Ce dernier représentait Maximilien, évêque de Tournay, considéré encore comme possédant le patronage de l'église de Ghistelles[1]. L'église de Saint-Donat de Bruges était représentée par les chanoines Jean-Baptiste Crocquet, Jean Cerezo, Jean Jacobs, Robert Meynaerts, François Péroulle, Pierre Blende et Pierre Knudde. A ces dignitaires s'étaient joints Martin Herpels, curé de Ghistelles et Jacques Van Blootacker, chapelain de l'évêque.

En l'absence de César Affaitadi, baron de Ghistelles, son épouse Madeleine de Camargo, accompagnée ds son père, le capitaine Louis de Camargo, remplaçait le seigneur du lieu. Parmi les magistrats et les élus de la ville se trouvaient Nicolas Morasini, bailli, et Adrien Storme, bougmestre.

---

[1] Le patronage de l'église de Ghistelles appartenait d'ancienne date à la mense épiscopale de Tournay ; toutefois les évêques de cette ville le cédèrent à l'abbaye de Saint-André-les-Bruges. Le premier document connu est daté du onzième jour de l'indiction 1118. Lambert évêque de Tournay et de Noyon, cède ce patronage à la condition que les moines de Saint-André paieront chaque année dix-huit marcs à l'évêché de Tournay. En 1164 Gérald, évêque de cette ville, vu l'accroissement des revenus des dîmes de Ghistelles, augmente la redevance de neuf marcs. Sous l'évêque Everard, cette redevance reste portée à vingt-sept marcs, d'après un arrangement signé en 1175. — Cf. Oct. Delepierre, *Précis analyt. des archives de la Flandre occidentale.*

D'après le procès-verbal de cette visite [1], surgit une difficulté que nous n'avons pu résoudre. Dans l'acte de translation de 1557, il est dit que les restes vénérés de sainte Godeleine furent déposés dans une châsse en argent ; au contraire le procès-verbal de 1623 constate que le reliquaire est de bois, couvert de drap d'or et orné de dessins en cuivre doré et de pierres en cristal [2]. Rien n'est venu éclairer nos recherches et nous expliquer cette contradiction. Peut-être, pendant les guerres de religion, dans l'intention de cacher plus facilement les reliques, a-t-on enlevé les lames d'argent, les ornements et les pierres précieuses qui couvraient le coffre de bois ; peut-être, à cause des difficultés de cette époque malheureuse, s'est-on trouvé dans l'obligation de vendre ces ornements pour subvenir à des nécessités d'un ordre plus élevé. Nous l'ignorons, mais il était de notre devoir d'historien de constater le fait [3].

L'année suivante, Denis Christophori offrit à l'église de Ghistelles un magnifique reliquaire en

[1] Procès-verbal de la visite du 6 juillet 1623. Pièces justificatives, n. IV.

[2] *Aperimus feretrum ligneum, coopertum tela aurea et insignitum aliqua ex parte, cupro deaurato, hinc inde lapidibus cristallinis ornato.*

[3] Le P. du Sollier, dans ses commentaires des *Acta S. Godolevæ*, n'ose pas trancher la difficulté.

argent pour renfermer le chef de sainte Godeleine.
Ce prélat, qui avait une grande vénération pour
notre sainte, semblait avoir hérité de son amour
pour les pauvres. On rapporte que, dans un hiver
rigoureux, il fit vendre les riches tapisseries de
ses appartements pour venir au secours des malheureux. A ceux qui s'étonnaient, il disait: «Mes
murailles n'ont point froid, tandis que tous ces indigents sont glacés [1]. »

Qu'était devenu l'ancien reliquaire donné par
le baron Jean de Ghistelles? En sauvant les reliques de la profanation des Gueux, avait-on laissé
le reliquaire dans l'église? Devint-il la proie des
prétendus réformés? autant de questions devant
lesquelles l'histoire reste muette.

Quoi qu'il en soit, l'évêque Christophori transféra le crâne de la sainte dans le nouveau reliquaire, le 3 juillet 1624. Ce magnifique reliquaire, en
style de la Renaissance, représentait un petit autel
en forme de tombeau, dont le socle est porté par
quatre lions. Les coins sont ornés de têtes d'anges
ailées, et au milieu un large médaillon représente le
martyre de la bienheureuse Godeleine. Au-dessus
se trouve le buste de la sainte, ayant au cou le
linge instrument de son supplice. Deux anges agenouillés sur des consoles tiennent d'une main une

[1] *Gall. Christ.* ut supra.

couronne et de l'autre une palme, emblème du martyre [1].

Lors de la visite de 1623, l'évêque de Bruges avait réparti les ossements de la sainte en huit paquets, enveloppés de soie rouge et liés avec des fils d'or, mais il crut devoir mettre de côté quelques parties des reliques. Des personnages remarquables par leur position et leur piété, l'avaient supplié de leur accorder quelques parcelles de ces restes précieux.

Heureux de satisfaire à la dévotion de César Affaitadi, baron de Ghistelles, et de Louis de Camargo, beau-père de ce dernier, Denis Christophori leur donna quelques ossements. L'évêque de Tournay, représenté, à la visite de 1623, par Jean Van de Velde, archiprêtre de Bruges, reçut une articulation de l'épine dorsale [2].

De cette époque date la grande extension des reliques de notre sainte. Toutefois nous devons constater que l'église Saint-Bavon de Gand possédait déjà, avant 1574, un morceau des ossements de sainte Godeleine. Au 15 septembre de cette même année, Corneille Jansen [3], évêque de Gand, en

---

[1] V. notre reproduction d'après le dessin donné par les Bollandistes.

[2] Arch. de l'évêché de Bruges au 17 août 1623. — Id. de l'évêché de Tournay au 4 septembre 1719. Ap. Sollerius, n. 120.

[3] Il ne faut pas confondre cet évêque de Gand avec son trop célèbre homonyme, évêque d'Ypres. Le premier né à

avait fait la visite officielle en présence de Marc Sterke, doyen ; Clément Crabeels, archidiacre ; Pierre Gillis, trésorier ; Pierre Simonis, archiprêtre et divers autres chanoines de l'église de Saint-Bavon. Sur une bande de parchemin était écrit :

Relikwien Van Sinte Godelieve, Martelares [1].

On pense que Charles-Philippe de Rodoan, après la visite de 1604, distribua aussi quelques reliques aux églises de Bruges, de Tournay, de Namur, de Courtray et d'Ostende, ainsi qu'à l'abbaye de Saint-Jean d'Ypres.

L'évêque Denis Christophori donna à Antoine Triest, évêque de Gand, son prédécesseur sur le siège de Bruges une articulation de l'épine dorsale [2]. L'abbé de Saint-André, Henri Van der Zype reçut une partie d'une autre articulation, et l'on

Hulst en Flandre en 1510, mourut évêque de Gand en 1576. Auparavant il avait été curé de Saint-Martin de Courtray, professeur de théologie à Louvain et doyen de Saint-Jacques dans cette même ville. — Cf. de Feller. *Dict. Hist. de biograph.*

[1] Sollerius, *comm. cit.*, n. 122 et sq. — L. Van Haecke, *Sinte Godelieve van Ghistel*, p. 269.— V. la lettre écrite à ce sujet par le chanoine Ambroise Goethals, 11 mars 1720.

[2] On a constaté dans le nouveau reliquaire de sainte Godeleine, possédé par l'église de Gand, une attestation de l'évêque Antoine Triest, en date du 29 septembre 1638, prouvant ce fait. — Arch. de l'église saint Bavon, ap. Sollerius, n. 121.

pense qu'il en communiqua quelques fragments à l'hospice de Saint-Jean d'Ypres [1], au béguinage de Courtray et plus tard aux religieuses Bénédictines réformées du couvent de Sainte-Godeleine, dans la rue de la Bouverie à Bruges.

Ce même abbé eut aussi, entre les mains, une côte de notre sainte , provenant du P. Adrien Vandaele, sous-prieur du monastère. Cette relique avait été donnée à ce religieux par Jean Lantsoght, curé de la collégiale de Notre-Dame qui la tenait de la dernière abbesse du couvent de Sainte-Godeleine à Magersloo. Le reste de l'articulation fut légué par l'évêque de Bruges au chanoine Jean Van Blootacker. Celui-ci en disposa en faveur de son ami Nicolas Troostenberghe, abbé de Eeckhoutte [2].

L'évêque Denis Christophori, à cause de la grande dévotion du peuple flamand pour sainte Godeleine, plaça des reliques de cette vierge-martyre dans tous les autels qu'il consacra : entre autres dans le maître-autel des Augustines de Bruges , 19 mai 1624 ; dans celui de Notre-Dame de la Potterie, à Bruges, 10 août 1625 ;

---

[1] L'hospice de Saint-Jean d'Ypres possédait une relique de sainte Godeleine en 1571. Cf. L. Van Haecke. *op. cit.* p. 256. — D'après la légende, sainte Godeleine reçut l'hospitalité dans cet hospice, lors de sa fuite de Ghistelles, et de son retour dans le Boulonnais.

[2] Sollerius n. 136. — L. Van Haecke, *op. cit.* p. 272.

dans le maître-autel de Wynghene, 19 décembre
1625, et dans l'autel de la chapelle de la croix,
en l'église Saint-Sauveur, 21 juin 1626.

Les successeurs de Denis Christophori suivirent cet exemple et nous trouvons encore Nicolas
de Haudion renfermer des reliques de notre sainte
dans trois autels de l'abbaye de Saint-André, 3
avril 1642, et l'évêque, François de Baillencourt,
dans deux autels de l'église Saint-Pierre à Ostende, 22 août 1671 [1].

Vers cette époque, une relique de la sainte fut
aussi donnée à l'église de Pitthem. On n'est pas
d'accord sur le nom du donateur. Les uns en font
honneur à l'évêque, François de Baillencourt,
tandis que les autres, avec plus de vraisemblance,
prétendent qu'elle provient du capitaine Camargo. De graves difficultés s'étant élevées entre les
habitants de Pitthem et ceux de Ghistelles, à cause de l'eau du puits miraculeux de sainte Godeleine que les premiers emportaient dans leur église,
l'évêque dut intervenir. Après des débats orageux,
il fut décidé, en 1679, que le curé de Pitthem con-
serverait le droit de transporter dans son église de
l'eau du puits et pourrait la distribuer aux seuls
fidèles qui se trouveraient dans l'impossibilité de
se rendre à Ghistelles [2].

[1] *Ibid.* p. 274.
[2] Cf. Sollerius, *Comm. cit.*

C'est, croyons-nous, dans la première moitié du XVIIe siècle, que l'église de Notre-Dame de Boulogne vit le trésor de ses reliques s'enrichir d'un morceau des ossements de la bienheureuse Godeleine. La paroisse de Wierre-Effroy, lieu de naissance de la sainte, eut aussi part aux pieuses libéralités des évêques de Bruges. Nous ne connaissons pas la date certaine de cet envoi, mais nous savons que le 3 juillet 1689, maître Guillaume Bailly, bachelier de Sorbonne, curé de cette paroisse, transféra, avec les pouvoirs de l'autorité diocésaine, la relique de sainte Godeleine du petit reliquaire où jusque-là elle reposait, dans un autre plus riche et plus en rapport avec la dévotion des fidèles [1].

Moins heureuse que l'église cathédrale, l'église de Wierre-Effroy ne put soustraire cette relique à la fureur des révolutionnaires. Le reliquaire en argent fut vendu et le fragment d'ossement de la sainte profané et jeté à la voirie [2]. La relique

---

[1] Reg. paroiss. ap. Blaquart, *op. cit.*

[2] M[r] l'abbé Jean-François Blaquart, curé de Wierre-Effroy, obtint de l'évêché de Gand, une nouvelle relique pour son église, 11 octobre 1825. L'autorisation d'exposer cette relique fut donnée le 17 septembre 1826 par Mgr Hugues-Robert-Jean-Charles de la Tour d'Auvergne, évêque d'Arras. Lors du centenaire de 1870, le même ecclésiastique reçut pour son église une petite partie de la mâchoire inférieure de la sainte. Le 7 juillet 1871, Mgr Jean-Baptiste Joseph Lequette, évêque d'Arras, en fit lui-même la translation dans l'église de Wierre.

donnée à l'église de Notre-Dame de Boulogne, à la demande d'un de ses évêques, fut soustraite aux agents du pouvoir et conservée pieusement. Quelques années après la réouverture des églises, elle fut remise entre les mains de Mgr Agathon Haffringue, par l'entremise de M. l'abbé Vigneron. Le 18 octobre 1867, Mgr François Marinelli, évêque de Porphyre, sacriste de Sa Sainteté le pape Pie IX, en a reconnu l'authenticité. Elle repose actuellement dans le trésor de la nouvelle église de Notre-Dame de Boulogne.

Revenons aux insignes reliques de notre sainte. Ces restes précieux continuaient d'être conservés à Bruges malgré les pressantes réclamations des habitants de Ghistelles. La guerre continuait entre la France et l'Espagne pour la possession de ces riches provinces, et les évêques de Bruges redoutant que les reliques de la vierge-martyre ne soient pas en sûreté dans la petite ville de Ghistelles, tenaient à les conserver près d'eux.

D'autre part, à la suite d'un hardi coup de main, le baron de Ghistelles parvint cependant à s'emparer du chef de la sainte. Il le mit à l'abri derrière les murailles de son château-fort. L'autorité épiscopale réclama en vain. Le 4 septembre 1632, l'évêque Servais Quinqkers se trouvant à Ghistelles écrivit au fier baron la lettre suivante :

« Monsieur, que je me trouve à présent en ce quartier, c'est pour me décharger de l'obligation

que j'ay de soigner pour la conservation des sacrées reliques de la sainte vierge et martyre,
sainte Godelieve, desquelles raport est à moy faict
que Vostre Seigneurie auroit tiré la sacrée teste
hors de l'église par ses gens et mis en son chas-
teau ; ce que ne peut tendre qu'à vostre désavan-
tage et grand deshonneur. Partant requiere en
amiable qu'il vous plaise de la remettre en mes
mains, laquelle je suis intentionné de mettre en
place sacrée et assurée en la ville de Bruges. Les
droicts canons et ordonnances aussy de son Altesse
Sérénissime de très glorieuse mémoire vous obli-
gent de ce permettre, et moi quy en mon particulier
jusques ores n'ay eu aulcune querelle en droict
contre vous, seroy mary que cest argument seroy
constrainct de venir en contestation ; je requière
donc en amiable qu'avec cette sacrée teste je puisse partir d'icy ; ce qu'espérant que ne me refu-
serez, me signeroy, Monsieur, vostre bien humble
serviteur, s'il vous plaît [1]. »

Vingt-quatre heures plus tard, le baron de Ghistelles s'était dessaisi de la précieuse relique et l'é-
vêque Servais, rentrant à Bruges, la déposait
provisoirement dans l'église du béguinage de cette
ville.

Après le traité d'Aix-la-Chapelle, les habitants

---

[1] Communication de M. L. Gilliodts Van Severen, archi-
viste de Bruges à M. l'abbé L. Van Haecke. *op. cit.*

de Ghistelles firent de nouvelles réclamations. La paix régnait partout : aucun danger ne menaçait plus les restes bénis de leur vénérée patronne. On accéda à leur demande. Toutefois les historiens ne précisent pas l'époque du retour des reliques de sainte Godeleine à Ghistelles. On sait seulement par un écrit de J. François Bellinck, curé de la paroisse, qu'elles s'y trouvaient au commencement du XVIII siècle [1].

Depuis ce retour, les reliques n'ayant pas été visitées, Henri-Joseph Van Susteren, évêque de Bruges, pour complaire au désir des habitants et leur prouver, sans doute, que les précieux restes de leur sainte patronne leur avaient été rendus intégralement, vint à Ghistelles, et, le 29 septembre 1719, ouvrit la grande châsse « de bois couverte de toile d'or et ornée de lames dorées et de pierres en cristal ». En ouvrant cette châsse le prélat avait aussi l'intention de répondre aux pieux désirs des savants auteurs des *Acta Sanctorum* qui se préparaient à éditer les antiques vies de notre sainte, manuscrits retrouvés par eux à la suite de patientes recherches.

---

[1] D'après une communication faite au P. du Sollier, à la date de 1719, J. Bellinck nous apprend que les reliques étaient conservées derrière deux portes de fer avec trois serrures : une clé était entre les mains du curé de la paroisse, la seconde avait été confiée au baron de Ghistelles et la troisième au premier administrateur de l'Église.

Le reliquaire, nous apprend le procès-verbal, était divisé en deux compartiments ; dans l'un se trouvaient les petits ossements et dans l'autre les ossements plus considérables. Cette vérification eut lieu en présence de J. Bellinck, curé de la paroisse et doyen de chrétienté ; de Louis de Wale, secrétaire de l'évêque ; d'un grand nombre de curés des environs ; du bourgmestre et autres magistrats de la ville, au milieu d'un grand concours de fidèles [1].

Les habitants de Ghistelles heureux, après un si grand nombre d'années, d'être rentrés en possession des saintes reliques de la bienheureuse Godeleine voulurent, de concert avec les nombreux pèlerins qui, de nouveau affluaient dans leur église, prouver leur grande dévotion à leur patronne, en faisant exécuter une nouvelle châsse plus riche et plus somptueuse.

L'évêque ne pouvant se rendre à Ghistelles pour la solennité de la translation des reliques, délégua à cet effet, par lettres du 4 juillet 1723 [2], Guillaume Pieters, abbé de Saint-André, possesseur du patronage de l'église de Ghistelles. Le surlendemain le prélat plaça solennellement les ossements

[1] Procès-verbal de visite du 29 septembre 1719. Pièces justificatives, n. VI.

[2] Lettre de Commission de Henri-Joseph Van Susteren à l'abbé de Saint-André, 4 juillet 1723. Pièces justificatives, n. VII. — Arch. de l'évêché de Bruges.

de la sainte dans la nouvelle châsse en présence d'un nombreux clergé et des magistrats de la cité.

Cependant le chef de la bienheureuse Godeleine reposait toujours dans l'église du béguinage de Bruges et l'autorité épiscopale ne paraissait pas vouloir obtempérer aux réclamations des magistrats et des habitants de Ghistelles. Quand Jean-Baptiste-Louis de Castillon, évêque de Bruges, permit en 1749 la translation tant désirée. Auparavant ce prélat avait fait la visite de la relique insigne et avait écrit de sa propre main l'attestation suivante, placée sur le chef de cette sainte :

Caput sanctæ Godelevæ a nobis visitatum et ita esse legitime per authenticas litteras repertum attestamur, hac 25 junii 1749[1].

Vingt et un ans plus tard, pendant les fêtes jubilaires, rappelant la mort de la bienheureuse vierge - martyre, fêtes qui, célébrées avec une pompe inaccoutumée, durèrent du 6 au 24 juillet et attirèrent un grand nombre de pèlerins, à cause de l'indulgence plénière accordée par indult apostolique, Jean-Robert Caïmo, évêque de Bruges procéda à la visite solennelle des deux

---

[1] Procès-verbal de l'attestation de Jean-Baptiste-Louis de Castillon, 25 juin 1749. Pièces justificatives, n. VIII — Arch. de l'évêché de Bruges.

reliquaires de notre sainte, en présence d'Eugène-Albert Affaitadi, comte de Ghistelles ; de Jeanne Anne de la Coste, son épouse et des bourgmestre et échevins de la ville. Dans cette cérémonie l'évêque était entouré de quatre prélats, Paul Diericken, abbé d'Oudenbourg ; Guillaume Mallet, abbé de Saint-André-les-Bruges ; Robert Van Severen, abbé de Dunes et Matthieu Van Troyen, abbé de Furnes. Parmi les membres du clergé se trouvaient Jean Van den Kerckhove, curé de Ghistelles et Pierre de Pauw, secrétaire de l'évêque. Le procès-verbal de cette visite porte la date du 8 juillet 1770 [1].

Dans cette circonstance, l'évêque de Bruges conserva des fragments d'ossements de la sainte, pour en gratifier quelques personnages ou quelques églises. Il donna, entre autres, une de ces reliques à la marquise de Rhodes, baronne de Berleghem, qui la déposa dans l'église paroissiale de cette localité, en 1774 [2].

Nous ne pouvons donner ici les noms de toutes les paroisses, de toutes les églises et chapelles qui possèdent quelques parcelles de précieux restes de la bienheureuse Godeleine. Contentons-nous de

---

[1] Procès-verbal de la visite de l'évêque Jean-Robert Caïmo du 8 juillet 1770. Pièces justificatives, n. IX. — Arch. de l'évêché de Bruges.

[2] L. Van Haecke, *op. cit.* p. 278.

citer Namur, le petit béguinage de Gand, celui de Dixmude [1], Sleydinghe, Belle sur la frontière française, Beythem, les Bénédictines de Namur [2], Watermolen, hameau de la commune de Heule, près de Courtray, et plusieurs autres.

Pendant les dernières années du XVIIIe siècle, sous l'influence des évènements qui s'accomplissaient en France, les esprits commencèrent à s'agiter en Flandre. Des agents secrets parcouraient les provinces pour surexciter les convoitises malsaines de la populace et exploiter ses tendances mauvaises, ses désirs inassouvis, ses haines mal comprimées. Les campagnes étaient sous l'empire d'une épouvante continuelle. Les armées républicaines ne tardèrent pas à se montrer, et l'on put se croire aux temps des Normands et des Calvinistes. Les églises et les monastères étaient saccagés, les vases sacrés pillés, les cendres des saints foulées aux pieds, ou jetées au vent, les prêtres, les moines, les religieuses, mis hors la loi et obligés de se cacher ou de prendre la fuite.

En prévision de ces horreurs sacrilèges, quelques pieux fidèles de Ghistelles, de concert avec

[1] La relique donnée au béguinage de Dixmude provenait d'Armand Fierens, abbé de Saint-André, 20 avril 1747.

[2] Engelbert des Bois, évêque de Namur, constate la réception de cette relique par une lettre du 6 juin 1645. Le transfert au couvent eut lieu le 10 juin suivant.

leur pasteur, résolurent de soustraire les reliques
de leur sainte patronne à la fureur de ces nouveaux iconoclastes. Par prudence, ils crurent devoir laisser les reliquaires en argent et se contentèrent d'enlever la caisse intérieure et les reliques,
remplaçant ces ossements vénérés par des sachets
remplis d'étoupes. Lorsque les agents du pouvoir
révolutionnaire vinrent à Ghistelles, ils ne trouvèrent plus les reliques. Ils s'en consolèrent facilement en s'emparant des reliquaires, dont le précieux métal servit, en partie, à payer l'impôt de
guerre.

Cependant les reliques de notre sainte ne se
trouvant pas en sûreté à Ghistelles, on les porta
secrètement dans la ville de Bruges et on les remit
entre les mains d'Ignace Van Coquelaere, curé de
l'église Saint-Sauveur. Nous ignorons à quelle
époque ce vénérable ecclésiastique reçut ce précieux dépôt ; seulement une pièce authentique
nous prouve qu'en 1797, Ignace Van Coquelaere
porta à la connaissance de l'autorité ecclésiastique
l'existence, dans sa demeure, des reliques de sainte
Godeleine et des parchemins prouvant leur authenticité.

Le siège vacant, le doyen Pierre de Pauw, vicaire général, de concert avec W. Joris archiprêtre,
aussi vicaire général et un secrétaire nommé Herdies, vint reconnaître ces reliques. Le doyen de
Pauw ayant assisté, comme secrétaire de l'évêque,

à la visite de 1770, reconnut facilement les restes
de notre sainte. Toutefois il avait cru nécessaire
de prendre comme témoins, non seulement le dépositaire et Pierre Rommelaere, curé de Saint-
Donat, mais il leur avait adjoint un orfévre du
nom de Herremans, neveu de l'ancien curé de
Ghistelles, Jean Van den Kerckhove, qui, sans
doute, pouvait donner quelques renseignements
utiles. Le procès-verbal de cette visite est daté de
la maison d'Ignace Van Coquelaere, 20 décembre
1797[1]. Dans cette circonstance, le doyen de Pauw,
avant de sceller la caisse, plaça la tête de sainte
Godeleine avec les autres ossements.

Lorsque, après le concordat, la religion fut rétablie dans ses droits sacrés, les habitants de
Ghistelles réclamèrent les reliques de leur vénérée
patronne. Étienne-André-François de Paule Fallot de Beaumont, évêque de Gand et Bruges[2],
heureux de donner satisfaction à la piété de cette
population si chrétienne, décida que les restes de
sainte Godeleine seraient replacés dans l'église où
ils avaient reposé pendant tant de siècles. Tou-

[1] Procès-verbal de reconnaissance des reliques, 20 Décembre 1797. Pièces justificatives, n. X. — Arch. de l'évêché
de Bruges.

[2] A cette époque, les deux provinces de la Flandre occidentale et orientale ne formaient plus qu'un seul diocèse.
L'évêché de Bruges n'a été rétabli qu'en 1834.

tefois se trouvant à Bruges, il voulut auparavant en faire une reconnaissance officielle.

Cet examen eut lieu dans le palais épiscopal de Bruges, devant Pierre-Jacques de Pauw, doyen du district et vicaire général ; Jean-Antoine Buydens, examinateur synodal , chanoine honoraire de la cathédrale ; Ignace Van Coquelaere, curé de l'église paroissiale de Saint-Sauveur, et de J.-B. Van Schauwenberge, secrétaire de l'évêché. Dans cette visite, l'évêque retira le chef de la bienheureuse Godeleine de la caisse où se trouvaient les autres ossements et le mit dans un reliquaire particulier. Le procès-verbal de cet examen officiel porte la date du 22 août 1804 [1].

Les vénérables restes de notre sainte furent reçus avec enthousiasme par la pieuse et chrétienne population de Ghistelles, heureuse de rentrer en possession de ce qu'elle regardait comme son plus précieux trésor. Depuis cette époque ces saintes reliques sont restées dans l'église paroissiale de Ghistelles et continuent d'être l'objet de la plus profonde vénération.

L'église de Ghistelles possède actuellement deux reliquaires : un petit en vermeille contenant la moitié gauche de la mâchoire inférieure et quatre dents, et un grand, en bois doré, renfermant les

---

[1] Procès-verbal du 22 août 1804. Pièces justificatives, n. XI. — Archives de l'évêché de Gand.

autres ossements et le chef de la sainte. Cette réunion de toutes les reliques eut lieu dans les premières années du XIX⁰ siècle, par les soins du Révérend Gaillard, curé de la paroisse.

Cet ecclésiastique fit exécuter le grand reliquaire d'après le modèle de celui donné en 1624 par l'évêque Denis Christophori. C'est à proprement parler un double reliquaire. La tête de la sainte qui autrefois était placée dans le buste en argent, repose actuellement dans une couronne qui forme la base du buste [1]. Les autres ossements sont renfermés dans la partie basse de ce petit monument, ou pour mieux dire dans le coffre du tombeau [2]. Quelques changements ont été apportés dans l'exécution du nouveau reliquaire. En dehors de la couronne ducale qui n'existait pas dans le reliquaire de 1624, les deux anges, qui accompagnent le buste de la sainte, soutiennent d'une main une couronne au-dessus de sa tête, tandis que dans l'ancien les anges tenaient en main chacun une couronne. Il est facile de se rendre compte de ces différences, en se reportant au dessin que nous donnons du reliquaire de 1624.

[1] Cette couronne ducale a un mètre dix centimètres de circonférence, sur vingt-cinq centimètres de hauteur.

[2] La place réservée, dans le coffre du tombeau, aux ossements de la sainte, mesure soixante centimètres de largeur, quatre-vingt-cinq de longueur et quarante de hauteur.

La dernière visite solennelle des reliques de la bienheureuse Godeleine eut lieu pendant la fête séculaire de juillet 1870. Mgr Jean-Joseph Faict, évêque de Bruges, retenu à Rome pour le concile, s'était fait représenter par son vicaire-général,Mgr Antoine Philippe Wemaer, prélat de la maison du pape. Ce dignitaire sortit les reliques de la châsse et les exposa à la vénération des fidèles,en présence de Ad. Duclos, custos des reliques du diocèse ; de Louis Dumoulin, curé-doyen de Ghistelles, de Pierre Dominique Vermelen vice-curé ; de Jean-François Blaquart, curé de Wierre-Effroy, en Boulonnais ; d'un nombreux clergé et du bourgmestre entouré des magistrats et élus de la ville. Le procès-verbal de cette visite est daté du 13 juillet 1870 [1].

Ces nombreuses visites, ces solennelles reconnaissances des reliques de notre sainte montrent les sages précautions dont l'Église entoure le culte des fidèles. Connaissant les véritables besoins de l'homme, elle veut, en exposant dans les temples les restes précieux de ceux qui autrefois ont été les membres vivants de Jésus-Christ et le temple du Saint-Esprit, offrir à ses enfants des modèles à suivre ; elle vient leur redire la parole du

---

[1] Arch. de l'évêché de Bruges. — Procès-verbal du 13 juillet 1870. Pièces justificatives, n. XII. — Communication du doyen de Ghistelles.

prophète : « Souvenez-vous des œuvres accomplies en leur temps, par ceux qui vous ont précédés dans la vie[1]. »

En effet les reliques de notre chère sainte Godeleine ne viennent-elles pas révéler à tous, d'une manière sensible, les préceptes évangéliques et la possibilité de les accomplir? Elles sont, en quelque sorte, vivantes, elles parlent et agissent : elles encouragent le timide, affermissent celui qui chancelle dans la foi, raniment les nobles sentiments du cœur, fortifient la vertu, ouvrent la voie du dévouement et du sacrifice et ravivent dans les âmes l'espérance si consolante de l'immortalité.

Devant les éminentes vertus du modèle qui nous est offert, au souvenir des merveilles accomplies par l'intercession de cette enfant de notre Boulonnais, redisons du fond du cœur cette prière que nos pères ont récitée avec tant de foi et d'amour :

Exaudi quæsumus, Domine, preces nostras, ut qui beatæ Godolenæ virginis et martyris tuæ virtutem et passionem devote recolimus, ejus meritis et intercessione in tuo amore accendamur, et ad præmia diligentibus te promissa feliciter pervenire mereamur [2].

[1] Mach. II, 51.

[2] Oraison de l'Office de la sainte. *Officia propria diœcesis Morino-Boloniensis.*

« Exaucez nos prières, nous vous en supplions, Seigneur, afin que célébrant dévotement la vertu et les souffrances de sainte Godeleine, votre vierge-martyre, nous puissions, par ses mérites et son intercession, être enflammés de votre amour, et mériter de parvenir heureusement aux récompenses promises à ceux qui vous aiment. »

Appendice.

Monastère des Bénédictines de sainte Godeleine.

N écrivant l'histoire de la vie de sainte Godeleine, nous nous trouvons dans l'obligation de parler du célèbre monastère qui fut bâti par son époux, en expiation de son crime, et fut placé sous son vocable, dans les lieux où elle a souffert le martyre. En redisant les vicissitudes de cette antique abbaye, en rappelant les vertus des religieuses qui, depuis tant de siècles, s'efforcent de marcher sur les traces de leur sainte patronne, nous n'avons pas la prétention de donner une monographie de ce monastère ; nous voulons seulement remettre en mémoire quelques souvenirs du passé et faire connaître cette pieuse communauté dont Mgr Van de Velde, évêque de Gand et de Bruges, disait : *c'est la fleur de tout mon diocèse*.

A son retour des Lieux-Saints, avant de s'enfermer pour toujours dans la solitude du cloître de Bergues-Saint-Winoc, Bertolf résolut de fonder une abbaye de femmes dans son château de Ghistelles. Etait-ce une des conditions imposées par le souverain pontife à l'absolution donnée à l'époux de la bienheureuse Godeleine ? L'histoire n'en dit rien.

Avec l'assentiment de sa fille Édith, l'ancien seigneur de Ghistelles fit don, pour l'érection du nouveau monastère, d'une partie de ses biens, et pria l'évêque de Tournay d'obtenir des religieuses de l'ordre de Saint-Benoît. Celles-ci, ayant accepté cette fondation, vinrent s'établir dans le château et bientôt de nombreuses novices demandèrent à partager leur vie de solitude et de prière. La communauté prit, en peu de temps une assez grande extension, pour être érigée en abbaye, sous la haute direction des abbés de Saint-Pierre d'Oudenbourg[1].

L'histoire est muette sur les premiers siècles de l'existence de ce monastère. Les guerres, les sièges et surtout les ravages des Calvinistes ont détruit toutes les archives du couvent. Les savants auteurs du *Gallia Christiana* n'ont rien pu découvrir, et, jusqu'au milieu du XVe siècle, ils ne

---

[1] Cf. Mabillon, *Annales Benedict.* lib. 67. p. 256. — *Gallia Christ.* t. V. col. 276. — Sanderus *op. cit.* p. 330.

peuvent citer qu'un seul nom d'abbesse, appelée Marguerite, morte le 5 décembre, sans autre indication.

La tradition, sans être beaucoup plus expansive, nous apprend du moins qu'Édith, fille de Bertolf, prit le voile dans ce monastère et en devint la première abbesse. Une de ses compagnes nommée Wulfride avait voulu s'unir à elle pour se consacrer au Seigneur. Le couvent en s'agrandissant engloba le bassin dans lequel sainte Godeleine avait été plongée après sa strangulation : il se trouvait dans le préau du cloître. Grâce aux soins pieux des premières abbesses, ce bassin, ou comme on l'appelait ordinairement le puits, fut entouré de maçonnerie, ce qui, dans la contrée, fit donner à ce couvent le nom de *l'abbaye du Puits*, PITKENS

L'histoire connue de cette sainte maison date de l'époque où les religieuses, désireuses de marcher dans la voie de la perfection et s'affligeant du manque de novices, s'affilièrent à la réforme de Bursfeld [1] et furent confiées aux soins de l'abbé de

---

[1] La réforme de Bursfeld eut pour initiateur Jean de Méden, religieux de l'abbaye de Rheinhausen, en Allemagne. A la suite du concile de Constance qui s'assembla en 1414, ce religieux, avec la protection d'Othon, duc de Brunswich, et de sa femme, sœur du landgrave de Thuringe, obtint l'abbaye de Cluse, au diocèse de Hildesheim, puis celle de Bursfeld, où il commença sa réforme. Il eut recours à cet effet à Jean, abbé de Saint-Mathias de Trèves, qui lui donna quatre religieux. En peu de temps, le monastère de Bursfeld devint

Vostbrouck-les-Utrecht. L'acte par lequel Jacques
Van Domburgh, abbé de Saint-Laurent à Vost-
brouck reçoit, de concert avec son couvent, les
religieuses de Sainte-Godeleine en sa confrater-
nité et promet de les pourvoir d'un confesseur,
est daté de l'année 1480. La communauté ne se
composait plus que de dix-huit membres et avait
pour abbesse Marie Van Ghent qui mourut le 1er
mai de l'année suivante [1].

Les bienfaits de la réforme établie dans le couvent de Sainte-Godeleine ne tardèrent pas à se
faire sentir : le nombre des novices augmenta et
la plus grande ferveur régna dans la communauté. Cet état de choses exista jusqu'au moment où
les Calvinistes, maîtres de la contrée, portèrent
leurs ravages sur le territoire de Ghistelles et for-
cèrent les religieuses à abandonner leur monastère.

Pendant ce laps de temps, nous trouvons comme abbesses : Catherine Van der Maëre, décédée
le 9 décembre 1510 ; Marguerite de Béka, morte

en si grande réputation que plusieurs abbayes d'Allemagne
voulurent embrasser cette même réforme. A la mort de
Jean de Méden, son successeur Jean de Hagen, qui avait hérité de son zèle pour le maintien de la réforme, l'étendit à
un plus grand nombre d'abbayes. L'union en congrégation
de ces monastères réformés fut approuvée par le pape Pie
II et le premier chapitre général eut lieu à Bursfeld, en l'année 1464. Cf. Aubert Le Mire. *Orig. Benedictinæ*.

[1] *Gall. Christ.*, ut supra.

le 29 juin, année inconnue ; Godeliève Paeyers, dont la mort arriva le 20 février 1548 et Élisabeth Van Eckeren, ou selon d'autres Gillis, qui rendit son âme au Souverain Maître le 20 août, sans qu'on puisse dire en quelle année[1].

Catherine de la Coste, native de Bruges, était abbesse du couvent, lorsque les Gueux, en 1577, menacèrent la ville de Ghistelles. Les horreurs et les profanations dont ils s'étaient rendus coupables dans la contrée, leur rage furieuse contre les abbayes et les monastères, engagèrent les religieuses de Sainte-Godeleine à fuir devant l'ennemi. Elles quittèrent en pleurant cette sainte demeure où elles vivaient en paix dans le service de Dieu et partirent sans savoir en quel endroit elles pourraient trouver un refuge.

En s'éloignant, les dignes filles de Saint Benoît purent emporter à peine ce qui leur était absolument nécessaire, mais elles chargèrent sur leurs épaules le plus précieux de leurs trésors, les reliques de leur vénérée patronne, ainsi que le sang changé en pierres blanches et resté si longtemps dans la fontaine miraculeuse[2]. Deux jours plus

[1] Ibid.

[2] On pense que les pierres miraculeuses, restées longtemps dans le bassin, fontaine ou puits du château de Ghistelles, en furent retirées définitivement en 1576 et placées dans un reliquaire. — Cf. Van Haecke. *op. cit.*

tard, leur monastère était saccagé, détruit et livré aux flammes. Actuellement il reste à peine quelques ruines de cette antique abbaye[1] et une assez grande chapelle, autrefois plus considérable. On y remarque trois pierres tombales, sous lequelles reposent des abbesses du couvent[2].

Sous la conduite de Catherine de la Coste, leur abbesse, les religieuses de Sainte-Godelcine, après s'être arrêtées à Bruges, trouvèrent enfin un refuge à Furnes dans une maison particulière, placée près de l'église Sainte-Walburge. Thomas Cocx, doyen du chapitre de Sainte-Walburge les prit sous sa protection, mais ne put les garantir des vexations des hérétiques. Lui-même dut, en 1578, fermer son église, parce que les chanoines se trouvaient, même pendant les offices, en butte aux violences de ces ennemis de la religion catholique[3]. « Les religieuses souffrirent considérablement, dit le chanoine Parenty, pendant plusieurs années et même aussi longtemps que dura la guerre entre les partisans

[1] Au commencement du XVIIIe siècle, le Père Du Sollier vit encore les fossés qui entouraient le monastère. — Sollerius *Comm. cit.* n. 147.

[2] Le propriétaire actuel a respecté cette chapelle, entretenue du reste aux frais du doyen de Ghistelles. Un prêtre de la paroisse vient y dire la messe chaque semaine. Le fermier est obligé d'en permettre l'accès aux pèlerins. Il en est de même pour le puits, et les malades continuent d'y venir puiser de l'eau.

[3] L. Van Haecke, *op. cit.* p. 248.

du prince d'Orange et les gouverneurs des Pays-Bas pour le roi d'Espagne. Elles se réfugièrent en divers endroits[1]. »

Au milieu de ces difficultés, Catherine de la Coste eut recours à l'abbé de Saint-André, Henri Van der Zype, qui en plusieurs circonstances, avait montré le plus vif intérêt aux Bénédictines de Ghistelles. Celui-ci leur offrit un refuge dans un endroit près de Bruges, appelé Magerzode, ou mieux Magersloo. Ce lieu étant malsain et peu convenable pour établir une cloture, les religieuses cherchèrent un autre endroit où elles pussent facilement s'établir. Elles auraient désiré être reçues dans la ville même de Bruges, mais les magistrats apportaient quelque opposition : ils redoutaient de voir les couvents se multiplier dans l'intérieur de la cité. Pendant ces pourparlers, deux abbesses moururent : Catherine de la Coste, le 2 décembre 1581 et Marie Van den Berghe, le 17 mars 1608. Elles furent toutes deux inhumées dans la maison de Magersloo.

Sur ces entrefaites, plusieurs religieuses, désirant mener une vie plus parfaite, plus conforme aux anciennes constitutions prirent la résolution d'abandonner la réforme de Bursfeld, parce que, disaient-elles, l'abbé de Saint-Laurent, sous l'o-

---

[1] *Histoire de Florence de Werquignœul,* p. 176.

béissance duquel elles s'étaient placées, ne les visitant plus depuis un demi-siècle, elles se trouvaient privées de direction et que le relâchement commençait à se faire sentir. A cet effet, ces religieuses demandèrent à l'abbé de Saint-André, non seulement de leur procurer un autre monastère, mais aussi de les affilier à la nouvelle réforme établie à Douai par Florence de Werquignœul.

Malgré l'opposition des élus de la ville, Henri Van der Zype, obtint cependant, grâce à la protection du roi d'Espagne Philippe IV[1], d'établir les Bénédictines de Sainte-Godeleine, dans la rue de la Bouverie *(Bouverystraat)*. Ce quartier était pauvre, peu fréquenté, mais sain et au grand air *(cœlo aperto)*[2]. Il n'y existait aucune communauté, si ce n'est un refuge appartenant à l'abbaye de Saint-André et occupé depuis plusieurs années par des pères Capucins.

L'abbé de Saint-André rencontra de plus grandes difficultés pour obtenir l'assentiment de la supérieure du couvent de la Paix à Douai. Outre le regret que la R[de] Dame de Werquignœul éprouvait de perdre celles de ses filles qui, ayant une plus longue expérience de la vie religieuse, étaient plus aptes à diriger cette nouvelle fondation, elle

---

[1] Les lettres patentes du roi d'Espagne sont datées du 4 juillet 1622.

[2] Sollerius. *Comm.cit.*, n. 147.

pressentait que ses religieuses rencontreraient bien des ennuis, avant de pouvoir établir sa réforme dans un pays étranger, parmi des moniales dont les mieux intentionnées ne se faisaient pas une juste idée des rigueurs de l'observance acceptée au couvent de Notre-Dame de la Paix[1].

Toutefois ne voulant pas refuser de contribuer à la gloire de Dieu, elle se décida à envoyer à Bruges trois religieuses : Ludegarde Van de Kerkhove, Louise de Warnécamps et Françoise-Marie de la Ramonerie. Elles arivèrent à Bruges le 2 mai 1623.

Les pressentiments de Florence de Werquignœul ne l'avaient pas trompée. Bientôt des difficultés surgirent. Un certain nombre de religieuses de la maison de Magersloo acceptaient avec bon-

---

[1] Florence de Werquignœul était religieuse à l'abbaye de Flines, lorsqu'elle songea à sa réforme. L'abbé de Clairvaux en faisant la visite du monastère de Flines, en 1599, approuva ce dessein. Les nouvelles religieuses s'établirent à Douai avec la permission d'Albert et d'Isabelle d'Autriche et l'autorisation de l'évêque d'Arras, sous le vocable de Notre-Dame de la Paix. Elles prirent l'habit de Saint-Benoît le 5 décembre 1604. L'évêque de Namur établit ces Bénédictines réformées dans sa ville épiscopale ; celui de Liège fit de même. Des fondations eurent lieu à Mons, à Grandmont, à Arras, à Béthune, à Saint-Amand, à Ternemunde, à Poperingue. Ces religieuses suivent la règle de Saint-Benoît et les constitutions sont tirées en partie de celles des Bénédictines anglaises de la ville de Bruxelles. — *Cf. Voyage littér. de deux Bénédictins de la Congrég. de S. Maur.* — Parenty, *op. cit.*

heur la réforme, mais la minorité, ayant à sa tête l'abbesse Jossine Wyns et soutenu par le R. P. Jordanus, commissaire de l'union de Bursfeld, déclara ne pas vouloir abandonner cette union. De plus elle mit opposition au partage des biens du couvent et réclama sur la prétention du nouveau monastère de prendre le titre d'abbaye de Sainte-Godeleine.

Pour vaincre cette opposition, l'abbé de Saint-André dut de nouveau avoir recours au roi d'Espagne. Déjà ce monarque avait décidé par lettres patentes du 22 août 1622 : « que le dit nouveau monastère qui s'érigera soit institué soubs le tiltre et nom du saint nom de Sainte-Godeliève et la direction et subjection de l'ordinaire. Lequel pourra arbitrer la portion à prendre hors des biens du vieux monastère pour l'entretennement des religieuses qui vouldront transmigrer audit monastère nouveau, comme il pourra aussi pourveoir qu'on ne reçoive des novices qu'en cesluy-cy et qu'il n'y soit eslevé aulcune abbesse nouvelle, tandis que celle susmentionée sera en vie[1]. »

La congrégation de Bursfeld, de son côté, faisait ses efforts pour conserver dans son sein les Bénédictines de Sainte-Godeleine. Toutefois, après bien des démarches d'Henri Van der Zype, le pré-

---

[1] Lettres patentes de Philippe IV, ap. Aubert le Mire *Collectio diplomat. belgic.*

sident de la susdite congrégation, Henri, abbé de
Saint-Pantaléon de Cologne, dans un acte du 30
mars 1623,[1] donna licence, aux religieuses qui le
désiraient, de se rendre au nouveau monastère et
d'embrasser la réforme. D'autre part Denis Christophori, évêque de Bruges, de concert avec l'archevêque de Patras, nonce apostolique à la cour de
Bruxelles, muni de pleins pouvoirs par le souverain pontife, établit le noviciat dans le couvent de
la rue de la Bouverie, avec défense aux anciennes
religieuses de recevoir dorénavant aucune novice.
L'ordonnance est datée du 1er juin 1624.

Tout resta dans cet état jusqu'à la mort de l'abbesse Jossine Wyns. Ludegarde Van de Kerkhove,
avec le titre de prieure, dirigeait le nouveau monastère et voyait, avec consolation, novices et religieuses répondre à ses soins. Après dix-huit mois
de séjour dans le nouveau couvent, la mère Louise de Warnécamps rendait le dernier soupir. Cette mort fut fort sensible à la prieure qui avait su
apprécier les qualités de cette sainte religieuse
dont on a dit : elle était « remarquable par de très
hautes vertus, une grande humilité et une union
indissoluble avec Dieu. »

Au milieu de ces épreuves, Ludegarde Van de
Kerkhove montra une rare énergie. Elle supporta

---

[1] L'acte se trouve dans Aubert Le Mire, *op. cit.* ut supra.

courageusement les peines et les ennuis inhérents
à toute fondation faite dans des conditions si dé-
favorables. Lorsqu'elle sentait faiblir son courage,
elle s'adressait au divin Maître et cherchait près
de Mme de Werquignœul la constance dont elle
avait besoin. La compatissante réformatrice souffrait des douleurs de ses chères filles et « mettait
en œuvre toutes les inventions de sa charité pour
les encourager et les consoler [1]. »

A la mort de Jossine Wyns, arrivée le 7 juin
1638, Ludegarde Van de Kerkhove fut nommée
abbesse ; elle reçut la bénédiction abbatiale des
mains de l'évêque de Bruges, Servais Quinqkers,
le 2 février 1639. De nouvelles difficultés surgirent
alors avec les religieuses restées à Magersloo.
Par suite des excitations de Godeliève Massur et
d'Anne Sproncholf, ces religieuses firent des réclamations sur le partage des biens et s'obstinèrent à
conserver le reliquaire de sainte Godeleine appar-
nant au couvent.

En cette même année 1639, l'autorité civile, par
ordre de sa majesté catholique avait fait le partage
des propriétés et avait décidé que les reliques de la
sainte patronne du monastère seraient remises à
la nouvelle abbesse. Les anciennes moniales s'y
refusèrent et cachèrent soigneusement le reliquai-

---

[1] Le chanoine Parenty, *op. cit.* pp. 178, 181.

re [1]. En 1640, les vicaires capitulaires, le siège vacant, voulurent agir par la douceur, mais ne pouvant vaincre l'obstination des religieuses, déférèrent de nouveau cette affaire aux magistrats. Ceux-ci se rendirent à Magersloo, le 15 octobre 1640, enfermèrent les Bénédictines dans leurs cellules et firent inutilement des perquisitions dans toute la maison : le reliquaire fut introuvable. Les sœurs récalcitrantes ne cédèrent que devant la menace d'excommunication.

Toutefois ne voulant pas se déclarer vaincues et refusant toujours de rendre le reliquaire à l'abbesse de Sainte-Godeleine, mais, d'autre part craignant d'encourir l'excommunication, elles se décidèrent, le 31 juillet 1641, à le remettre entre les mains des vicaires capitulaires. Ceux-ci le placèrent, en attendant la nomination du nouvel évêque, dans la sacristie de Saint-Charles, à la cathédrale de Bruges [2].

Le 29 avril 1643, Nicolas de Haudion, récemment nommé évêque de cette ville, reprit, en vertu de lettres royales datées du 4 avril de la même année, les reliques provenant du monastère de Magersloo

---

[1] Cf. Sollerius, *comm. cit.* n., 160, 161.

[2] Quelques années plus tard, les trois ou quatre religieuses survivantes du monastère de Magersloo demandèrent à se retirer dans le couvent de Bruges. Elles habitèrent jusqu'à leur mort un quartier séparé. La dernière mourut en 1659.

et les remit à l'abbesse de la nouvelle fondation [1].

Le reliquaire du couvent avait été exécuté sur l'ordre de l'abbesse, Marguerite de Beka, en 1520. De style gothique flamboyant, il est d'un gracieux dessin; le bois en est artistement travaillé. Tous les fonds sont argentés, tandis que les colonnettes, les pinacles, les choux des tympans, les statuettes, les crêtes du toit et autres ornements sont dorés. Deux larges bas-reliefs représentent le martyre de la sainte, et sa statue, enfermée dans un pinacle très ouvragé, surmonte le tout.

A la demande de Ludegarde Van de Kerkhove, Nicolas de Haudion fit la visite solennelle des reliques contenues dans cette châsse, le 24 juillet 1643, en présence de Jacques de Bernancourt, prévôt du chapitre de l'église Notre-Dame de Bruges, du père gardien des Capucins du couvent de cette ville et des secrétaires et chapelains de l'évêque.

Outre les ossements de sainte Godeleine possédés par le couvent, le prélat fit l'examen du sang, changé en pierres, placé dans la châsse. Ces morceaux de pierre étaient au nombre de sept, plus quelques parcelles. Un seul était assez consi-

[1] Cf. Procès-verbal de la visite de 1643.

dérable « quadrangulaire et épais de trois doigts » ;
un autre de moindre importance de forme ronde ;
quatre autres morceaux d'aspect différent et un
plus petit[1]. Lors de cette visite, plusieurs de ces
morceaux de pierre et de ses parcelles furent dis-
traites de la châsse et lorsqu'au siècle suivant
l'évêque de Bruges Henri-Joseph Van Susteren
en fit de nouveau la visite, en 1719 il n'en restait plus que trois et des parcelles[2].

En effet le P. du Sollier nous apprend que le
3 mai 1644, l'évêque Haudion donna une de ces
pierres miraculeuses à Engelbert des Bois, évêque
de Namur, pour les Bénédictines de la Paix établies
dans cette ville[3]. Plusieurs autres localités de
Flandre furent aussi gratifiées, vers cette époque,
de petites parties de ce sang pétrifié.

Dès le XVe et le XVIe siècle, les religieuses de
Sainte-Godeleine avaient donné de ces pierres. On
en trouve à Nieuport en 1492, comme le constate
une lettre d'un chapelain de Ghistelles, relatant
la guérison de Corneil Gillis ; au petit béguinage
de Gand, vers 1548 : cette relique avait été donnée

[1] Procès-verbal de la visite du 24 juillet 1643. — Pièces
justificatives, n. V.

[2] Sous l'Empire, Mgr de Broglie visita aussi le reliquaire
du couvent de Sainte-Godeleine.

[3] Sollerius, n. 170. — Une lettre de Thècle de Spontin, abbesse des Bénédictines de Namur, en date du 16 août 1645,
constate ce fait.

à Louis Boonis par l'abbesse Godeliève de Paeyers;
à Sleydinghe vers la même époque ; à l'hôpital de
Saint-Jean d'Ypres en 1571 ; à Anvers en 1610,
don de Jeanne Bisschop, prieure du couvent [1].

La paix régnant dans le monastère, l'abbesse Ludegarde Van de Kerkhove s'occupa spécialement
de former à la vie religieuse les anciennes Bénédictines de Magersloo, qui avaient voulu embrasser
les nouvelles constitutions, et les jeunes filles du
monde venues se mettre sous sa direction. Ces
efforts furent couronnés de succès et, grâce à ses
exhortations et surtout à ses exemples, elle parvint
à leur faire comprendre la pensée et l'esprit de la
réforme de Mme de Werquignœul. Cette sainte religieuse s'endormit dans la paix du Seigneur le 17
juin 1647.

Depuis cette époque jusqu'à la Révolution française, la piété et l'observance régulière fleurirent
dans cette admirable communauté et l'historien
n'a à enregistrer que le nom des abbesses. Gertrude Stalpert succéda à Ludegarde de Kerkhove
et mourut le 16 août 1676, après avoir gouverné
sagement pendant vingt-neuf ans.

Marie-Gertrude Van Maldelghem, fille du gouverneur de Damme ; « plus remarquable encore
par ses vertus que par sa naissance, se rendit sur-

---

[1] Cf. Sollerius, *Comm. cit.*

tout recommandable par le soin qu'elle prit d'avoir le moindre rapport possible avec les séculiers. Elle ne recevait personne au parloir les jours de dimanches et de fêtes ». Elle mourut le 5 février 1695, en lisant la passion du Sauveur dans l'évangile selon saint Jean[1].

Après la mort de cette pieuse abbesse, dont le souvenir est resté vivant, pendant de longues années dans le monastère, on choisit pour la remplacer une de ses parentes nommée Bertile Romeyns. Cette religieuse, née à Bruges, avait exercé pendant dix-sept ans la charge de prieure, après avoir dirigé le noviciat durant six années. Dans sa modestie elle refusa l'honneur qu'on voulait lui faire et il fallut la contraindre d'accepter la crosse abbatiale. Pendant les dix ans qu'elle gouverna le monastère, elle s'efforça de marcher sur les traces de sa parente et mourut le 25 mars 1705.

Aldegonde Andries, de Bruges, lui succéda. La nouvelle supérieure, remarquable par ses belles qualités, était déjà âgée lorsqu'on lui confia le gouvernement de la communauté. Elle avait rempli divers emplois à la satisfaction de tous et montré le plus grand zèle comme maîtresse des novices. Elle termina sa longue carrière le 18 février 1718, après cinquante années de profession. C'est la

---

[1] *Gallia Christiana*, ut supra. — L'abbé Parenty. *op. cit.*

dernière abbesse dont parle le *Gallia Christiana*.

Les abbesses qui suivirent n'ont guère laissé de souvenirs. Sans rapport avec le monde, leur vie s'est écoulée toute au service de Dieu et à l'accomplissement de leurs devoirs de supérieures. Nous nous contenterons de donner leurs noms, la date de leur bénédiction et de leur mort. Marie de Meulenaëre, née à Nieuport fut intronisée le 12 janvier 1719 et mourut le 30 janvier 1737, âgée de soixante-quatre ans ; Jeanne-Robertine Van Daële, de Courtray, bénite le 5 mai 1737, gouverna jusqu'au 15 septembre 1741, date de sa mort ; Jeanne-Colette ou mieux Godeliève de Gryse, née à Menin, fut instituée canoniquement le 23 août 1742 et décéda le 17 février 1754, âgée de soixante-douze ans, professe du monastère depuis cinquante-quatre ans ; Anne de Coke, plus connue sous le nom de Benoîte de Bruges, bénite le 19 juillet 1754, mourut le 24 septembre 1761, à l'âge de cinquante ans ; Marie-Jeanne Laridon, ou Marie-Victoire, de Bruges, reçut l'institution canonique le 16 mai 1762 et décéda le 27 octobre 1771 ; Marie-Élisabeth, ou Benoîte de Clercq, bénite le 15 novembre 1772, mourut le 5 décembre 1782, à l'âge de quarante ans, après vingt-sept années passées en religion[1].

---

[1] Cf. le chanoine Parenty, *op. cit.*, note 1 des pages 178 et sq.

Sous l'abbesse Marie-Jacqueline Laridon, de Vichbeke, en religion dame Angeline, de graves évènements allaient mettre en jeu l'existence du monastère. Installée selon le rit ordinaire du pontifical, le 27 juin 1784, son élection datant du 17 novembre précédent, la nouvelle supérieure s'occupait de diriger ses sœurs dans la voie de la perfection, sans entendre l'orage qui grondait. Entièrement étrangère aux agitations du dehors, elle ne pouvait prévoir l'horrible catastrophe qui menaçait sa communauté. La Révolution française commençait son œuvre de destruction ; bientôt ses armées victorieuses se répandirent dans la Flandre, détruisant partout l'ordre établi et laissant pressentir à quelles extrémités on allait arriver. Les décrets se succédaient et les religieuses de Sainte-Godeleine furent, comme tant d'autres, mises hors la loi et chassées de leur monastère.

Dans ces circonstances terribles, Angeline Laridon montra la plus grande résignation et soutint, par son énergie, le courage des sœurs éperdues de crainte et de douleur. Avant de s'éloigner de la demeure si chère à son cœur, l'abbesse rédigea une noble protestation, signée par toutes les religieuses, le 18 novembre 1796. Elle disait : « nous quittons avec douleur cette sainte maison où nous souhaitions toutes finir nos jours..... La loi ne reconnaît pas nos vœux, néanmoins nous les tiendrons avec une fidélité inébranlable...... Que votre sainte volonté soit faite, ô mon Dieu ! »

En effet, tout en s'éloignant de leur monastère, ces pieuses filles de Saint-Benoît ne cessèrent de vivre en communauté et de suivre leurs observances. Grâce à la générosité et au dévouement de Melle de Pelichy, elles purent se réfugier dans une maison appartenant au sieur Huerne, dans la rue d'Argent (Zilverstraat), près de la cathédrale. Elles y restèrent cachées pendant la Révolution et y vécurent pauvrement. Leur monastère de la rue de la Bouverie, les trois fermes qu'elles possédaient sur le territoire de Ghistelles et le reste de leurs propriétés avaient été vendus comme biens nationaux.

Après la tourmente, l'acquéreur du monastère, M. Charles de Brouckere, leur ayant offert de reprendre possession de leur ancien couvent, elles revinrent avec bonheur, vers 1800, dans la rue de la Bouverie et firent les démarches nécessaires pour obtenir l'existence civile. Avant de mourir, l'abbesse Angeline Laridon eut la suprême consolation, non seulement de ramener ses religieuses dans le sanctuaire béni, témoin de leurs promesses et de leurs vœux, mais encore d'y faire refleurir l'ancienne observance. Elle s'endormit doucement dans le Seigneur, le 2 juillet 1819[1].

---

[1] L. Van Haecke, *op. cit.* — Parenty, *ibid.*

A sa mort le titre d'abbesse disparaît à cause des difficultés suscitées à la communauté. La supérieure nommée prit le titre de prieure, ce fut la dame Josephe de Wynckelman, de Bruges. Cette religieuse fut élue de trois ans en trois ans, jusqu'à sa mort arrivée le 27 mai 1831. « Ces réélections, dit le chanoine Parenty, ne se faisaient que par forme et à cause des circonstances où l'on se trouvait. Mme de Wynckelman a toujours été considérée comme abbesse par la communauté et on l'a inscrite en cette qualité sur le catalogue. »

Charlotte de Leghere, de Staden, en religion dame Félicité reprit le titre d'abbesse ; son élection ayant été approuvée par Mgr Van de Velde, évêque de Gand, elle reçut la bénédiction solennelle, le 11 février 1833, des mains de Mgr Boussen, alors administrateur de la Flandre occidentale · L'élection datait du 22 juin 1831. En 1834, sous le gouvernement de cette abbesse, la clôture fut rétablie, toutefois Mgr Boussen y mit certaines restrictions, à cause des dames pensionnaires qui habitaient la maison.

Pour obtenir l'existence légale, les Bénédictines de Sainte-Godeleine s'étaient trouvées dans la nécessité d'apporter quelques changements à leurs constitutions. Dès leur retour dans leur monastère, elles avaient ouvert une école, recevaient en pension des dames désireuses de mener une vie calme et retirée, et acceptaient même des personnes de qualité atteintes d'infirmités mentales. Ce fut là surtout le motif qui porta le gouvernement à les reconnaître comme corporation religieuse.

Ce fut aussi sous l'administration de Charlotte de Leghere que la propriété du monastère fut authentiquement cédée à la communauté par le chevalier Charles de Brouckere. Cette pieuse abbesse qui avait rendu de si grands services à sa communauté, rendit son âme au divin Maître le 8 juillet 1838.

Marie-Thérèse Martens, en religion dame Gertrude, née à Deynze, lui succéda. Élue le 24 juillet 1838, elle reçut la consécration le 4 septembre suivant et mourut le 26 avril 1855 après avoir gouverné sagement sa communauté pendant dix-sept ans. La même année, le 22 août, Mgr Malou, évêque de Bruges, donnait la bénédiction abbatiale à Marie-Lucie-Colette Mahieu, de Roulers, qui gouverna le monastère l'espace de vingt et un ans et mourut dans tous les sentiments de la plus vive piété, le 6 novembre 1876. L'abbesse actuelle est la R. dame Marie-Stanislas Van de Velde, native de Hamme ; elle a été installée selon le rit ordinaire du pontifical le 23 janvier 1877 par Mgr Faict, évêque de Bruges[1].

Les Bénédictines de Sainte-Godeleine n'ont plus

[1] Arch. du couv. des Bénédictines de Sainte-Godelière.

les grandes propriétés qui enrichissaient leur monastère avant la Révolution, mais elles ont su conserver un bien beaucoup plus précieux : la ferveur des premiers temps de la réforme établie par Mme Florence de Werquignœul. L'entière régularité de ce monastère le fait remarquer entre tous les couvents de la Belgique, et les évêques de Bruges ont toujours montré la plus grande estime pour cette pieuse et sainte maison. Elle se compose actuellement de trente-sept religieuses, y compris neuf sœurs converses.

En terminant cet aperçu sur l'histoire de l'abbaye de Sainte-Godeleine, nous exprimons le vœu de voir un jour les pieuses filles de Saint-Benoît revenir dans leur ancien monastère. De toutes les propriétés aliénées par la Révolution, les Bénédictines de Bruges doivent, avant tout, regretter la terre de Ghistelles, sanctifiée par la mort de leur bienheureuse patronne et berceau de leur institution. Une de ses bonnes religieuses nous écrivait dernièrement : « Toutes nous nourrissons le désir le plus ardent de pouvoir un jour poser nos pas sur l'heureuse terre qui a été sanctifiée par le sang de notre incomparable sainte et a été témoin des plus beaux exemples de vertus. »

L'horizon est sombre ; le temps ne paraît pas être favorable aux fondations religieuses, mais qui connaît les desseins de Dieu !

Litanies
de Sainte Godeleine.

Ces Litanies très populaires en Flandre ont été approuvées par l'autorité ecclésiastique. En 1867 Mgr Jean-Joseph Faict, évêque de Bruges, concédait quarante jours d'indulgence aux fidèles qui les réciteraient pieusement. Mgr Désiré-Joseph Dennel, évêque d'Arras, dans la pensée d'encourager la dévotion de ses diocésains envers sainte Godeleine, vient d'accorder les mêmes faveurs spirituelles à la récitation de ces Litanies.

Seigneur, ayez pitié de nous.
Jésus-Christ, ayez pitié de nous.
Seigneur, ayez pitié de nous.
Jésus-Christ, écoutez-nous.
Jésus-Christ, exaucez-nous.
Dieu, le Père tout-puissant, ayez pitié de nous.
Dieu le Fils, Rédempteur du monde, ayez pitié de nous.
Dieu le Saint-Esprit, ayez pitié de nous.

Très-Sainte Trinité, qui êtes un Seul Dieu, ayez pitié de nous.

Sainte Marie, Mère de Dieu, priez pour nous.

Sainte Marie, Reine des Martyrs, priez pour nous.

Sainte Marie, Reine des Vierges, priez pour nous.

Sainte Marie, Reine de tous les Saints, p. p. n.

Sainte Marie, patronne et protectrice de sainte Godeleine, priez pour nous.

Chère Sainte Godeleine, Vierge et Martyre, p. p. n.

— Modèle de toutes les vertus, priez pour nous.

— Qui, dès votre enfance étiez un modèle de piété, priez pour nous.

— Qui, professiez une tendre dévotion pour le S. Sacrifice de la Messe, priez pour nous.

— Qui, excelliez en toutes sortes de bonnes œuvres, priez pour nous.

— Qui, dès votre tendre jeunesse, aimiez et secouriez charitablement les pauvres de Dieu, p. p. n.

— Qui, votre vie durant, avez partagé votre pain avec les membres souffrants de Jésus-Christ, priez pour nous.

— Qui, au milieu de l'opulence avez conservé l'esprit de pauvreté, priez pour nous.

— Qui, dans votre vie privée, étiez en relation continuelle avec Dieu, priez pour nous.

— Qui, au milieu de votre délaissement, possédiez le secret de consoler les affligés, p. p. n.

— Dont la vie publique faisait l'édification de tous, priez pour nous.

Chère Sainte Godeleine, Douce et humble de cœur dans la prospérité, priez pour nous.

— Joyeuse et résignée dans l'adversité, p. p. n.

— Miroir de patience et de résignation chrétienne, priez pour nous.

— Qui, pour l'amour de Dieu, avez aimé comme vous-même vos ennemis et vos persécuteurs, priez pour nous.

— Qui, priant pour vos ennemis avez obtenu la conversion de votre persécuteur le plus acharné, priez pour nous.

— Prodige de douceur, priez pour nous.

— Miroir de pureté, priez pour nous.

— Excellent exemple d'obéissance, priez pour nous.

— Refuge des infirmes, priez pour nous.

— Consolatrice des cœurs affligés, priez pour nous.

— Dont le tombeau fut glorifié par de célestes prodiges, priez pour nous.

Priez pour nous, Chère Sainte Godeleine, afin que nous imitions vos vertus.

— Afin qu'à votre exemple, nous secourions charitablement les membres souffrants de Jésus-Christ.

— Afin qu'à votre exemple, nous portions notre croix avec une résignation chrétienne.

— Afin que notre pays augmente en confiance et dévotion envers vous.

— Afin que notre chère patrie conserve intact le dépôt de sa Foi.

Priez pour nous, chère Sainte Godeleine, Afin que
les parents élèvent leurs enfants dans la crainte
du Seigneur.

— Afin que la paix et l'union fleurissent dans
les familles chrétiennes.

— Afin que nous soyons préservés de la guerre,
de la famine et de la contagion.

— Afin que les Vierges du Seigneur, qui mènent
la vie religieuse sous votre invocation, pro-
duisent de dignes fruits de salut.

— Afin que tous cèux qui vous invoquent ressentent l'effet de votre puissante protection.

— Afin que dans toutes nos afflictions nous trou-
vions en vous une consolatrice.

— Afin que nous obtenions votre aide dans nos
maladies, spécialement quand nous souffrons
des maux d'yeux ou de gorge.

A l'heure de notre mort, chère Sainte Godeleine,
priez pour nous.

Agneau de Dieu, qui effacez les péchés du monde, pardonnez-nous, Seigneur.

Agneau de Dieu, qui effacez les péchés du monde, exaucez-nous, Seigneur.

Agneau de Dieu, qui effacez les péchés du monde, ayez pitié de nous, Seigneur.

Seigneur, ayez pitié de nous.

Jésus-Christ, ayez pitié de nous.

℣ Priez pour nous, Sainte Godeleine, Vierge et
Martyre,

℟ Afin que nous devenions dignes des promesses de Jésus-Christ.

ORAISON

tirée de l'Office divin.

Dieu tout-puissant, exaucez nos prières, afin que méditant pieusement les vertus et la patience de la chère Sainte Godeleine, vierge et martyre, ses mérites et son intercession augmentent votre amour dans nos âmes et nous aident à parvenir à l'éternelle récompense que vous promettez à ceux qui vous aiment. Nous vous en prions par Jésus-Christ, Notre-Seigneur.

Nous approuvons ces Litanies et nous accordons 40 jours d'indulgence, à mériter, une fois par jour, par les fidèles qui les réciteront pieusement avec l'Oraison qui les termine.

Arras 21 décembre 1887.

† Désiré-Joseph, *évêque d'Arras.*

Pièces Justificatives.

Pièces Justificatives.

I.

PROCÈS-VERBAL DE LA TRANSLATION DES RELIQUES
DE SAINTE GODELEINE
15 MAI 1380 [1].

PREMIÈRE PARTIE — 1084.

Hoc sanctum corpus sanctæ Godelephæ, evidenti-
bus miraculis insignitum, elevatum est in loco, qui
dicitur Ghistella, atque in hoc repositum vasculo, a Domino Radbodo, Noviomorum episcopo, tertio calendas
Augusti, anno Dominicæ Incarnationis millesimo octo-

[1] Dans ce document publié par Sollerius dans ses *Acta
sanctæ Godelevæ*, se trouve repris l'acte de l'élévation de terre
du corps de la sainte par Radbode, évêque de Tournay et
Noyon, en 1084. Trois siècles plus tard, la pièce fut trouvée
dans un tel état de vétusté, qu'on crut devoir, pour en conserver la mémoire, la reproduire dans le procès-verbal de
1380. Elle forme la première partie de ce document.

gesimo quarto, indictione quinta, epacta nulla, regnante
Philippo rege, anno vigesimo quarto, episcopante præfato episcopo Ratbodo anno quinto decimo, principante
Roberto, cognomento Frisone in Flandria, anno tertio
decimo. Cujus elevationi interfuit Gertrudis, comitissa
cum suis optimatibus, Ingelbertus abbas sancti Winoci, Walterus archidiaconus tornacensis, Walcherus
ejusdem ecclesiæ custos civitatis, Wido noviomensis
thesaurarius et cancellarius, Albertus presbyter, Drogo
diaconus, Landricus subdiaconus, Rodbertus brugensis præpositus, Theobaldus decanus, Folbertus cle-
ricus, Desiderius hujus scripti notarius de Ghistella,
Ramgerus presbyter, Joannes, Eraldus, Folbertus et
Landbertus, Frethabaldus et Erembaldus, Olfredus
custos ecclesiæ et filius ejus Ratbodus et alii innomi-
nati.

SECONDE PARTIE — 1380.

Et cum reliquiæ sancti corporis B. Godelevæ præno-
minatæ dudum elevatæ fuerint anno prælibato per
Venerabiles viros Patres ac Dominos, Dominum Rad-
bodonum, Noviomensium episcopum, et alios ibidem
existentes, quorum nomina bonæ memoriæ præsens
pagina declarat : secunda vice sciendum est omnibus
Christi fidelibus, quod anno Incarnationis Domini
Nostri Jesu Christi millesimo trecentesimo octogesimo,
videlicet quintodecimo mensis maii, Pontificatus sanctissimi in Christo Patris ac Domini nostri, Domini
Urbani Papæ VI, anno tertio, indictione III, vasculum,
in quo prima vice sanctum corpus prædictum erat im-

positum, renovatum fuit cum magna devotione parochianorum de Ghistella, in quo renovato feretro, quo ad præsens utitur in ecclesia de Ghistella. Ossa sancti corporis S. Godelevæ prædictæ cum magna devotione, more translationis sunt recollocata per discretum virum Dominum Joannem Vromond, curatum de Westkercke, capellanum ecclesiæ de Ghistella, authoritate suorum superiorum sibi commissa, præsentibus ibidem discretis et honestis viris ac Dominis Nicolao Kempe, Lamberto Meensoone, curatis de Ghistella, Joanne de Fleuricourt presbytero, scriptore præsentium, Nicolao Marteel, Ægidio Dardebond presbyteris et capellanis ejusdem ecclesiæ, et pluribus aliis presbyteris, clericis et laicis dictæ parochiæ de Ghistella parochianis.

II.

PROCÈS-VERBAL DE LA TRANSLATION DES RELIQUES
DE SAINTE GODELEINE
PAR GUILLAUME ÉVÊQUE DE SAREPTA,
27 JUIN 1557 [1].

Tertia vice fuerunt prædictæ reliquiæ translatæ ex feretro antiquo, a quo, instigante maligno spiritu, sacrilegi homines nocturna spoliatione detraxerant plurimum argenti, et reclusæ fuerunt in novo feretro argenteo, magnifice ornato splendentibus la-

---

[1] Ce procès-verbal a été édité par Sollerius dans les *Acta Sanctorum* des Bollandistes.

pidibus et deauratis laminis, sub missarum solemniis
in dicta ecclesia, dominica die, vigesima septima mensis junii, anno Domini millesimo quingentesimo quinquagesimo septimo, tertio anno pontificatus Papæ Pauli quarti, indictione prima, sub episcopatu Reverendi
Domini Caroli de Croy, episcopi Tornacensis, vivente
Carolo imperatore quinto, et regnante ejus filio Philippo, Hispaniarum, Angliæ, Franciæ, Neapolis, Siciliæ
rege et comite Flandriæ : Dominium obtinente **Joanne
Francisco** filio Joannis Caroli de Affaytady : ministerio
Reverendi in Christo Patris Domini Guilielmi, Dei
gratia episcopi Sareptani suffraganei Tornacensis et
decani ecclesiæ collegiatæ sancti Salvatoris oppidi Brugensis, Tornacensis diœcesis, ex commissione magni-
fici et generosi Domini Guilberti Dognies, apostolici
protonotarii, archidiaconi ecclesiæ cathedralis Beatæ
Mariæ Tornacensis, coadjutoris et vicarii generalis
prædicti Domini Caroli episcopi Tornacensis, assistentibus Reverendis et eximiis Dominis Guilberto Le
Bleu, abbate monasterii Sancti Andreæ prope Brugas,
Patrono ejusdem Ecclesiæ Ghistellensis, Oliverio Van-
der Hulst, abbate monasterii sancti Petri Oudenburgensis et Fratre Joanne de Muer, ejusdem monasterii
Priore, Dominis et Magistris Joanne Rycx et Joanne
Cock, curatis ecclesiæ Beatæ Mariæ Ghistellensis :
item Dominis et Magistris Arnoldo Dierkens et Hugo-
ne Coens curato, canonicis ejusdem ecclesiæ Sancti
Salvatoris Brugensis.

Convocatis etiam ibidem omnibus curatis agri
Ghistellensis et aliis ecclesiasticis plurimis : procuran-
tibus et dirigentibus prædictam solemnitatem egregiis

et circumspectis viris Nicolao Morasini, baillivo primo
Ghistellensi, Adamo de Meuninck, Petro Igels ædi-
tuis et burgimagistris ibidem, et Joanne Almaere,
ædituo tertio, totoque senatu, aliisque plurimis tam
nobilibus quam vulgaribus. Item prædictus Guilielmus episcopus Sareptanus, collatione facta cum litteris
antiquis, in parchameno scriptis, et in antiquo feretro
repertis, referente notario subscripto, reperit eas de
verbo ad verbum concordare cum narratione prædic-
tarum duarum præcedentium translationum. In quorum omnium et singulorum fidem, has præsentes literas per me notarium subscribi, sigillique sui oblongi
appensione et sui nominis subscriptione fecit communiri.

GUILIELMUS ep. Sareptanus

de mandato Reverendi Domini Sareptani,

CHRISTIANUS GRAEVE

notarius apostolicus et imperialis.

III

PROCÈS-VERBAL DE LA RECONNAISSANCE
DU CHEF DE SAINTE GODELEINE
PAR CHARLES-PHILIPPE DE RODOAN, ÉVÊQUE DE BRUGES,
14 SEPTEMBRE 1604 [1].

CAROLUS Philippus de Rodoan, Dei et apostolicæ sedis gratia, episcopus Brugensis, universis et singulis has literas visuris, lecturis seu legi audituris, salutem in Domino sempiternam.

Notum facimus, coram nobis comparuisse in præsentia reverendorum dominorum Petri Pantini, decani insignis ecclesiæ collegiatæ Sanctæ Gudilæ oppidi Bruxellensis et vicarii generalis exercitus suarum celsitudinum ; et Servatii Quinquerii, Arnoldi a Mechlinia, respective archipresbyteri et pœnitentiarii ecclesiæ nostræ cathedralis, nec non Burgimagistrorum, scabinorum, consulum et scribæ oppidi Ghistellensis ; Isabellam, filiam piæ m. Pauli Sorghe, dum viveret, graphiarii dicti oppidi Ghistellensis, quæ, prævio juramento solemniter præstito declaravit, calvariam a multis annis in ædibus dicti Pauli, patris sui, sedulo conservatam fuisse pro reliquiis sanctæ Godolevæ martyris ; neque aliquid circa eamdem mutatum aut factum, ratione cujus suspicio alicujus mutationis aut suppositionis cadere possit : ut merito pro vera et

---

[1] Ce document est tiré des *Acta sanctæ Godelevæ* par le P. du Sollier ap. Bollandistes.

genuina calvaria dictæ beatæ martyris haberi, venerari et coli debeat : atque eos magis, quod examinata capsa, cui dicta calvaria inclusa erat, invenerimus in eadem schedulam, antiquo charactere, hæc verba continentem : 𝔖𝔦𝔫𝔱𝔢 𝔊𝔬𝔡𝔬𝔩𝔦𝔢𝔳𝔢𝔫 𝔥𝔬𝔬𝔣𝔱 𝔱𝔢 𝔊𝔥𝔦𝔰𝔱𝔢𝔩𝔢 𝔡𝔢𝔡𝔢 𝔦𝔫 𝔰𝔦𝔩𝔳𝔢𝔯 𝔟𝔢𝔰𝔩𝔞𝔢𝔫 𝔡𝔢 𝔥𝔬𝔬𝔤𝔥 𝔢𝔫𝔡𝔢 𝔪𝔬𝔤𝔢𝔫𝔡𝔢 𝔥𝔢𝔢𝔯𝔢, 𝔪𝔦𝔧𝔫 𝔥𝔢𝔢𝔯𝔢 𝔍𝔞𝔫 𝔙𝔞𝔫 𝔊𝔥𝔦𝔰𝔱𝔢𝔩𝔢 𝔞𝔫𝔫𝔬 𝔐𝔠𝔠𝔠𝔵𝔠𝔦𝔦.

In quorum omnium et singulorum fidem præsentes sigilli nostri appensione ac secretarii nostri subscriptione jussimus ac fecimus muniri.

Actum Brugis anno millesimo sexcentesimo quarto, die mensis septembris decima quarta.

de Mandato Reverendissimi Domini præfati
PHILIPPUS LEPELAERE, secretarius.

IV.

PROCÈS-VERBAL DE LA VISITE DES RELIQUES
DE SAINTE GODELEINE
PAR DENIS CHRISTOPHORI
6 JUILLET 1623[1].

DIONYSIUS Dei et apostolicæ sedis gratia, episcopus Brugensis sextus, perpetuus Flandriæ cancellarius, omnibus Christi fidelibus, præsentes litteras visuris seu legi audituris salutem in Domino.

Semper in Ecclesia Dei pie observatum est, et etiam

---

[1] Ce document a été édité par Sollerius dans ses *Acta sanctæ Godelevæ* V. M. — Arch. de l'évêché de Bruges.

deinceps illibate observandum, tanquam articulum
fidei, docet S. concilium Tridentinum, ut reliquiæ
sanctorum, qui templa Spiritus Sancti fuere, pia veneratione colantur et honorentur. Quare cum nobis
constaret a plurimis annis et præsertim ab erectione
hujus episcopatus, nullam fuisse factam visitationem
reliquiarum S. Godelevæ virginis et martyris, officii
nostri esse putavimus, operam nostram in earumdem
reliquiarum visitatione impendere. Itaque anno Domini MDCXXIII, mensis julii die quinta, quando ob fes-
tum ejusdem sanctæ sequenti die celebrandum, ipsius
reliquiæ Ghistellam ex monasterio S. Godelevæ, Brugis existente (ubi ob deploranda belli tempora asser-
vabantur) erant transportandæ nos ex eadem civitate
Brugensi una cum feretro, in quo requiescunt eædem
sacræ reliquiæ, cum debito et honesto comitatu disce-
dentes, ad oppidum Ghistellense nos contulimus.

In cujus ecclesia parochiali, die sexta julii, post
sanctarum missarum solemnia, quæ in pontificalibus
celebravimus, factaque cum reliquiis sanctæ Godelevæ
per dictum oppidum processione, absolutaque concio-
ne, habita ad honorem ejusdem sanctæ, pontificalibus
induti, accensis luminibus, totoque magistratu Ghistellensi faces ardentes manibus gestante, debita cum
reverentia aperuimus prædictum feretrum ligneum,
coopertum tela aurea et insignitum aliqua ex parte
cupro inaurato, hinc inde lapidibus cristallinis ornato,
pertinens ad præfatam ecclesiam parochialem oppidi
Ghistellensis : quod cum inspiceremus ac visitaremus ;
invenimus in eodem reconditas reliquias sacri corporis
S. Godelevæ virginis et martyris solidas, nulla sui in

parte corruptas, colorem castaneum referentes, una cum duabus literis in pergameno descriptis, quarum alteris omnino integris, hæ nostræ transfiguntur. Aperto itaque prædicto feretro, Christi fidelibus, qui devotionis et voti causa ad hanc solemnitatem magno numero convenerant, dictas S. Godelevæ virginis et martyris sacras corporis reliquias speciatim ostendimus et exhibuimus.

Qua ostentione peracta et cantato hymno *Te Deum* laudamus, easdem sacras reliquias, balsamo odorifero conditas, et in octo fasciculos rubro serico et filis aureis obductos, distinctas, iterum in eodem feretro reposuimus et inclusimus, ac ejusdem feretri ostium sigillo nostro, ceræ rubeæ impresso, quatuor locis obfirmavimus : præsentibus ibidem et nobis assistentibus, admodum Reverendis Dominis Henrico Van der Zype, abbate S. Andreæ prope Brugas, patrono prædictæ ecclesiæ Ghistellensis et Maximiliano d'Engien, abbate S. Petri Oudenburgensis et Reverendis ac venerabilibus Dominis, Servatio Quinquero decano, Arnoldo a Mechlinia archidiacono, Joanne Van de Velde, archipresbytero, qui et nomine et ex commissione Reverendissimi in Christo Patris ac Domini Maximiliani episcopi Tornacensis, hujus ecclesiæ etiam patroni, huic actui interfuit; Joanne Baptista Crocquet, Joanne Cerezo, Joanne Jacobs, Roberto Meynaerts scholastico, Francisco Peroulle, Petro Blende, Petro Knudde, canonicis presbyteris ecclesiæ cathedralis S. Donatiani Brugensis, nec non Domino Martino Herpels pastore Ghistellensi et Domino Jacobo Van Blootacker, capellano nostro et aliis presbyteris ac clericis.

Præsentibus etiam ibidem in absentia nobilis viri Domini Cæsaris Affaitadii, Baronis Ghistellensis, ejusdem conjuge Domina Magdalena de Camargo, Domino Ludovico de Camargo, ejus patre, capitaneo turmæ equitum, et domino Nicolao Morasini, baillivo primo Ghistellensi, Adriano Storme burgimagistro communitatis, Maillardo Acke, burgimagistro scabinorum et reliquis de magistratu, nec non magistris fabricæ et mensæ S. Spiritus ejusdem ecclesiæ et plurimis aliis utriusque sexus Christi fidelibus.

Acta hæc fuerunt pontificatus sanctissimi Domini nostri Gregorii XV, anno tertio, imperante Ferdinando secundo, regnante Philippo quarto Hispaniarum rege, comite Flandriæ : eam provinciam pro eo gubernante Isabella Clara Eugenia Austrica, Hispaniarum infante.

In quorum fidem, præsentes propria manu signavimus et sigillo nostro ac secretarii nostri signatura communiri jussimus.

Anno a Nativitate Domini MDCXXIII mensis julii die sexta, sanctæ Godelevæ sacra.

† Dyonisius ep. Brug.

de mandato Reverendissimi Domini præfati
Jacobus Van Blootacker.

V.

PROCÈS-VERBAL DE L'EXAMEN DES RELIQUES, DE LA CHASSE
DES BÉNÉDICTINES DE SAINTE GODELEINE,
PAR NICOLAS DE HAUDION, ÉVÊQUE DE BRUGES,
24 JUILLET 1643.

Nicolaus de Haudion, Dei et apostolicæ sedis gratia, episcopus Brugensis, perpetuus et hereditarius Flandriæ cancellarius, omnibus has visuris salutem in Domino.

Exhibita nobis pro parte D. abbatissæ et monialium novi monasterii S. Godelevæ, ord. S. Benedicti, olim extra, nunc vero intra civitatem Brugensem, petitio continebat, qualiter in consilio suæ majestatis catholicæ, pendente lite inter supplicantes ex una et sorores Annam Godelevam Massur et Annam Sproncholf religiosas professas veteris monasterii prædictæ S. Godelevæ ex altera partibus : quædam notabiles reliquiæ ejusdem S. Godelevæ inter alia die VI augusti anni MDCXLI. Ad instantiam dictarum sororum Annæ Godelevæ Massur et Annæ Sproncholf sequestratæ fuerunt ad manus RR. DD. Vicariorum sedis episcopalis tunc vacantis et repositæ in armario quodam, sito in sacristia majori S. Caroli Borromæi, ecclesiæ cathedralis, ibidemque sub sigillo eorumdem D D. vicariorum fuerunt asservatæ usque ad diem XXIX aprilis ultimo elapsi.

Quo nos, volentes mandare executioni litteras regias datas Bruxellis quarta ejusdem mensis aprilis, signatas DE COTTIGNIES, ac sigillatas solito dictæ regiæ majestatis sigillo, præmemoratas reliquias inclusas feretro ligneo quadrato et exterius picto et deaurato, altitudinis circiter duorum pedum, debite per nos visitatas, in præsentia plurimorum tam ecclesiasticorum quam secularium et sub sigillo nostro, in rubra cera impresso obseratas, dictis D. abbatissæ et monialibus novi monasterii, modo degentibus in nova domo ejusdem monasterii sita in platea dicta de Bouverystrate, cum aliis parvulis reliquiis, jocalibus, ornamentis et aliis rebus, pro parte præfatarum duarum monialium, penes præfatos DD. vicarios eousque sequestratis, restitui curavimus, prout etiam restitutas fuisse et exinde in eodem feretro, in ecclesia ejusdem monasterii asservatas fuisse nobis constat.

Verum cum sicut eadem petitio subjungebat moniales dicti novi monasterii, pro pietate et ardente devotione, quo feruntur erga dictam S. Godelevam, summopere desiderarent, ad breve aliquod tempus dictum feretrum per nos aperiri, sibique cum debita veneratione reliquias introclusas ostendi ; nos attendentes, hujusmodi supplicationem esse justam et rationi consonam, accessimus dictam ecclesiam novi monasterii ejusdem S. Godelevæ, ibidem accensis luminibus, debita cum reverentia, in præsentia R. admodum Domini Jacobi de Bernencourt, præpositi ecclesiæ collegiatæ Beatæ Mariæ Brugensis, R. Patris guadiarni Capucinorum conventus Brugensis, secretarii et capellani nostri, nec non plurimorum circumstantium, dictum feretrum, detractis primo sigillis, desuper (uti prædictum est) impressis, aperuimus ; ac in eodem reperimus dictas reliquias S. Godelevæ, ordine prout sequitur.

Primo magnam partem sanguinis concreti, ejusdem S. Godelevæ, forma quasi quadrangulari, ab utraque parte multis puteolis et foraminibus notatam, densam ad latitudinem trium digitorum, albi coloris et fere instar calcis. Item aliam partem satis magnam, sed priore notabiliter minorem, quasi rotundam, ejusdem pene densitatis. Item quatuor alias partes minores, uniformiter difformes, etiam partem minimam, ac particulas aliquot minutas, ad instar pisorum, quæ omnes partes erant separatim involutæ linteis albis, et dictæ majores partes præterea bysso rubeo, in modum bursæ confecto.

Quibus involucris ex parte solutis et apertis, præfatas omnes reliquias sæpe dictis monialibus, in choro pensili præmemoratæ ecclesiæ congregatis, aliisque circumstantibus, ea, qua præmittitur, veneratione ostendimus, ac tum easdem rursum præfatis linteis involutas, in supradicto feretro cum præsentibus litteris reposuimus, idemque feretrum, debite occlusum, præfato sigillo nostro in quatuor angulis, in cera rubra desuper impresso, observavimus ; insuper concedendum duximus et consentimus per præsentes, ut eædem in capsa lignea, ad hoc a latere Evangelii altaris præfatæ ecclesiæ adornata, reponantur et collocentur, ac debito cultu a Christi fidelibus honorentur.

Datum Brugis in palatio nostro episcopali, sub sigillo nostro et secretarii nostri signatura, die XXIV julii anni MDCXLIII.

De mandato Perillustris et Reverendissimi Domini præfati

VAN DER ZYPE, secretarius.

VI.

PROCÈS-VERBAL DE LA RECONNAISSANCE DES RELIQUES
DE SAINTE GODELEINE,
PAR HENRI-JOSEPH VAN SUSTEREN, ÉVÊQUE DE BRUGES,
29 SEPTEMBRE 1719 [1].

HENRICUS Josephus Van Susteren, Dei et apostolicæ sedis gratia, episcopus Brugensis, perpetuus ac hereditarius Flandriæ Cancellarius omnibus has visuris salutem in Domino.

Cum patres societatis Jesu, qui in domo professa Antverpiæ conscribendis sanctorum actis, jam a multis retro annis, tam zelosæ ac sacræ historiæ tam utiliter insudarunt, jam eo sanctis suis et assiduis lucubrationibus devenissent, ut concinnandæ vitæ sanctæ Godelevæ, quæ Ghistellis, diœcesis nostræ oppido, VI julii summa populi veneratione colitur, sedulo jam occuparentur, ac propterea ea a nobis documenta quæ in archiviis nostris vel alibi inveniri possent, præfatam sanctam vel ejus sacras reliquias spectantia, enixe uti et reverenter expostulassent.

Hinc nos, nihil tam avide desiderantes, quam diœcesis nostræ sanctam, quo possumus ampliore decore prosequi, et ejus exaltationi officium nostrum episcopale impendere, nec non etiam sanctissimis prædictorum Patrum desideriis juxta ac piis eorum intentionibus

---

[1] Ce document a été publié par le P. du Sollier V. *Acta Sanctorum* cit.

omni nostro conatu obsequi, nos XXVII mensis septembris novissimi contulimus ad oppidum Ghistellense et ecclesiam ipsius parochialem, ibidemque omni, qua par est, reverentia, aperuimus feretrum ligneum, coopertum tela aurea, deauratis laminis et hinc inde lapidibus cristallinis ornatum, in quo reliquiæ S. Godelevæ virginis et martyris coluntur ; quod invenimus interius bipartitum, in cujus anteriore parte erat fasciculus rubro serico obductus, in quo minora quædam ossa continebantur, in posteriori vero parte recondita erant omnia ossa majora sacri corporis præmemoratæ S. Godelevæ, in octo fasciculos, rubro serico et filis aureis obductos, distincta, ad modum quo has sacras reliquias descriptas et designatas invenimus in acta visitationis, quam instituit illustrissimus Brugensium episcopus Dionysius Christophori, anno a Nativitate Domini millesimo sexcentesimo vigesimo tertio, mensis julii die sexta.

Acta vero ista adjacebat majoribus istis ossibus una cum testimonialibus Reverendi in Christo Patris Domini Guilielmi, Dei gratia episcopi Sareptani, suffraganei Tornacensis et decani ecclesiæ collegiatæ sancti Salvatoris oppidi Brugensis, de anno millesimo quingentesimo quinquagesimo septimo, vigesima septima mensis Junii. Quas quidem sanctæ virginis et martyris sacri corporis reliquias, postquam præsentium aspectui et sacri osculi venerationi exhibuissemus, iterum in eodem feretro eas reposuimus et inclusimus, ac ejusdem feretri utriusque partis ostium sigillo nostro ceræ rubeæ impresso, obductis linteis, quinque locis obfirmavimus, præsentibus reverendo admodum

Domino J. Bellinck, præfati oppidi Ghistellensis pastore et decano christianitatis, ac variis aliis diœcesis nostræ curatis, totoque magistratu Ghistellensi ac aliis numerosissimis utriusque sexus fidelibus.

In cujus fidem hasce signavimus et sigillo nostro ac secretarii nostri signatura muniri jussimus.

Brugis hac XXIX septembris MDCCXIX.

Henricus Josephus episc. Brug.

De mandato Illust. ac Reverend. Domini mei
Lud. de Wale, secretarius.

VII.

Lettre de commission permettant a Guillaume Pieters, abbé de Saint-André, de visiter les reliques de sainte Godeleine. 4 juillet 1723[1].

Henricus Josephus Van Susteren, Dei et apostolicæ sedis gratia, episcopus Brugensis, omnibus Christi fidelibus præsentes litteras visuris aut legi audituris salutem in Domino.

Cum sexta hujus in oppido Ghistellensi solemniter celebrandum sit Jubilæum elevationis Reliquiarum sanctæ Godelevæ virginis et martyris, atque hæ sacræ exuviæ transferendæ sint ex antiqua lipsanotheca in novam, quam pietas incolarum dicti oppidi ac vicino-

---

[1] Ce document inédit est tiré des archives de l'évêché de Bruges.

rum confici curavit quamque hodie juxta Pontificale Romanum benediximus, declaramus nos commisisse et committere per præsentes Rev. adm. ac Amplis. Dominum abbatem sancti Andreæ juxta hanc civitatem, Patronum ecclesiæ parochialis dicti oppidi, ut, nomine nostro et authoritate nostra, præmemoratæ translationis munus peragat, eumque in finem prævie perspiciat, an antiquæ lipsanothecæ ostium utrumque adhuc sit sigillo nostro ceræ rubeæ impresso, quatuor in partibus munitum, et an inveniatur in anteriori parte lipsanothecæ fasciculus rubro serico obductus, quo minora quædam sacra ossa continentur, in posteriori vero parte octo fasciculi rubro serico et filis aureis obducti, quo majora ossa : et an illis adjunctæ sint tres literæ testimoniales, quarum una data fuit ab episcopo Sareptano Guilielmo, altera ab antecessore nostro Dionysio et tertia a nobis in visitatione dictarum Reliquiarum, atque his omnibus ita repertis, novem illos fasciculos debita cum veneratione, uti et testimoniales illas literas, una cum præsentibus transferat ad novam lipsanothecam, hujusque ostium binis vittis ab utraque parte sigillo nostro muniendis rite occludat.

Ita dabamus Brugis, in palatio nostro episcopali, die quarta mensis Julii, anno MDCCXXIII.

† HENRICUS JOSEPHUS, ep. Brugensis.

VIII.

ATTESTATION DE JEAN-BAPTISTE LOUIS DE CASTILLION, ÉVÊQUE DE BRUGES, RECONNAISSANT L'AUTHENTICITÉ DU CHEF DE SAINTE GO-DELEINE, 25 JUIN 1749 [1].

ILLUSTRISSIMUS Dominus visitavit caput divæ Godele-væ, e sacris reliquiis ejusdem sanctæ spectantibus ad ecclesiam parochialem Ghistellensem, ac in parva chartula, manu propria inscripsit actam sequentem : *Caput sanctæ Godelevæ a nobis visitatum, et ita esse legitime per authenticas literas repertum attestamur, hac 26 junii 1749*. Sign. *Joan. Bapt. Lud. Episcopus Brugensis ;* eamdemque chartulam ad partem occipitis affixit, impresso ab utraque extremitate minori suo sigillo in cera rubra ; cumque eædem sacræ Reliquiæ ob turbulenta belli tempora translatæ ac repositæ mansissent in ecclesia Vineæ Brugensis seu Beguina-gii, permisit illustrissimus Domnus ut publica solem-nitate reportarentur ex dicta ecclesia ad Parochiam de Gistele in pristinum locum.

---

[1] Ce document inédit est tiré des archives de l'évêché de Bruges.

IX.

PROCÈS-VERBAL DE LA VISITE DES RELIQUES DE SAINTE GODELEINE
PAR JEAN-ROBERT CAIMO, ÉVÊQUE DE BRUGES, 7 JUILLET 1770[1].

JOANNES Robertus Caimo, Dei et apostolicæ sedis gratia, episcopus Brugensis, perpetuus ac hereditarius Flandriæ cancellarius, omnibus præsentibus literas inspecturis seu legi audituris salutem in Domino.

Notum facimus et attestamur quod anno a partu virgineo 1770, die septima mensis Julii, ad majorem Dei gloriam et honorem omnium sanctorum signanter sanctæ Godelevæ virginis et martyris, occasione Jubilæi 700 annorum a glorioso martyrio præfatæ sanctæ, quod ibidem celebrari incepit 6ª hujus et continuabitur 24 diebus sequentibus, cum indulgentia plenaria ex indulto apostolico, nos ad oppidum Gistellense contulerimus, in cujus ecclesia parochiali prædicta, die septima post vesperas, præsentibus Dno Pastore cum reliquis de clero, necnon perillustri Domino comite Gistellensi et Domina comitissa illius conjuge, totoque magistratu cum magistris fabricæ et mensæ S. Spiritus, præparatoriam instituimus visitationem et recognitionem SS. reliquiarum ejusdem sanctæ Godelevæ, ut, Deo dante, eadem publice et solemniter fieret die sequenti ; omni, itaque, qua par est reverentia et devo

---

[1] Ce document inédit est tiré des archives de l'évêché de Bruges.

tione aspeximus feretrum ligneum exterius integre
deargentatum, in quo reliquiæ sanctæ Godelevæ conduntur, cujus ostium sigillo Illustrissimi Domini Henrici Josephi Van Susteren ceræ rubræ impresso, obductis linteis quatuor in locis invenimus obfirmatum.
Fractis deinde sigillis et aperto illius ostio, tribus seris
occluso, reperimus in primis literas visitationis Reverendissimi in Christo Patris ac Domini Guilielmi,
Dei gratia, episcopi Sareptami, de 27 mensis Junii
1557 ; 2° Literas visitationis Illustrissimi Domini Dionysii Christophori, sexti Brugensis episcopi, de 6ª julii
1623 ; 3° Literas visitationis factæ a Reverendissimo
Domino Henrico Josepho Van Susteren, XIV° Brugensi episcopo, anno 1719 die 29 septembris ; et fina-
liter literas testimoniales Ampliss. Dni Guilielmi Pieters, abbatis S. Andreæ, qui juxta commissionem ori-
ginaliter junctam prædicti episcopi Henrici Josephi,
memoratas S. Godelevæ reliquias, anno 1723 sexta
julii, ex antiqua lipsanotheca in novam transtulerat.
In ra dictas literas visitationum erat fasciculus rubro
serico obductus, in quo minora quædam ossa continebantur, et octo alii fasciculi in quibus majora ossa
corporis ejusdem sanctæ Godelevæ rubro serico erant
involuta ; quas quidem reliquias ita visas in eodem feretro reposuimus et inclusimus et ejusdem feretri ostium sigillo nostro minori ceræ rubræ impresso duobus
in locis communivimus. Visitavimus deinde caput
S. Godelevæ inclusum capiti argenteo, cujus sacri ca-
pitis superiori parti immediate affixa erat pars perga-
mena continens scripturam tenoris sequentis : Caput
S. Godelevæ a nobis visitatum et ita esse legitime per

authenticas literas repertum attestamur hac 25 junii
1749. Sign. Joan. Bapt. Lud. episcopus Brugensis,
cum impressione sigilli in duobus locis.

Die vero octava ejusdem mensis et anni, quæ erat
Dominica quarta post Pentecosten, celebratis mane in
pontificalibus Missarum solemniis, assistentibus nobis
quatuor abbatibus infra nominandis ; factaque cum
reliquiis S. Godelevæ per dictum oppidum processione
a meridie, immediate ante laudes vespertinas, pontificalibus induti processimus ad theatrum in cœmeterio
ejusdem ecclesiæ constructum, ubi solemniter et publice rursus debita cum reverentia aperuimus prædictum feretrum ligneum, quod cum inspiceremus ac visitaremus, invenimus in eodem reconditas reliquias
S. corporis S. Godolevæ virginis et martyris, modo et
forma prout hesterno die repositas, quas speciatim
ostendimus et exhibuimus Christi fidelibus qui ad hanc
jubilæi solemnitatem magno numero convenerant.
Qua ostensione peracta, easdem SS. reliquias in octo
fasciculos, cum uno parvo in quo minora quædam
ossa continentur, novo rubro serico, novis filis aureis
obduximus et iterum cum præfatis literis in eodem feretro reposuimus et inclusimus, ac ejusdem feretri ostium tribus seris occlusum sigillo nostro ceræ rubeæ
impresso obductis linteis quatuor in locis obfirmavimus.
Præsentibus ibidem et nobis assistentibus RR. Adm.
ac Ampliss. Dnis Paulo Diericxen, Aldenburgensi ;
Guilielmo Malet, S. Andreæ juxta Brugas ; Roberto
Van Severen, Dunensi et Matthæo Van Troyen,
Furnensi abbatibus, necnon R. D. Joanne Van den
Kerckhove, pastore loci, cum cæteris de clero ejusdem

ecclesiæ. Præsentibus etiam perillustribus Dno Euge-
nio Alberto Carolo Affaytadi, comite Gistellensi, uti et
Dna comitissa Joanna de la Coste ejusdem conjuge,
cum toto magistratu necnon magistris fabricæ, mensæ S. Spiritus oppidi Gistellensis, et plurimis aliis
utriusque sexus Christi fidelibus.

Acta fuerunt hæc pontificatus SS. Dni nostri Cle-
mentis Papæ XIV anno secundo, imperante Josepho II,
regnante augustissima Maria Theresa regina aposto-
lica, Flandriæ comitissa, eamdem provinciam pro illa
gubernante Serenissimo Principe Carolo Alexandro
Lotharingiæ et Barriducis. In quorum omnium fidem
præsentes literas sigillo nostro majori, nostraque et
secretarii nostri signatura fecimus communiri.

Actum in oppido Gistellensi hac die octava julii 1770.

JOANNES ROBERTUS, ep. Brugensis.

De mandato Illustr. et Rev. DD. episcopi præfati
P. J. de Pauw, secret.

X.

ACTE DE VISITE DES RELIQUES DE SAINTE GODELEINE, FAITE PAR
PIERRE DE PAUW, VICAIRE GÉNÉRAL, DANS LA DEMEURE D'IGNACE
VAN COQUELAERE CURÉ DE L'ÉGLISE DE SAINT-SAUVEUR A BRUGES,
20 DÉCEMBRE 1797 [1].

CONFORMITER ad commissionem Vicariatus hester-
næ diei, infrascripti adivimus ædes R. D. Ignatii
de Coquelaere pastoris, ubi depositum erat feretrum

---

[1] Ce document inédit est tiré des archives de l'évêché de
Bruges.

ligneum in quo reconditæ erant reliquiæ S. Godelevæ, Gistellensium Patronæ.

Præsentes illic aderant præfatus D. Pastor, uti et D. Petrus Rommelaere, Pastor laicorum ecclesiæ cathedralis S. Donatiani, cum D. Herremans, fabro argentario, ex parte avunculi sui D. Joannis Van den Kerckhove, pastoris et decani ecclesiæ parochialis Gistellensis, specialiter commisso ad assistendum visitationi uti et deliberationi quid circa sacras hasce reliquias agere expediret.

Debita itaque veneratione, aperta sera ejusdem feretri exterius integre argentati, invenimus in eo lipsanothecam ligneam tribus seris clausam et quatuor in locis sigillo Illustrissimi Domini Joannis Roberti Caimo, episcopi Brugensis, ceræ hispanicæ impresso, obfirmatam.

Fractis sigillis, dictam thecam aperuimus, qua interius inspecta, visitata et examinata, reperimus in ea SS. Reliquias corporis S. Godelevæ, virginis et martyris, quoad modum, formam et fasciculorum numerum exacte dispositas conformiter ad originales visitationis literas prædicti Antistitis de data 8 julii 1770, hisce reliquiis adjunctas, quas proinde reliquias tamquam indubie authenticas recognovimus, prout etiam authenticum agnovimus, post particularem visitationem, caput ejusdem sanctæ, capiti argenteo inclusum.

Deinde post maturam habitam deliberationem, præfatas SS. reliquias, uti et omnes originales visitationum actas, ex dicta theca desumpsimus, atque provisionaliter et usque ad aliam ulteriorem dispositionem,

in novam arcam ligneam cum memorato capite
transtulimus ac deposuimus, retenta solummodo, pro
directione nostra, acta originali ultimæ visitationis per
Revmum D. Caimo institutæ. Arcam hanc ligneam sigillo ejusdem Præsulis (cum aliud ad manum non
esset) ceræ rubeæ hispanicæ impresso, obductis char-
tulis, quatuor in locis communivimus, ac demum eamdem curæ ac sollicitudini prædicti domini pastoris de
Coquelaere commendantes in custodiam et conservationem tradidimus.

P. J. de Pauw, dec. vic. gen.

W. Joris, archipr. vic. gen.

Herdies, secret.

XI.

PROCÈS-VERBAL DE LA VISITE DES RELIQUES DE SAINTE GODELEINE,
FAITE PAR ÉTIENNE-ANDRÉ-FRANÇOIS DE PAULE FALLOT DE BEAU-
MONT, ÉVÊQUE DE GAND, 22 AOUT 1804 [1].

Stephanus-Andreas-Franciscus a Paula Fallot de
Beaumont, miseratione divina et S. Sedis apostolicæ gratia episcopus Gandavensis, omnibus præsentes
litteras inspecturis seu legi audituris salutem.

Notum facimus et testamur, quod die datæ præsentium in ædibus nostris episcopalibus examinaverimus

---

[1] Ce document inédit est tiré des archives de l'évêché de
Gand.

capsulam quamdam ligneam sigillo Reverendissimi Domini Joannis Roberti Caimo, XVI[ti] Brugensium episcopi, ceræ rubræ hispanicæ impresso, obductis linteis quatuor in locis obfirmatam, in quam a tribus deputatis vicariatus diœcesis Brugensis, sede episcopali vacante, 20 decembris 1797 translatæ et impositæ fuerunt Reliquiæ sanctæ Godelivæ Virginis et martyris, et nebuloso tempore in custodiam et conservationem traditæ R. D. Ignatio Van Coquelaere, pastori ecclesiæ parochialis sancti Salvatoris in hac civitate.

Fractis deinde sigillis, dictam capsulam aperuimus; qua interius inspecta et examinata, invenimus in ea SS. reliquias corporis sanctæ Godelivæ V. et M., quoad modum, formam et fasciculorum numerum exacte depositas, juxta actam visitationis a prædicto vicariatu factæ et præsentibus inclusæ et conformiter ad originales litteras prælaudati antistitis de 8 julii 1770, hisce reliquiis cum aliis aliorum episcoporum visitationum actis, adjunctas, quas proinde Reliquias tamquam indubie authenticas habuimus et recognovimus, prout etiam authenticum agnovimus caput ejusdem sanctæ particulari fasciculo inclusum.

Quo examine peracto, easdem SS. Reliquias, in octo fasciculis contentas, cum memoratis litteris (non tamen ipsum caput, quod inde desumpsimus et in aliam minorem thecam transtulimus) denuo in eadem capsula lignea reposuimus, inclusimus, eodemque modo, ut ante, clausimus, sigilloque nostro, ceræ rubræ hispanicæ impresso, obductis linteis coloris albi, quatuor in locis obfirmavimus.

Præsentibus in hac visitatione RR. DD. Petro Jacobo de Pauw, vicario nostro generali, necnon districtus Brugensis christianitatis decano, Joanne Antonio Buydens, examinatore synodali et ecclesiæ nostræ cathedralis canonico honorario, et Ignatio Van Coquelaere, ecclesiæ parochialis sancti Salvatoris pastore.

In quorum omnium fidem præsentes litteras sigillo nostro majori, nostraque ac secretarii nostri signatura fecimus communiri.

Actum Brugis, in ædibus nostris episcopalibus, hac die vigesima secunda augusti 1804.

† Steph. Epis. Gandavensis.

De mandato Illustrissimi et Reverendissimi DD. episcopi præfati

J. B. VAN SCHAUWENBERGE, secret.

XII.

PROCÈS-VERBAL DE LA VISITE DES RELIQUES DE SAINTE GODELEINE PAR MGR WEMAER, VICAIRE-GÉNÉRAL DE BRUGES, PRÉLAT DE LA MAISON DU PAPE, 13 JUILLET 1870[1].

ANTONIUS Philippus Wemaer, vicarius generalis Rmi Dni Joannis Josephi Faict, episcopi Brugensis XX, archipresbyter capituli et civitatis Brugensis,

---

[1] Ce document inédit tiré des archives de l'évêché de Bruges nous a été communiqué par M. Hocke, doyen de Ghistelles.

a secretis capitulo præfato, et prælatus domesticus SS. D. N. Pii PP. IX.

Omnibus et singulis præsentes litteras inspecturis, notum facimus et attestamur, quod anno ab Incarnatione Domini 1870, die septima Julii, R. D. Joanne Josepho Faict, episcopo Brugensi XX, Romæ in concilio Vaticano sedente, ad majorem Dei gloriam omniumque sanctorum, signanter vero sanctæ Godelevæ, V. et M. Ghistellensis, occasione Jubilæi VIII¹, annorum a glorioso martyrio sanctæ virginis præfatæ, nos ad oppidum Ghistellense contulerimus, ut ibidem in ecclesia parochiali B. M. V. præparatoriam et privatam institueremus visitationem et recognitionem reliquiarum ejusdem sanctæ Godelevæ, ut, Deo dante, feria IV proxima, XIII currentis mensis, eadem solemniter fieret in ecclesia coram populo. Fuit autem hæc visitatio peracta sequenti modo : die præfata, comite R. D. Adolpho Duclos, custode SS. Reliquiarum diœcesis Brugensis, sacristiam dictæ ecclesiæ ingressi sumus hora quasi III pomeridiana, ubi deposita erant : 1° Capsula lignea, formæ rotundæ, obducta papyro chartaceo coloris subobscuri, circumligata tœnia linea alba et clausa sigillo Reverendissimi Domini Stephani Andreæ Francisci de Paula Fallot de Beaumont, episcopi Gandavensis. Inscriptio erat litteris modernis in cooperculo exarata : *Caput sanctæ Godelevæ Virg. Mart.* Altitudo hujus capsulæ erat 17, diametrum autem 30 centesimarum partium metri. 2° Cistula seu feretrum quadrangulum oblongum, obductum per totum panno serico rubro floribus multicoloribus distincto, undequaque consuto ; longitudo hujus feretri erat 57, latitudo 32, altitudo vero 25,5 centesimarum partium metri.

Nobiscum præsentes erant : R. D. Ludovicus Dumoulin, pastor ecclesiæ B. M. V. Ghistellis et decanus districtus Ghistellensis, R. D. Petrus Dominicus Vermeulen, vicepastor dictæ ecclesiæ, R. D. Joannes Bernardus Vervarcke, pastor ecclesiæ sancti Cornelii in Snaeskerke, R. P. Dionysius, ord. FF. Min. Capucinorum conventus Brugensis, D. Eugenius Desmedt, magistratui Ghistellensi a secretis, qui nomine D. Burgimagistri, scabinorum necnon consiliariorum, huic præviæ visitationi intererat, DD. Leonardus Van Honsebrouck et Philippus Dekeyser, magistri Fabricæ. Quatuor cereis accensis, induti rocheto et stola coloris rubri, recitavimus alternatim hymnum *Veni Creator*, cum oratione de Spiritu Sancto. Abstracta charta, qua capsula rotunda cooperta erat, et fracto sigillo R^{mi} D^{ni} Stephani Andreæ Francisci de Paula Fallot de Beaumont, aperuimus capsulam prædictam, in qua caput sanctæ Godelevæ V. et M. continebatur, indutum serico cæruleo; interior vero pars capsulæ gossipio repleta erat. Post fractionem sigilli R^{mi} D^{ni} Joannis Roberti Ghisleni Caimo, XVI episcopi Brugensis, quo dictum involucrum erat munitum, apparuit obductum serico rubro sacrum caput S. Godelevæ V. et M., quod integrum, absque tamen maxilla inferiori, inventum est, firmatum duobus in locis sigillo ceræ rubræ impresso R^{mi} D^{ni} Joannis Baptistæ Ludovici de Castillion, XV episcopi Brugensis. Hac visitatione peracta, reposuimus caput S. Godelevæ in eadem cistula rotunda, quam circumligatam tœnia rubri coloris, duobus

in locis sigillavimus majori sigillo R^mi D^ni Joannis
Josephi Faict, XX episcopi Brugensis. Statimque processimus ad visitationem feretri continentis reliquias
corporis S. Godelevæ V. et M. Panno serico rubro
abstracto, apparuit cistula sera clausa, cum inscri-
ptione in cooperculo litteris modernis et nigro atra-
mento exarata, sequentis tenoris : *Reliquiæ corporis
sanctæ Godelevæ, virginis et martyris*. Fregimus sigil-
lum R^mi D^ni Stephani Andreæ Francisci de Paula
Fallot de Beaumont, sed cum clavis deperdita fuisset,
ope fabri ferrarii, jussimus seram aperiri. In hac autem theca invenimus sequentia documenta spectantia
ad visitationem reliquiarum : 1° Litteras anno 1380
conscriptas, continentes relationem elevationum anni
1084 et anni 1380, vetustate dissectas; 2° Litteras R^mi
D^ni Dionysii Christophori, VI episcopi Brugensis, de
die 6 julii a. 1623, majore sigillo pendente, cum litteris
jam vetustate deterioratis, etiam suo sigillo munitis, R^mi
D^ni Gulielmi, episcopi Sareptani, de die 27 junii 1557 ;
3° Litteras visitationis factæ a R^mo D^no Josepho Van
Susteren, XIV episcopo Brug., de die 29 septembris
1719; 4° Litteras commissionis quibus deputatur Gu-
lielmus Pieters, abbas sancti Andreæ, ad visitandas
transferendasque reliquias sanctæ Godelevæ V. et M.,
datas 4 julii 1723, cum litteris visitationis factæ a dicto
abbate, die 6 julii 1723, et pergameno cui inscripta
sunt nomina dominorum magistratus Ghistellensis et
magistrorum capellæ sanctæ Godelevæ; 5° Litteras
visitationis factæ, die 7 julii 1770, a R^mo D^no Joanne
Roberto Ghisleno Caimo, XVI episc. Brug. 6° Litteras
signatas : do Pauw, dec. vic. gener., continentes visita-

tionem factam, die 20 decembris 1797, in ædibus R. D. Ignatii Van Coquelaere, pastoris ecclesiæ SS. Salvatoris, Brugis. 7° Litteras visitationis peractæ a R^{mo} D^{no} Stephano Andrea Francisco de Paula Fallot de Beaumont, episc. Gandavensi, die 3 augusti 1804. Dictis litteris suppositi erant fasciculi rubro serico obducti, et circumligati funiculis auro et serico rubro textis, numero octo, in quibus majora ossa corporis sanctæ Godelevæ erant involuta, unus vero continens ossa minora; quas quidem reliquias, a testibus prænominatis visas et veneratas, in eodem feretro reposuimus et inclusimus, et feretrum, funiculis rubris circumligatis, duobus in locis sigillo majori R^{mi} D^{ni} Joannis Josephi Faict, episc. Brug., ceræ rubræ impresso communivimus, extractis tamen litteris visitationum, quas nobiscum detulimus inspiciendas, postmodum rursum cum novis instrumentis in feretro dictarum reliquiarum asservandas, quando die XIII, currentis mensis, a nobis instituenda erit, Deo dante, publica et solemnis harum reliquiarum recognitio ; atque circa horam IV cum dimidia, dicto hymno *Te Deum,* fuit visitatio illa absoluta, anno, mense et die quibus supra.

Die vero XIII ejusdem mensis et anni, quæ erat feria quarta, hora tertia pomeridiana, immediate ante laudes vespertinas processimus ad theatrum in navi ecclesiæ ante chorum constructum, ubi solemniter et publice rursum cum debita reverentia aperuimus capsulam rotundam, continentem caput sanctæ Godelevæ, quod invenimus reconditum prout die VII ultimo elapsa repositum fuerat. Postea vero sanctum caput venerationi populi exhibuimus et illud novo involucro serico rubro coopertum, ligatis filis aureis, firmatumque sigillo majori R^{mi} D^{ni} Joannis Josephi Faict, episc. Brug., in nova cistula rotunda interius exteriusque serico rubro ornata, inclusimus ; quam obductis linteis sericis rubris, quatuor in locis sigillo R^{mi} D^{ni} Joannis Josephi præfati signavimus. Deinde productum est feretrum continens reliquias corporis sanctæ virginis et martyris Ghistellensis, quo aperto, omnia reperta sunt uti in visitatione prævia fuerant disposita. Singulas reliquias ostendimus et exibuimus Christi fidelibus, qui magno numero ad hanc solemnitatem convenerant, et, ostensione peracta, easdem sacras reliquias, in octo fasciculos cum uno parvo quo minora ossa continentur, novo rubro serico novisque filis aureis obduximus et rursus, cum litteris de quibus supra præsentibusque litteris testimonialibus, inclusimus novæ thecæ ligneæ, interius exteriusque panno serico rubro vestitæ ; quam, obductis linteis sericis, sex in locis sigillo majori ceræ rubræ impresso R^{mi} D^{ni} Joannis Josephi Faict obfirmavimus. Præsentibus et nobis assistentibus, præter R. D. custodem reliquiarum diœc. Brug., R. adm. D. Ludovico Dumoulin, pastore ecclesiæ B. M. V., Ghistellis, necnon decano districtus Ghistell., R. D. Petro Vermeulen, vicepastore Ghistellensi, R. D. Blaquart, pastore ecclesiæ de Wierre-Effroy, diœcesis Atrebatensis, ubi nata est gloriosa virgo et martyr Ghistellensis. D. Th. Heyvaert, Burgimagistro oppidi Ghistellensis, cum toto magistratu, necnon magistris fabricæ et mensæ pauperum dicti oppidi et pluribus aliis de clero, multisque utriusque sexus Christi fidelibus.

Acta fuerunt hæc Pontificatus SS. D. Pii P. P. IX, anno XXV, episcopante R^mo Patre Joanne Josepho Faict, XX episcopo Brugensi, regnante serenissimo rege Leopoldo II ejusque uxore regina Maria Henrica Anna, gratiosissima, archiducissa Austriaca. In quorum fidem præsentes litteras sigillo magno R^mi D^ni episcopi Brugensis præfati, nostroque et custodis Reliquiarum diœcesis Brugensis signo manuali voluimus communiri. Actum in oppido Ghistellensi, die XIII mensis julii, anno Domini M.D.CCC.LXX.

A. Wemaer, vic. gen. Præl. domest.
SS. D. Pii PP. IX.

De mandato Ill. ac Rev. D. episcopi Brugensis,
Ad. Duclos, pbr. Cust. SS. Reliq.

Table des Matières

Table des Matières

Imp. N.-D. des Prés. — Ern. Duquat directeur.
Neuville-sous-Montreuil (P.-de-C.)

DU MÊME AUTEUR

Notice Historique et Archéologique sur Halinghem. Petit in-8 de 183 pages, deux gravures et un plan. 1.50

Les Huguenots et la Ligue au diocèse de Boulogne. Petit in-8 de 248 pages. . 2 fr.

Une commune Boulonnaise pendant la Révolution. (Samer 1789-1800) Grand in-8 de 83 pages . . . . 1 fr.

La Chartreuse de N.-D. des Prés, à Neuville près de Montreuil-sur-Mer ; in-8 de x-521 pages, avec une gravure, un plan et trois gravures sur bois dans le texte . . . . . . 3 fr.
Il a été tiré des exemplaires sur grand papier à la cuve avec 10 phototypies et plan. . . 6 fr.

La Chartreuse de Saint-Honoré, à Thuison, près d'Abbeville. In-8 de xv-571 pages, 5 gravures et un plan. Blasons dans le texte. (Ouvrage couronné par la société des Antiquaires de la Picardie) . . . . 5 fr.

Saint Bruno et l'Ordre des Chartreux. Ouvrage honoré de l'approbation de plusieurs archevêques et évêques de France. 2 vol. in-8 de xl-603 et 682 pages, deux gravures. . 15 fr.

Pour se procurer ces trois derniers ouvrages, s'adresser à la Chartreuse de Neuville, près Montreuil-sur-Mer.

Imp. N.-D. des Prés. — Ern. Duquat directeur.
Neuville-sous-Montreuil (P.-de-C.)